KB142741

설득

당신이 **원하는 것을 얻**는 기술

설득

당신이 원하는 것을 얻는 기술

데이브 라카니 지음 | 안진환 옮김

플래닛미디어
Planet Media

내 삶에서 가장 중요한 네 명의 여성
나의 할머니 에디스 램지 맥매너스, 나의 어머니 조애너 라카니-윌라드
나의 아내 스테파니 라카니, 나의 딸 오스트리아 레인 라카니
그리고 나의 형제
빌 윌라드 주니어, 마이크 윌라드
나의 절친한 친구
토머스 테드 구디어, 빌 브래세스, 로드니 슐리언즈,
스티브 와츠, 로널드 존 스터키에게
사랑을 담아 이 책을 바친다.

●● 차 례

Persuasion :
The art of getting what you want

설 득 은   삶 의   기 술 이 다

설득에 관해서라면, 모두가 나름의 방식이 있다. 당신 역시 아주 어린 시절부터 나름의 방법을 써서 사람들을 설득해왔을 것이다. 때로는 울음으로, 때로는 웃음으로, 또 어떤 경우에는 손바닥으로 식탁을 두들겨가며 말이다. 어릴 때 쓰는 설득 방법은 유치하기 그지없지만, 그 효과는 크다.

식료품점 통로에서 엄마 손을 부여잡고 사탕 사달라고 떼를 썼던 일이 기억나는가? 그것이 바로 설득이다.

고등학교 시절에 이성 친구에게 데이트 약속을 받아낸 적이 있는가? 그것도 설득이다.

그러나 명함이 생기고 나서부터는 당신의 설득 기술에서 중요한 역할을 하던 완강함의 일부가 사라졌다는 생각이 들지 않는가.

걱정하지 말라. 이 책에 당신이 찾던 해답이 모두 들어 있으니까. 판매나 서비스에 관련된 것이든, 친구관계나 가족관계 혹은 정신적인 교류와 관련된 것이든, 설득에 관한 문제라면 어떤 것이든 이 책에서 해답을 구할 수 있을 것이다.

당신의 관점을 납득시키는 것, 당신의 아이디어에 동의하게 만드는 것, 당신이 원하는 행동을 하게 만드는 것, 그저 단순히 당신의 말에 찬성하게 만드는 것, 이런 것들이 설득이다. 설득은 기술이자 과학이다. 당신은 이 책에서 바로 그 기술을 배우게 될 것이다.

설득은 또한 삶의 기술이기도 하다.

이 책을 통해서 당신은 옷차림에서부터 보디랭귀지에 이르기까지 사람을 상대하는 데 따르는 모든 것과 관련해 타인과 상호작용하는 방식 및 사고방식을 자연스럽게 바꾸게 될 것이다. 당신은 특정한 행동을 취하도록 요청받을 것이고, 실제로 그것을 하게 될 것이다. 당신 자신이 설득당하고 그 결과로 특정한 행동을 취하며 흡족해하는 것을 직접 체험하는 것보다 설득을 배우는 데 더 좋은 방법이 있겠는가.

설득의 요점은 상대방이 납득하거나 당신의 바람대로 뭔가를 행하기로 결정한 이후에 기분 좋은 느낌을 갖게 만드는 것이다. 이를 달성하려면 상대방을 설득하는 최상의 방법을 이해하는 것이 필수적이다.

이 책에서 소개하는 설득에 관한 가장 손쉬운 해법은 다음과 같다.

"상대방이 스스로를 설득하도록 만들어라."

이것은 질문을 던지는 방법을 이용하면 가능하다.

설득은 결과다. 설득으로 만족스런 결과를 도출하는 비결은 아주 간단하다.

"조작을 하지 말아야 한다."

조작된 설득은 생명이 짧다. 순간을 넘어 지속될 때 비로소 진정한 설득이라 할 수 있는 것이다.

설득은 기술이다.

설득은 과학이다.

설득은 타협이다.

설득은 탁월한 의사소통 수단이다.

설득은 상황을 명료하게 만드는 질문을 던지는 것이다.

설득은 상대방이 스스로를 납득시키도록 만드는 것이다.

설득은 이 책을 읽고 여기서 제시한 원칙들을 실행에 옮기는 것이다.

설득은 결과다.

설득은 승리다.

팝송 〈마이웨이(My Way)〉는 "나는 내 방식대로 살았지(I did it my way)"라는 가사로 끝나는데, 그것은 적절한 결말이 아니다. 만약 프랭크 시나트라(Frank Sinatra)나 엘비스 프레슬리(Elvis Presly)가 설득의 달인이었다면, 그들은 그 노래를 이렇게 끝맺었을 것이다.

"나는 내 방식대로 살았지. 그리고 모두가 공감했지!"

자, 타인이 당신 방식대로 상황을 보게 만드는 방법을 좀더 배워보지 않겠는가? 지금까지 내가 한 말에 동의한다면, 페이지를 넘겨 다음 장을 읽어보라.

_ 제프리 지토머(Jeffrey Gitomer)

미국 내 어느 도시 어느 곳에 나를 발가벗겨 돈 한 푼 없이 세워놓아도, 그 날 해가 질 무렵
이면 나는 옷과 음식, 숙소, 생계 수단, 추종자 그리고 '새 출발' 하기에 충분한 돈을 확보해
놓을 수 있을 것이다. 어째서? 나는 사람들을 설득해서 우리 자신과 우리의 공동 목표를 위
해 내가 필요하다고 생각하는 것을 하게 만들 수 있기 때문이다.

_ 데이브 라카니(Dave Lakhani)

인간 상호작용의 사실상 모든 요소는 일정 수준의 설득을 포함한다.
설득은 특히 판매와 협상, 광고, 미디어 분야에서 큰 역할을 한다. 그
동안 수많은 학자와 철학자, 과학자들이 설득이라는 프로세스를 탐구
해왔지만, 시종일관 그것을 올바르게 이해시킨 전문가는 거의 없다고
해도 과언이 아니다. 그들은 설득의 근본적인 요건인 생존을 무시했
다. 설득을 필요하면 이용할 수 있는 프로세스로 분석하는 데 초점을
맞췄다는 의미다. 설득은 우리가 필요에 따라 이용할 수 있는 도구가
아니라, 생존하려면 반드시 이용해야 하는 수단이다. 삶의 본질은 우
리가 스스로를 얼마나 잘 설득하느냐, 다른 사람들을 얼마나 잘 설득
하느냐, 우리를 설득하는 사람들을 어떻게 받아들이느냐, 즉 설득 그
자체인 것이다.

이 책은 24년 전 내가 설득 프로세스에 처음 관심을 가진 시점부터

시작해서 계속 발전을 거듭해온 내 연구의 산물이다. 이 책을 통해 나는 사람 간의 관계와 미디어, 광고, 그리고 판매에서 설득이 어떤 작용을 하는지 보여줄 것이다. 또한 나는 당신이 설득력과 카리스마, 영향력을 개발하여 원하는 것을 얻는 데 이용할 수 있는 구체적인 단계들을 소개할 것이다. 아울러 나는 당신이 효과적이면서도 무의식적으로 영향력과 설득력을 발휘할 수 있도록 설득 프로세스를 일상생활에 통합하는 방법을 알려줄 것이다. 이 책을 읽고 나면 당신의 설득 프로세스는 말하는 것이나 걷는 것만큼 자연스러워질 것이다.

이 책은 당신이 설득이나 판매, 협상 등과 관련해 지금까지 읽은 책들과는 다르다. 그리고 그 차이점은 여러 면에서 심오하다. 우선 나는 사람들이 특정한 결정을 내리는 이유나 사람들에게 변화를 창출해주기 위한 심리학적 방법론을 과학적으로 분석하려는 게 아니다. 이 책은 크게 세 부분으로 나뉘는데, 제1부에서 내가 입증하려는 것은 설득과 조작의 차이점이다. 그리고 제2부에서는 신속한 설득에 수반되는 주요 영역과 요소에 초점을 맞춘다.

나의 유일하고도 진정한 관심은 "신속한" 설득에 있다(이는 당신도 마찬가지라고 믿는다). 따라서 설득의 요소나 설득이 중요한 이유는 개략적으로 살펴보고 설득을 효과적으로 이용하는 방법에 대해 곧바로 파고드는 것이 최선의 방법이라고 생각한다. 나는 수많은 난해한 이론이나 논지로 당신을 괴롭힐 생각은 없다. 당신의 성공에 반드시 필요하다고 판단되는 것만 소개할 것이다.

마지막 제3부에서는 '설득 방정식'을 보여줄 것이다. 설득 방정식은 모든 내용을 통합해서 정리한 것으로, 누구든 신속하게 설득하기 위한 실용적인 공식인 셈이다. 이 부분은 내가 개최한 세미나나 말하기 훈련에 참여한 사람들로부터 위험하기도 하고 천재적이기도 하다는 평가를 받은 바 있다. 간단히 말하면, 설득 방정식 부분은 당신이 제2부에서 배운 모든 기술을 적용하는 방법을 다룬다. 사람들을 움직여 당신의 포지션으로 옮겨놓고 당신이 원하는 행동을 취하도록 만들기 위해서 말이다. 사람들이 이 부분을 천재적이라고 생각하는 이유는 프로그램의 단순성 때문이고, 위험하다고 생각하는 이유는 당신이 상대를 교묘하게 조작/조종하기 위해 이용하는 프로세스와 그 프로세스가 동일하기 때문이다. 이 부분을 설득에 이용하느냐 조작에 이용하느냐 여부는 궁극적으로 당신의 의도에 달려 있다. 설득이든 조작이든 당신의 뜻대로 이용할 수 있는 부분이기 때문에, 궁극적인 판단은 당신의 몫이라는 의미다.

재미있는 것은, 당신이 전문 직업인으로서 설득에 나서든, 그저 마음에 드는 이성에게 데이트 약속을 받아내려 하든, 이 책에서 내가 가르치는 프로세스만 적용하면 완벽하게 목적을 달성할 수 있다는 점이다. 당신이 매우 가치 있게 생각할 만한 몇 가지 분야를 분류 및 분석해놓았다. 예컨대, 각각 독립된 장에서 다루는 글쓰기와 협상, 광고, 판매 등의 주제가 바로 그것이다. 이 장들은 특정한 전문 분야의 설득 상황에서 설득 프로세스를 이용하는 방법과 각 주제에 관한 당신의 능력을 향상시키는 방법을 이해하는 데 도움을 줄 것이다.

나는 사실 매우 특이한 이유로 설득을 연구하기 시작했다. 나는 자식들(나와 내 형제들)에게 최상의 환경을 만들어주고자 했던 홀어머니 밑에서 성장했다. 어머니는 머리가 좋으시고 학식이 있으셨으며 창의적인 데다가 언변도 뛰어난 분이셨다. 어머니는 우리 모두를 위한 보다 나은 삶을 열성적으로 모색하는 분이셨다. 그래서 어머니는 어느 종교적 '컬트(cult)' 집단에서 우리를 양육하기로 결정하셨다.

내가 왜 설득을 연구하게 되었는지 설명하기에 앞서 이 독특한 컬트 집단에 대해 언급하는 것을 양해하기 바란다. 이것을 빼놓고는 내가 어째서 그렇게 철저하게 설득과 조작, 영향력에 대해 연구하게 되었는지 설명이 불가능하다. 이 집단이야말로 나를 그렇게 만든 강력한 동인이었기 때문이다.

"종교적 컬트 집단"이라고 표현한 것을 보고, 당신은 이미 그리스도교의 주류에 속하는 종파에 대해 얘기하고 있는 것이 아님을 눈치챘을 것이다. 그렇다. 그 집단은 그리스도교에서는 이교로 보는 종파였다. 그들에게도 신을 구원자로 보는 근본적인 믿음은 있었지만, 전통적인 종교와 유사한 부분은 그것으로 끝이었다. 그들은 여성은 출산과 자녀

양육, 남편 봉양, 집안일 등을 넘어서는 사회 활동에서는 별다른 가치를 발휘할 수 없다고 믿었다. 교육도 강력하게 저지했다. 남자 아이들은 기껏해야 중학교 정도를 마치면 학교를 보내지 않았고, 여자 아이들은 대개 초등학교까지 학교를 보내고 정부에서 정한 의무교육의 나머지 기간은 '자택학습(home schooling)'으로 대신했다. 텔레비전과 라디오도 없었고, 춤추는 것도 금지되었으며, 예배당 밖에서 데이트하는 것도 허용되지 않았고, 이혼도 허락되지 않았다. 여자들은 머리를 자르거나 화장하는 것, 그리고 남성용으로 여겨지는 의복(특히 바지)의 착용이 금지되었다. 그리고 남자들은 머리를 짧게 깎고 면도를 말끔히 하며 가족을 위해 밥벌이를 해야 했다.

예배 의식 역시 매우 엄격하게 지켜졌다. 화요일과 목요일에 각각 한 차례, 일요일에는 두 차례 예배를 치렀으며, 이와는 별도로 종종 금요일 밤에 기도 모임을 열곤 했다. 예배는 대개 지옥의 불을 연상케 하는 그런 분위기 속에서 진행되었는데, 세 시간 넘게 계속되는 게 다반사였다. 예배당 안에서는 잡담이나 자리 이동, 어슬렁거리며 돌아다니는 일 따위가 엄격히 금지되었다. 집사 직함을 가진 사람들이 이를 감시하였고, 감히 이를 따르지 않는 아이들이나 지루함을 못 이기고 몸을 비비 꼬는 아이들은 즉시 예배당 뒤쪽으로 불려가 벌을 받았다. 물론 그렇게 되기 전에 부모들이 적절한 조치를 취하는 게 원칙이었다. 일단 벌을 받게 되면, 거기서는 "매를 아껴서 애를 망치는" 일 따위는 발생하지 않았다.

내 남동생 가운데 한 명은 그 시절에 끔찍한 고초를 겪었다. 동생은 요즘 같으면 (지능지수가 매우 높은 아이들에게서 종종 나타난다는) '주의력 결핍 장애(ADD, Attention Deficit Disorder)로 진단받을 만한 증상을 보였다. 우리 가족이 속해 있던 종파의 지도자들은 동생의 문제를 "악마에 씐 것"으로 진단했고, 규칙적으로 때려서 악마를 쫓아내야 한다는 처방을 내렸다. 나는 당시 동생에게 씐 악마의 힘에 종종 경이로움을 금치 못했다. 아무리 때리고 신체적 벌을 가해도 물러갈 기색을 보이지 않았으니까 말이다. (사실 나는 두 남동생을 상당히 존중하는 한편, 그들의 능력에 경외감을 갖고 있다. 다른 사람들 같으면 죽지 않았으면 폐인이 되었을 그런 환경을 견디고 이겨낸 능력에 대해서 말이다. 또 그곳을 벗어나 사회에 잘 적응하고 성공적인 삶을 영위하는 데 대해 대견함을 느낀다.) 아이를 종종 걷지도 못할 정도로 심하게, 그리고 규칙적으로 때리면 실제로 악마에 씐 상태라 해도 견디지 못할 것이다.

그 집단에서는 이렇게 악마를 쫓아내는 것이 중요했다. 왜냐하면 "성경을 믿는 그리스도인들(Bible Believers, 이것이 종말론 예언자 윌리엄 브래넘William Branham을 신봉하는 그들의 이름이었다)"은 조만간 문자 그대로의 휴거가 있을 예정이고 자기들처럼 성경을 믿는 그리스도인들만 들어올려져 신의 왕국에 들어갈 수 있다고 믿었기 때문이다. 나머지 다른 사람들은 죽은 자들이 살아나는 부활이 있을(최후의 심판일에 전 인류가 부활할) 때까지 지상에서 시련을 겪을 것이고, 이어서 『요한계시록』에 적힌 모든 일이 그대로 발생할 것이며, 남겨진 자들의 대다수는 불못(lake of fire)으로 보내질 것이라고 믿었다.

너무 현실과 거리가 먼 얘기로 들리지 않는가? 내가 간단하게 압축한 내용만 보더라도 논리적 문제점이 여실히 드러난다. 그러나 청소년 시절의 나를 가장 놀라게 한 것은 이 이야기를 아무런 의심 없이 받아들이는 사람들이 꽤 많다는 사실이었다. 그들 가운데 상당수는 평범하고 안정된 가정환경에서 성장했을 뿐 아니라, 교육 수준도 높은 사람들이었다. 하루 이틀 날이 가고 달이 가고 해가 갈수록 그런 사람들이 늘어나 자신들이 애써 번 돈을 목사와 교회에 기꺼이 갖다 바쳤다(목사에게는 규칙의 대부분이 적용되지 않았다). 그들은 또한 다른 사람들을 '전도'하기 위해 나섰고, 사람들이 완전히 걸려들 때까지 체계적으로 끌어들이는 방법을 썼다.

나는 그 교회를 일곱 살 때부터 열여섯 살 때까지 다녔다. 열여섯 살이 되고 얼마 후 나는 마침내, 학업을 계속하려면, 그리고 우리 집에 더 이상 문제가 안 생기게 하려면, 그 교회를 떠나야 한다는 결심을 하게 되었다. 그 교회를 떠나려면 당시로서는 집도 떠나야 했다. 그래서 나는 내 뜻을 어머니와 교회에 밝혔고, 신께 올리는 기도와 함께 약식 파문 절차를 밟았다. "신께서 나의 영혼을 사탄에게 넘기노니 이는 내 육신의 파멸을 통해 내가 택한 길이 잘못되었음을 깨닫고 회개하며 다시 신께 돌아오게 하기 위함이니라." (농담 한 마디 해야 되겠다. 그 후 인생을 살아오면서 이 기도가 응답을 받고 있는 게 아닌가 하는 생각을 몇 차례 한 적이 있다.)

바로 다음 날 나는 집을 떠나 거처를 정했고, 내가 항상 위안을 찾던 장소이자, 의문으로 가득 찬 내 두뇌를 위한 양식의 원천인 곳, 즉 도서관에서 칩거 생활을 하기 시작했다. 도서관에서 나는 먼저 사람들이 사이비 종교에 빠지는 이유가 무엇인지 구체적으로 알아보기 위해 공부하기 시작했다. 어떻게 나의 어머니같이 영리하고 창의적이며 훌륭한 분이 기존에 알고 있던 사실과 진실을 모두 내던지고 새로운 사람들이 말하는 모든 내용을 진실로 받아들이게 되었는지, 그리고 어떻게 하면 우리 가족을 위해 더 낫고 더 합리적이며 더 건강한 생활 방식이 있다는 것을 어머니에게 설득시킬 수 있는지 알고 싶었다.

앞서 소개한 이야기는 설득의 예가 아니라, 조작/조종(manipulation)의 예라 해야 옳다. 나는 앞으로 사이비 종교에서와 같은 '고객 추종'을 창출하는 방법에 대해서도 소개할 것이다. 그렇다고 이 책을 사이비 종교에 관한 책으로 오해하는 일은 없으리라 믿는다. 이 책은 지속적인 관계를 창출해내지 못하는 부정적인 종류의 조작 및 조종을 다루는 책이 아니다. 하지만 나는 조작 및 조종의 방법에 대해서도 자세하게 제시할 것이다. 그래야 당신이 그것의 발생 방식을 이해하고 그것으로부터 당신 자신을 방어할 것이며 당신 스스로 그런 일을 저지르지 않게 될 것이기 때문이다. 나는 이 책의 1장에서 조작을 논할 것이다. 어떻게 조작이 일어나고 어째서 (일시적이지만) 그것이 효과를 발휘하는지를 살펴볼 것이다. 당신은 효과적인 설득의 많은 측면이 조작과 태생적 유사성을 지니고 있음을 알게 될 것이다. 하지만 그 둘을 확연히 구분하는 미묘한 차이점이 분명히 존재하고, 또 그 결과에 있어 큰 차이가 있다는 점을 강조하고 싶다. 궁극적으로 조작은 언제나 실패하지만, 진정한 설득은 지속성을 지닌다.

이 책은 설득에 관한 책이자, 설득을 이용해 원하는 것을 얻는 기술에 관한 책이다. 당신이 원하는 것을 얻고자 할 때 당신은 또한 상대방도 자신이 원하는 것을 얻도록 돕는 전문가로 스스로를 포지셔닝해야 한다. 그렇게 하는 것이 가장 수준 높은 설득의 형태다. 나는 그 동안 각고의 노력을 기울여 발견한 모든 내용을 이 책에서 당신과 공유할 것이다. 사람들의 마음을 움직이기 위해, 모두가 이기는 상황을 창출하기 위해, 그러면서 원하는 것을 얻기 위해 내가 습득한 전략과 전술을 이용하면, 당신은 인생에서 원했던 모든 것을 보다 쉽고 빠르게 얻게 될 것이다.

내가 이 책에서 당신과 공유하려는 전략들은 사이비 종교 식 조작의 전략이 아니라, 특정한 윤리 기준을 지닌 패턴과 프로세스, 전술 등이다. 이를 이용하면 당신은 인생에서 원하는 것을 더 많이 얻게 될 것이다. 단순히 설득의 요소를 이해하는 것만으로도 당신은 보다 많은 성공의 기회를 누릴 것이다. 진정한 설득은 진실과 정직, 탐구심에 기초한다. 진정한 설득은 훌륭한 이야기를 전하는 능력, 상대방의 설득 기준을 유도해내어 상대의 기대를 쉽게 충족시켜주는 능력에 기초한다. 나는 또한 어떻게 조작이 발생하고, 왜 조작은 예외 없이 나쁘며, 어째서 조작은 장기적으로 효과가 없는지, 그리고 사람들의 마음에 즉각적인 변화를 일으켜 그들로 하여금 당신이 원하는 바를 정확히 실행하도록 만드는, 긍정적이고 강력한 설득 도구들은 어떻게 이용하는지 보여줄 것이다.

윤리적으로 설득하는 방법을 습득함으로써 나는 인생의 주요한 목표들을 모두 성공적으로 달성했다. 이는 다른 사람들뿐 아니라 내 자신도 빠르고 효율적으로 설득할 수 있었던 덕분이다. 그러는 가운데 나는 내가 설득한 많은 사람들 역시 자신의 목표에 도달할 수 있도록 도왔다. 나는 꾸준히 미국 내 소득 상위 3~5퍼센트에 들었으며, 늘 최상의 일거리를 잡을 수 있었고, 훌륭한 인물들과 접촉할 수 있었으며, 나와 함께 배우며 내 노력을 지지하는 (당신과 같은) 최상의 사람들을 접할 수 있었다. 나는 사십 몇 년을 살면서 대부분의 사람들이 평생에 걸쳐 하는 일보다 더 많은 일을 했고, 당신과 마찬가지로 인생이 끝나기 전에 더 많은 일을 해야 한다고 생각하는 사람이다.

나의 어머니는 마침내 그 종파의 많은 사상적 오류를 깨닫고 내가 집을 나간 지 3년쯤 후에 교회를 떠났다. 그러나 사이비 종교의 흡인력과 영향력이 얼마나 강했던지 임종시에 그 교회를 떠난 게 큰 실수는 아니었는지 의문을 품으며 눈을 감으셨다.

1999년 어머니의 임종 이후 나는 무엇이 어머니로 하여금 오랫동안 간직했던 신앙의 오류를 깨닫고 그 교회를 떠난 이후에도 계속 자신의 결정에 의구심을 품게 만들었을까 곰곰이 생각하기 시작했다. 그 문제에 대해 생각하면 할수록 나는 그것을 비즈니스의 맥락에서 생각하게 되는 나 자신을 발견했다.

그리고 그러한 생각은 이런 질문을 떠올리게 만들었다. "당신의 고객도 이런 식으로 거래 관계를 끊고 나면 자신이 큰 실수를 한 건 아닌지 의문을 품어야 마땅하지 않겠는가?" 이 책을 통해 나는 거래 관계를 끊고 난 이후에도 항상 적절한 결정을 내린 건지 걱정하는 고객, 마치 사이비 종교에 빠진 신도와 같은 추종 고객을 창출하는 방법을 보여줄 것이다. 고객의 그러한 걱정은 고객을 보다 잘 대하고 고객의 가치를 높인다는 당신의 윤리적 능력만 뒷받침되면, 언제든 고객을 되돌아오게 만드는 힘이 된다. 혹은 애초에 떠나지 않게 만드는 힘이 될 수도 있다. '믿음의 지구력'이라는 이 강력한 개념은 본문에서 보다 자세히 논하기로 하겠다.

만약 당신이 인생에는 현재 얻고 있는 것보다 더 많은 것이 있다고 생각한 적이 있다면, 만약 당신이 승진이나 더 나은 직업, 너 나은 거래, 더 나은 상황, 완벽한 파트너, 더 나은 삶을 꿈꾼 적이 있다면 이 책을 잘 읽어보길 바란다. 나는 당신이 원하는 바로 그것을 언제든 원할 때마다 얻을 수 있는 방법을 보여줄 것이다. 그리고 소식통이나 '타고난 세일즈맨', 진정한 설득가들만이 알고 있는 정보와 지식을 제시할 것이다. 또한 당신의 학습곡선을 단축시키기 위해 내가 겪은 시행

착오도 소개할 것이다.

　당신이 허락만 한다면 나는 이 책을 통해 당신을 개인적으로 가르치고 훈련시키며 지도할 것이다. 그리하여 당신의 부모님은 가르쳐줄 생각조차 못했던, 그 어떤 학교에서도 가르쳐주지 않으며 점잖은 자리에서는 거의 논의조차 되지 않는, 그러나 일단 배우면 평생을 통해 유용하게 활용할 수 있는 새로운 기술을 익혀나가도록 인도할 것이다. 부디 이 책을 통해 '설득'의 달인이 되어 '원하는 것을 얻길' 바란다.

선한 의지와 이해심이 풍부한 사람들로부터 막대한 도움을 받지 않고는 책을 쓰는 일이 불가능하다. 이 책 역시 그러했기에 몇몇 분들께 감사의 뜻을 전하고자 한다. 혹시 내가 미처 언급하지 못한 사람이 있더라도, 고의가 아니며 감사하고 있음을 이해해주길 바란다.

가장 큰 감사의 뜻을 표해야 할 사람이 한두 명이 아니지만, 특히 재미있고 뛰어난 작가 조 비탈레(Joe Vitale)에게 가장 큰 고마움을 전한다. 그의 도움으로 이 책이 생명력을 얻을 수 있었다. 그리고 늘 편하게 일할 수 있도록, 그리고 내가 이 프로세스를 무사히 항해할 수 있도록 기꺼이 도와준 윌리 출판사의 편집자 맷 홀트(Matt Holt)에게도 감사의 뜻을 전한다. 설득을 다룬 책들 가운데 가장 주요한 두 권의 저서 『영향력의 48가지 법칙(The 48 Laws of Power)』과 『유혹의 기술(The Art of Seduction)』의 저자인 로버트 그린(Robert Greene)에게도 심심한 감사의 뜻을 전한다. 그는 자신의 다음 저서를 마무리하는 바쁜 와중에도 내게 많은 시간을 할애해주었다. 심리학자이자 내 친구인 앤젤라 데일리(Angela Dailey)의 값진 공헌에 감사하며, 이 책이 보다 나은 작품이 되도록 인터뷰에 응해준 모든 분들께도 감사의 마음을 전한다. 그리고 편집을 도와준 캐시 매킨토시(Kathy McIntosh)! 그의 공헌은 그 무엇보다 소중했다.

정말 훌륭한 질문을 해준 내 클라이언트들과 학생들에게도 감사한다. 덕분에 나는 정말 재미있게 생각할 수 있었다! 좋은 친구가 되어주고 이 책에서 다룬 수많은 아이디어들을 입증하는 데 도움을 준 놀라운 설득가 스티브 와츠(Steve Watts)에게도 감사한다. 함께 일할 기회를 제공한 훌륭한 세일즈맨들, 특히 토드 칼슨(Todd Carlson), 존 밀러(John Miller), 라이언 발렌타인(Ryan Valentine), 나탈리 호치(Nattalie Hoch), 앤젤라 카프(Angela Karp)에게 감사의 뜻을 전한다. 또 나를 격려해준 '빌로우 더 레이더 위저즈(Below The Radar Wizards)'의 모든 이들에게도 감사드린다. 나의 생각과 말에 그때그때 귀를 기울여준 자나 켐프(Jana Kemp), 내가 글을 쓰는 동안 사무실 운영을 맡아준 캐슬린 스텔플러그(Caithlin Stellflug)에게도 감사를 표한다.

내가 감사드려야 할 가장 중요한 사람들은 지금까지 내가 어떤 식으로든 설득을 했던 모든 분들이다. 이 책을 진정으로 가능하게 만든 그 분들의 경험과 피드백에 감사한다.

혼란과 고난의 연속이었던 내 인생에서 내가 하는 모든 일을 그 누구보다 지지해준 사람들이 있다. 그들의 격려는 이 책을 출판하는 과정에서도 역시 소중한 힘이 되었다. 로드 슐리언즈(Rod Shlienz)와 캐시 슐리언즈(Casey Schlienz), 빌 브래세스(Bill Braseth)와 산드라 브래세스

(Sandra Braseth), 테드 구디어(Ted Goodier)와 셰리 구디어(Sherri Goodier), 항상 곁에 있어 줘서 고맙다. 내가 글을 쓰는 동안 조국을 위해 이라크에서 명예롭게 복무한 존 스터키(John Stukey) 박사님, 그분은 항상 나를 지지했기에 평소에는 깨닫지 못했다. 늦었지만 감사드린다. 또 뉘른베르크 DST 팀, '레이건 이어즈(The Regan Years)', 포 호스맨(The Four Horsemen)의 공헌을 인정하지 않고는 이 감사의 말을 결코 완성할 수 없을 것이다. 우리가 함께 구축한 이상들은 이 책에 명백하게 드러날 것이다.

나는 서문에서 내 인생에서 아주 혼란스러웠지만 결국 20년이 넘는 연구조사를 거쳐 이 책을 탄생하게 만든 경험에 대해 이야기했다. 그 시절에 내가 존경하고 신뢰하던 네 사람, 숀(Shawn), 린다 리(Linda Lee), 케빈 리(Kevin Lee), 리처드 데일리(Richard Dailey)는 언제나 내가 가능성을 보고 배울 수 있도록 도와주었으며, 나와 의견이 다를 때에도 나를 지지해주었다. 네 사람에게도 고마움을 전한다.

마지막으로, 내가 길을 잃었거나 사무실에 갇혔다고 생각한 내 아내와 딸, 내게 간식과 웃음, 그리고 무엇보다도 넓은 이해심을 베풀어주어서 정말 고맙다. 두 사람이 있기에 내가 하는 모든 일이 더욱 소중해질 수 있었다. 두 사람에게 사랑을 전한다.

_ 데이브 라카니(Dave Lakhani)

조작이 중단될 때, 상대의 반응보다 상대 자체에 대해 더 많은 것을 생각하게 될 때,
용기를 내 당신 자신을 완전히 드러낼 때, 기꺼이 상처받기 쉬운 존재가 될 때,
비로소 사랑은 찾아온다.
_ **조이스 브라더스 박사(Dr. Joyce Brothers)**

●● 서문에서 나는 어린 시절에 속해 있었던 사이비 종교 집단과, 어떻게 그것이 설득 연구의 강력한 동기가 되었는지 간략하게 소개한 바 있다. 연구 시작과 함께 내가 얻은 첫 번째 깨달음은, 설득과 조작에는 서로 유사한 점이 많고 조작도 실제로 설득에 이르는 하나의 경로이긴 하지만, 조작은 기껏해야 일시적 설득이 될 뿐, 지속적인 합의는 될 수 없다는 사실이다. 『아메리칸 헤리티지 사전』의 정의를 살펴보면 "조작"은 "특히 자신의 이익을 위해 행하는, 정도를 벗어난 약빠른 조종 행위"라고 되어 있다. 설득과 조작의 차이를 설명하기에 가장 적절한 정의가 아닌가 싶다. 조작의 경우, 장기적으로 이익을 얻는 사람은 조작 행위자뿐이다. 그렇다면 "설득"의 정의는 어떠한가. "논의, 증명, 간청 등의 방법으로 특정 시각을 수용하거나 일련의 행위를 수행하도록 권유하는 행위"라고 되어 있다. 설득의 경우는 양 당사자 모두가 서로에게 이로운 견해에 함께 도달할 가능성이 있다는 얘기다.

조작은 본질적으로 그 행위자에 초점이 맞춰진다. 조작 행위자는 조작당하는 사람에게 생기는 결과나 영향은 고려하지 않은 채 오직 자신의 성과나 목표를 달성하는 데 초점을 맞춘다. 논리적·사실적 증거를 가리고 숨기는 행위와 사기 행위 역시 대부분의 조작과 맥을 같이한다. 사실을 보여주거나 제시하기만 하면 합리적인 사람은 대부분 조작 행위자에게 불리한 논리적 결정을 내리게 될 테니까 말이다.

조작은 또한 효과의 지속성을 위해 상황을 지배하는 일련의 환경이나 규칙을 인위적으로 설정하려 애쓸 수밖에 없는 행위이다. 그래서 조작 행위자에게 도전하는 경우에는 전형적으로 '벌칙'이 따른다. 보다 많은 속임수를 쓰는 것에서부터 신체적·감정적 기만 행위에 이르기까지, 조작 행위자 자신의 이익을 위해 상대를 교묘히 관리하는 술수가 동원된다는 의미다. 저명한 심리학자 앤젤라 데일리(Angela Dailey)와 조작에 관해 논의한 적이 있는데, 그때 그녀는 이런 말을 했다. "긍정적이든 부정적이든 조작은 대부분 조작 행위자의 의도에 의해 명확하게 규정된다. 만약 잠자리에 들기 직전에 쿠키 한 상자를 선반에서 꺼내와 먹겠다는 아이에게 내가 '한 개만 먹을래, 아니면 그냥 잘래?' 라고 말해서 아이가 한 개만 먹는 선택을 한다면, 나는 내 스스로 허용 가능한 한도 내에서 속임수 선택안을 제시한 셈이다. 즉 행동방식을 조작한 것이지만, 곧 잠자리에 들 아이를 위해서 그렇게 한 것이다."

사실, 심리 전문가와 조작에 관한 논의할 때마다 거의 언제나 조작과 설득을 구분 짓는 진정한 척도는 행위자의 의도뿐이라는 결론에 도달하곤 한다. 『영향력의 48가지 법칙』의 저자 로버트 그린은 좀더 명료하게 조작의 정의를 다음과 같이 내린 바 있다.

"영향을 미치려는 모든 시도가 조작이다."

아마 거의 모든 사람들이 적어도 한 차례 이상 조작을 당한 경험이 있으리라 생각된다. 그 중 상당수의 사람들이 중고차 구매 과정에서 그러한 일을 경험한다. 중고차 세일즈맨 모두를 한통속으로 몰아붙이고 싶은 생각은 없지만, 이에 관한 대다수의 경험담이 일정 부분 일치하는 것은 사실이다. 따라서 주로 어떤 식으로 우리가 조작을 당하는지 살펴보기로 하겠다.

일요일 오전, 아내와 늦은 아침을 먹는 자리에서 당신은 차를 바꿀 때가 되었다는 생각을 떠올린다. 지금 몰고 다니는 것보다 나은 차를 원하지만, 그렇다고 새로 출시된 신형 모델에 돈을 쓰고픈 생각은 없다. 그래서 식사를 하며 지역 텔레비전 광고에 나온, 과체중에 구레나룻을 기른 중고차 세일즈맨이 주문과도 같이 떠들어대는 말에 귀를 기울인다.

"오늘 당장 방문해주십시오. 저희 카 코럴에서는 마진을 제로로 줄인 대규모 할인 판매를 실시하고 있습니다. 재고 정리차 실시하는 할인 행사이니 놓치지 마십시오. 우리의 손해는 곧 여러분의 이익을 의미합니다. 오늘 하루뿐이라는 점을 잊지 마시길 바랍니다."

당신은 영리한 사람이다. 그래서 아내를 보고 미소 지으며 이렇게 말한다.

"가서 한번 둘러볼까? 세일한다고 하니까 손해 볼 건 없을 것 같은데. 뭐, 맘에 드는 게 없으면 그냥 오면 되고. 내가 맘에 들지도 않는 걸 억지로 사게 만들 순 없을 것 아냐, 안 그래?"

이렇게 해서 조작(또는 설득)의 첫 번째 조건이 갖춰지게 된다. 그 조건은 바로 '해결책의 탐색'이다.

해결책의 탐색은 조작 행위자나 설득 행위자에게 매우 중요하다. 탐색 행위자가 방어벽을 얼마간 낮춘 상태가 되기 때문이다. 그는 현재 자기가 갖고 있지 않은 뭔가를 원하고 있다. 다시 말해서 조작 혹은 설득 행위자가 갖고 있는 특정한 지식이나 제품, 서비스 등을 필요로 하고 있다는 얘기다. 그래서 그는 여러 가지 가능성에 대해 열린 마음을 갖는다. 방어벽을 낮추고, 목적을 달성하려면 비밀은 아니더라도 정보가 필요하다는 생각에 마음을 엶으로써, 탐색 행위자는 타인이 자신의 신념에 도전하고 자신에게 새로운 가능성을 교육하도록 기꺼이 허용한다. 그리하여 그는 또한 스스로를 두 번째 조건인 '시간 민감성'에 취약하게 만든다.

시간 민감성이 매우 중요한 이유는 우리 모두가 시간을 예민하게 느끼기 때문이다. 일은 빨리 치러야 하고, 결정은 신속히 내려야 하며,

"일찍 일어나는 새가 벌레를 잡는다"고 생각하지 않는가. 조작 혹은 설득 행위자는 시간 압박을 증가하는 한편 시간 민감성을 강화하는 것이 사람들을 충동적으로 결정하도록 만든다는 것을 잘 알고 있다. 이것은 또한 조작이 효과를 거두기 위한 세 번째 조건인 '상실 잠재성'의 토대를 마련해준다.

자, 당신이 중고차 매매장으로 들어선다. 결정권이 당신 자신에게 있다고 생각하지만, 사실은 남이 이끌 수 있는 위치로 스스로를 포지셔닝하고 있는 셈이다. 중고차 세일즈맨이 다가와 당신을 맞이하며 처음부터 승용차에 대한 해박한 지식을 늘어놓기 시작한다. 그의 관심은 당신이 진정으로 필요로 하는 것이 무엇인지 알아내는 것이다. 그래야 당신에게 가장 알맞은 선택 범위를 제시할 수 있기 때문이다. 어쨌든 당신이야 거기 있는 모든 차에 대해서 모든 것을 알 수 있는 방법이 없지만, 그는 알 수 있지 않은가. 그게 그의 직업이니까 말이다. 그리하여 '호의적인 권위자와의 조우'라는 네 번째 조건도 충족된다.

이 네 가지가 조작이나 설득의 이상적인 조건들이다. 하지만 어쨌든, 당신에게 실제로 발생하는 일을 결정하고, 나아가 조작 혹은 설득 행위자 자신에게, 그리고 그들의 비즈니스에 실제로 일어나는 결과를 결정하는 것은 조작 혹은 설득 행위자의 의도이다. 그리고 조작이나 설득의 성공에 필수적인 조건이 한 가지 더 있다. 그 조건은 조금 뒤에 언급할 것이다.

중고차를 살 때 겪은 기분 나쁜 경험 속에는 앞에서 말한 네 가지 조건이 모두 갖춰져 있었을 것이고, 당신은 그러한 조건들 각각에 자신이 얼마나 취약한 상태가 되었는지 의식조차 못했을 것이다. 그런 가운데, 다양한 선택권이 있긴 하지만 당신에게 맞는 것은 딱 하나뿐이라는 말도 들었을 것이다. 당신이 우려하는 바가 무엇이든, 그런 것은 사실 걱정할 필요가 없는 문제라며 조리 있는 설명으로 안심시키는 경우도 접했을 것이다. 전문적인 내용처럼 들리는 정보와 그럴 듯한 시연으로 거듭 안심시키며 구매를 결정하게끔 유도하는 것도 겪었을 것이다.

이제 어느 정도 둘러봤으니 결정할 시간이 되었다. 그래서 당신은 세일즈맨에게 당신이 원하는 가격을 제시한다. 세일즈맨은 땀을 흘리며 그 가격으로는 도저히 팔 수 없다고, 그렇지만 매니저에게 가서 어느 정도 맞춰줄 수 있는지 상의해보겠다고 말한다. 잠시 후 돌아온 세일즈맨은 차에 붙인 스티커 가격보다는 낮지만 당신이 제안한 가격보다는 높은 새로운 가격을 제시한다. 그리고 이쯤에서 그는, 사실 다른 세일즈맨이 상담한 고객 가운데 당신이 제안한 가격보다 높은 가격으로 그 물건을 찍어두고 간 손님이 있다고, 그 손님이 와서 계약서에 사인만 하면 그 물건은 그쪽으로 넘어간다고 말한다. 당신은 뻔한 상술이라는 생각을 하면서도 다소 불안해지는 마음을 어쩔 수 없다. 만약 판매 속임수라면 비싸게 사는 셈이 될 테고, 속임수가 아니라면 맘에 드는 차를 놓칠 가능성이 높다. 갑자기 그 차가 완벽해 보이기 시작한다. 이런 식의 흥정이 몇 차례 반복되다가 마침내 세일즈맨이 방금 전 가격보다는 조금 내려갔지만 당신이 지불하고자 하는 금액보다는 여전히 높은 가격을 정해서 돌아온다. 하지만 이번에는 타이어나 CD 플레이어를 갈아주는 등 몇 가지 '공짜 선물'을 추가해주겠다는 조건이다. 만약 그대로 걸어 나온다면 다른 구매자에게 그 차를 빼앗기거나 당장 구매하는 경우에 따르는 갖가지 인센티브를 잃게 될 상황이다. 그러나 당신은 영리한 소비자라서 결정을 미루기로 한다. 그래서 집에

가 몇 시간만 더 생각해보겠노라고 말하며, 오늘 영업시간 안에만 전화하면 좀 전의 그 가격에 공짜 옵션까지 끼워줄 것을 약속할 수 있냐고 묻는다. 그들은 그 물건을 찍어두고 간 구매자가 다시 오지만 않으면 그러겠노라고, 하지만 그가 돌아와서 계약하자면 어쩔 수 없노라고 답한다.

오후 늦은 시간, 태양이 꾸역꾸역 구름 아래로 가라앉으며 하루의 끝을 알리려 할 무렵 당신은 그 차를 사기로 결심한다. 그리하여 마침내 조작의 마지막 조건, 즉 '입장 확립'이 갖춰진다. 정신적으로 감정적으로 입장을 확립함으로써 당신은 크게 손해 볼 상황에 스스로를 빠뜨리는 한편, 그 차를 반드시 갖겠다는 생각만 굳힌 셈이다. 영리한 설득자와 약빠른 조작자가 당신과 흥정하는 동안에 이미 조금씩 당신의 입장을 정하도록 유도한 것이고, 그러한 것들이 합쳐져 결국 당신을 가장자리로 내몬 것이다. 물론 그래도 약간의 의구심이 머리를 떠나진 않지만, 그 정도면 적절한 거래이고 흥정도 할 만큼 하지 않았던가.

당신은 그들에게 전화를 걸어 그 차를 사겠다고 말한다. 그러나 애석하게도 그 차는 이미 팔렸다는 답이 돌아온다. 당신보다 높은 가격에 찍어두고 갔다던 그 구매자가 돌아와서 '당신의' 차를 계약해버렸단다. 낙심천만이 아닐 수 없다. 기운이 쭉 빠진다. '내 차였는데. 그게 맘에 딱 들었었는데. 미루지만 않았더라면……!' 이제 당신은 최상의 거래는 날아가버렸을지도 모른다는 의구심을 떨치지 못한 상태로 그놈의 구매 과정을 처음부터 다시 시작해야 한다. 당신은 다른 차들에 대해 문의를 하고, 세일즈맨은 내일 다시 나와주시면 기꺼이 돕겠다고 말한다. 별수 있나!

다음날 아침, 당신이 매장에 도착하자 세일즈맨이 당신을 맞이하며 빅뉴스를 전해준다. 어제 그 구매자는 할부금융회사의 승인을 얻지 못해 계약을 완료하지 못했다고, 만약 그 사람이 리스크를 좀더 감수해야 하는 다른 할부금융회사의 승인을 따내기 전에 당신이 계약하면 그 차는 당신 것이라고. 당신은 제대로 걸려들어 즉시 그 차를 구입한다. 다시는 그 차를 놓치고 싶지 않기 때문이다. 이미 크게 한 번 낙심하지 않았던가!

당신은 차를 몰고 흐뭇한 마음으로 집에 돌아온다. 그리고 다음날 아침, 옳은 결정을 내린 건지 되새겨본다. 겉으로 보기에는 멋져 보인다. 이웃들도 그렇게 말하지 않았던가. 그리고 며칠 후, 당신은 10분 시험 운전 때는 감지하지 못했던 갖가지 사소한 결함들을 발견하기 시작한다. 상황이 머릿속에서 정리되자, 당신은 세일즈맨과 전화 접촉을 시도한다. 메시지를 남기지만 연락이 없다. 차를 몰고 매장으로 향한다. 할인 판매 상품은 반품 및 교환이 불가능하지만, 정비공은 기꺼이 소개해주겠노라고 한다. 정비공은 차를 살펴보고 완전히 수리하려면 수백 달러의 비용이 드는데 어떻게 하겠냐고 묻는다. 달리 선택의 여지가 없다. 나중에 더 큰 문제를 겪지 않으려면 차를 수리하는 수밖에. 당신은 당했다고, 속았다고 느끼지만, 어떻게 말려든 건지 그저 의아할 뿐이다.

좋은 소식은 조작 행위자에게 쉽게 넘어가는 사람이 당신뿐만이 아니라는 것이다. 사실 우리 모두가 그렇다. 마음을 편하게 해주는 이야기와 카리스마 넘치는 태도, 그리고 완벽한 설정에 안 넘어갈 사람은 그리 많지 않다. 그렇다고 이런 사실이 크게 위로가 되지는 못할 것이다. 사실, 조작당한 사람들 대부분은 분노와 좌절, 무력감을 지우기가 쉽지 않다고 토로한다. 조작 행위자는 모든 욕구를 충족시키는 반면에 말이다.

조작이 일시적으로나마 효과적인 이유는 조작당하는 사람이 경험과 정보, 비판적 사고가 부족하기 때문이다. 사건이나 상황의 전개 과정을 비판적으로 생각하기 시작하면 누구든 조작 행위자와의 상호작용 중에 나타나는 경고 신호들을 감지할 수 있다. 그렇다면 당신은 어째서 그것들을 잡아내지 못했는가? 대답은 간단하다. 해결책을 탐색하고 있을 때에는 누구든 효과가 있어 보이는 해결책이라면 어떤 것이나 옳은 해결책이라고 보는 경향이 있기 때문이다. 우리는 그 해결책을 우리가 지닌 문제(혹은 열망)에 대한 해결책으로 정당화할 방법을 찾는다. 조작자들은 그들이 당신의 문제에 대한 해결책이나 방법 혹은 해답을 당신에게 보여주면, 그 즉시 당신이 그것에 대한 반대 의견을 합리화하려 들 것이라는 점을 잘 알고 있다. 당신 스스로 그것을 들어맞게 만들 방법을 찾는다는 얘기다. 그러면 약빠른 조작자는 증거와 감동을 층층이 쌓아올리며 즉시 행동을 취하라는 압력을 강화해나간다. 심리학자 앤젤라 데일리는 이렇게 말한다.

"이 경우에도 80/20 법칙이 강하게 적용된다. 열망이라는 보다 중요한 느낌이나 증거가 압도하는 상황에서는 아무리 마음 한구석에 의구심이 맴돈다 해도 20퍼센트 정도의 의구심은 부인해버리기가 매우 쉽다. 우리 인간에게는 자신의 안전지대로 회귀하고자 하는 성향이 있기 때문에, 그러한 의구심을 쫓아내기 위한 정당화나 합리화 방안을 찾는 것이다."

다행히도, 거의 모든 조작은 결국에는 발각되고 조작 행위자는 드러나게 마련이다. 모든 사람은 아니라 해도 많은 사람들이 자신의 경험을 주변 사람들과 공유하기 때문이다. 극단적인 경우에는 언론에서 사건을 취재해 발표함으로써, 적어도 수만 명의 사람들은 조작 행위자와 조작 과정을 알게 되고, 그래서 그것을 피할 수 있게 된다.

조작이 장기적으로 효과를 발휘할 수 없는 이유는, 조작 행위자와 지속적인 신뢰 혹은 관계가 성립될 수 없기 때문이다. 사기는 결국에는 드러나고 부당 행위는 발견되고 조정되게 마련이다. 그 결과, 많은 경우 법적인 조치가 따른다. 따라서 조작 행위자들은 이제 입소문이 날 염려가 없거나 모든 신용을 잃을 정도로 노출될 위험이 없는 새로운 분야를 개척해야 할 것이다. 그럼에도 불구하고, 불행히도 여전히 많은 사람들이 계속해서 조작에 말려드는 길을 택한다. 조작당하는 고통보다 향후 자기들이 받게 될 가능성이 있는 무언가의 가치가 더 높다고 인식할 때 이런 일이 발생한다. 결국 그 패턴이 계속되는 것은 사람들이 조작 행위자를 인지할 수 없어서가 아니라, 그러한 리스크를 감수하는 데 따르는 잠재적 보상이 문제에 대한 비판적 사고를 막을 만큼 커 보이기 때문이다.

나는 여기서 당신을 위해 조작 과정의 모든 요소를 낱낱이 공개할 것이다. 다시 한 번 강조하지만, 이는 어떤 형태의 조작이든 옹호하거나 관대히 봐주는 마음이 있어서가 아니라, 조작의 작용 방식을 당신이 아는 게 중요하다고 믿어서이다. 그래야 당신이 조작의 희생자가 되는 것을 피할 수 있고, 부지불식간에 누군가를 비윤리적으로 조작하게 되는 것을 피할 수 있지 않겠는가.

조작 방법

1. 청중을 주의 깊게 관찰하고, 진정으로 뭔가를 탐색하는 사람, 해결책이나 구원을 찾는 사람, 그러면서 확신이 없거나 확신이 있는

척 꾸미는 사람을 찾아라.

2. 상대가 어느 정도 알고 있으며 입장은 어떠한지 시험해보라. 당신과 당신의 주제에 어느 정도 관심을 보이는지 파악하라. 많은 질문을 던져 상대가 해당 주제에 실질적으로 어느 정도의 지식을 갖고 있는지 무심코 털어놓게 만들어라. 그런 다음 틀리지는 않지만 의심의 여지나 논쟁의 여지가 있는 정보를 조금 제공하라. 그것에 반박하거나 도전하는지 살펴라. 확신에 차고 자신감 있는 태도로 정보를 제공하며, 당신 자신을 전문가로 내세워라.

3. 해당 주제에 관한 주지의 사실을 포함하는 폭넓고 포괄적인 일반론과 상식적인 논리를 이용해 동의를 이끌어내라.

4. 관계를 구축하고 신뢰를 창출하고 편을 들어주고 신뢰감을 심화하라.

5. 상대가 자신의 욕구나 입장을 말로 표현하게 하라. 그리고 당신의 충고를 따르는 경우 혜택을 입을 수 있는 미래의 상황을 떠올리게 하라.

6. 당신이 상대에게 얼마나 훌륭한 기회를 제공하고 있는지 인식하게 만들어라(그러나 포착되지 않도록 미묘하게 하라). 당신이 제시하는 아이디어에 대해 점차 강력한 감정적 욕구를 갖도록 유도하라. 그러는 한편, 기회가 영원히 지속되는 것은 아니라는 점을 분명히 하라. 가능한 경우, 매우 합리적인 상황을 설정해놓고 기회를 한 차례 박탈하라. 그러고 나서 결정을 즉시 내려야 한다는 조건을 걸어서, 당신이 선전하는 것을 얻을 수 있는 마지막 기회를 제공하라.

7. 상대가 떠날 때 관계를 재차 강화하라.

8. 상대가 당신과 맞서기 시작하면 핑계거리를 찾아 비난의 대상을 다른 데로 돌려라. 이를테면 당신의 상사를 탓하는 방법이 있다. 아니면 아예 다른 문제를 거론하라. 예컨대 할머니가 몹시 아프셔서 돌봐야 하는 관계로 오늘은 어쩔 도리가 없다는 둥, 혹시 유사한 경험이 있으면 충고나 조언을 해달라는 둥 설레발을 치면서 상대를 더 깊숙이 끌어들여라.

9. 상대가 완전히 말려들거나 아니면 다신 찾아오지 않을 때까지 앞의 과정을 반복하라. 만약 완전히 말려들면 상대를 내부 그룹으로 끌어들여라. 특별한 자격을 갖춘 자들만 들어갈 수 있는 배타적인 그룹에 끌어들여 다른 사람은 접근할 수 없는 정보나 활동에 대한 권한을 부여하라. 가능할 때마다 사소한 도움을 제공하여 당신에 대한 의존도를 증가시키고 당신의 의도대로 움직이게 만드는 보다 많은 기회를 제공하라.

CHAPTER ❶ REVIEW

▶ 조작과 설득을 구분하는 유일하고도 명료한 요소는 행위자의 의도이다.

▶ 조작은 본질적으로 조작 행위자의 성과에 초점이 맞춰진다. 반면에 설득은 당사자 모두의 욕구를 충족시키는 윈-윈 성과를 도출하는 데 초점이 맞춰진다.

▶ 조작에 필수적인 네 가지 중요한 조건은 '해결책의 탐색'과 '시간 민감성', '상실 잠재성', '호의적인 권위자'이다.

▶ 조작의 효과가 일시적일 수밖에 없는 이유는, 거의 언제나 조작 행위자나 조작의 기술이 비판적인 사고나 외부 관찰자에 의해 발각되기 때문이다.

▶ 조작은 어떤 상황에서든 적절치 않으며, 특히 비즈니스와 판매 상황에서는 더더욱 그렇다. 의미 있는 소득을 얻고 장기적인 경력을 쌓고 싶다면 조작과는 담을 쌓아야 한다.

CHAPTER ❶ REVIEW

▶ 사람들에게 영향력을 미치는 일에 관해서라면, 단기적 조작으로는 결코 장기적 성공을 거둘 수 없음을 명심해야 한다. 세상은 그리 넓지 않다. 조작자는 언제든 발각되게 마련이다.

SUCCESS QUESTIONS

▶ 나는 어떠한 의도를 갖고 설득 행위에 나서는가?

▶ 조작 행위에 말려든 나의 경험 가운데 다시 비판적으로 검토해볼 만한 가치가 있는 것은 무엇인가?

▶ 설득과 조작을 구분하는 (혹은 각각에 대한 정당화를 구분하는) 또 다른 차이점은 무엇이라고 생각하는가?

02 | 설 득

PERSUASION

내가 진리를 말할 때, 그것은 진리를 모르는 사람들을 깨우치기 위함이 아니라,
진리를 아는 사람들을 옹호하기 위함이다.
_ **윌리엄 블레이크**(William Blake)

●● 설득에 관한 이 장은 그리 길지 않다. 앞 장에 대한 간단한 부연 설명과 앞으로 나올 나머지 부분에 대한 안내 역할을 하는 장이기 때문이다. 이 책의 나머지 부분은 모두 설득과 그것을 효과적으로 만드는 방법에 관한 내용을 담고 있다. 이 장의 목적은 설득과 조작 사이의 몇 가지 차이점을 보여주는 것이다. 그것들은 대부분 내면적인, 당신 자신의 내면적인 태도에서 기인하는 차이점들이다. 누군가에게 뭔가를 납득시키려면 당신은 먼저 당신의 행위가 합당한지 윤리적인지 합법적인지 도덕적인지 살펴봐야 한다. 그래서 만약 이 기준들 가운데 어느 하나에라도 위배된다면, 당신은 행동을 취하지 말아야 한다.

올바르게 행한 설득은 아름답다. 그것은 조화롭게 편성된 발레 공연을 보는 것과도 같다. 프로세스의 모든 부분이 독특하면서도 필연적으로 다른 모든 부분과 조화를 이루기 때문이다.

설득은 조작과 매우 밀접하게 연관되어 있기 때문에, 일반적으로 명확한 경계선을 긋기가 쉽지 않다. 설득이 성공하려면 조작의 요소들 대부분 역시 갖춰져야 하지만, 설득과 조작의 주요한 차이점은 행위자의 의도에 있다.

1장에서 우리는 중고차 구매 시 겪는 나쁜 경험에 대해 얘기를 나눠봤다. 하지만 우리 대부분은 차량 구매 시 겪은 좋은 경험도 갖고 있다. 좋은 경험은 판매자가 당신의 욕구 충족을 돕는 데 진심으로 관심을 보인 경우다.

나중에 우리는 설득 방정식을 살펴볼 것이다. 설득 방정식은 설득의 모든 요소를 결합하여 예측 가능한 성과를 지속적으로 달성하는 방법을 보여준다.

훌륭한 설득은 당신과 당신이 설득하는 상대방이 호흡을 맞춰 정성

들여 펼치는 춤과도 같은 것이기 때문에, 훈련을 통해 잘 연마된 기술이라 할 수 있다. 상대와 맞추는 호흡에는 상대의 진정한 필요와 열망, 상대의 행위 기준을 이해하고 상대의 바람과 조화를 이루는 정보를 제공하는 것이 포함된다.

조작 행위자는 거짓 외관을 창출하는 데 많은 시간을 소비하지만, 설득 행위자는 페르소나, 즉 일정 수준의 힘과 영향력을 가지고 타인과 상호작용할 목적으로 정교하게 다듬은 자신의 일부를 창출하는 데 시간을 소비한다. 설득력 높은 페르소나란 그 사람의 본질 가운데 타인에게 받아들여진 부분을 의미한다. 설득 행위자들은 어떤 상황에서든 원하는 것을 빠르고 윤리적으로 올바른 방식으로 획득하기 위해, 그 부분을 적극적이고 의식적으로 개발한다.

최상의 설득 행위자들은 천성적으로 자신의 주변 세계와 주변 사람들에 대해 호기심을 갖는다. 다른 사람들을 움직이게 만드는 동인이 무엇인지 알고 싶기 때문이다. 그들은 자신이 설득하는 사람의 욕구와 꿈, 목표에 관심을 갖는다. 왜냐하면 그런 것들을 지렛대로 삼아 상호 존중에 기초한 장기적 관계를 창출하기 위해서다. 설득은 상대가 감정적 수준에서 필요로 하는 것이 무엇인지 배우는 것인 동시에, 물리적 수준(이를테면 제품)에서 필요로 하는 것이 무엇인지도 배우는 것이다. 그 이유는 물론, 물리적인 무언가를 적절한 가격 혹은 비용에 제공하는 것에 관련된 설득이 주류를 이루기 때문이다. 최상의 제품이나 서비스에 최상의 가격이라도 그것을 형편없는 설득 방식이나 구매자의 필요와 일치하지 않는 설득 방식으로 제공하면, 설득력 높게 제공한 열등한 제품이나 서비스보다 못한 법이다.

그렇다고 설득이 단지 판매에만 관계된 것은 아니다. 설득은 또한 동의와 지원을 얻는 데도 관계된다. 그것은 두 명 이상의 사람이 사고와 신념을 일치시킬 수 있는 공동의 토대를 마련하는 것이다. 설득은 아침식사로 무엇을 먹을 것인가에서부터 누구에게 아침식사 준비를 시킬 것인가에 이르기까지, 사실상 일상생활의 모든 영역에서 발생하는 과정이다. 다시 한 번 말하지만, 실질적으로 우리 삶의 모든 측면이 우리가 원하는 것을 하도록 누군가(혹은 우리 자신)를 설득하는 과정을 수반한다.

설득은 연습을 통해 향상시킬 수 있는 유형의 기술이다. 태어날 때부터 강력한 설득력을 지니고 태어나는 사람은 없다(물론 예외는 있다. 이 글을 쓰고 있는 지금 생후 10개월 된 딸이 글쓰기를 중단하고 자기가 원하는 것을 달라고 나를 설득하는 데 성공했다. 한 마디 말도 없이 말이다). 효과적인 설득자가 되려면 무엇이 사람들을 결정하게 만드는지, 시간을 들여 배워야 한다. 다행히도, 이 책을 다 읽을 무렵이면 당신은 어떤 상황에서든 효과적인 설득을 하는 데 필요한 모든 것을 배우게 될 것이다. 그렇지만 단순히 이 책을 읽는 것만으로는 충분치 않다. 당신은 현재의 설득 습관과 당신 자신을 분석해서 개선해야 할 부분을 파악해야 한다. 또한 설득 프로세스의 어느 부분에 당신이 배운 각각의 원칙을 덧씌울 것인지 결정해야 한다.

끝으로, 연습은 아무리 강조해도 지나치지 않다. 당신은 현재의 프레젠테이션 프로세스에 특정한 기술이나 개념을 삽입하는 실험을 해봐야 한다. 그리고 거기서 나온 피드백에 대한 연구를 통해 그것들을 보다 효과적으로 활용하여 가장 신속하고도 가장 훌륭한 성과를 이끌어내는 방법을 이해해야 한다.

CHAPTER ② REVIEW

▶ 설득은 두 명 이상의 사람이 공동의 토대와 믿음을 찾을 수 있는 환경을 창출하는 것이다.

▶ 설득과 조작의 순수한 경계선은 의도를 중심으로 드러난다.

▶ 언외의 의미를 전달하는 '함축(connotation)' 역시 설득과 조작 각각의 해석 방법에 영향을 미친다. 전형적으로 설득은 매우 긍정적인 함축을 담지만 조작은 그렇지 않다.

SUCCESS QUESTIONS

▶ 어떤 것이 언제 설득이 되고 언제 조작이 되는가에 대한 나의 소신은 무엇인가?

▶ 설득과 조작에 관한 나의 믿음이 어떤 식으로 나를 지원하거나 뒤처지게 했는가?

▶ 나는 어떤 식으로 세상과 주변 사람들에 대한 호기심을 늘려갈 것인가? 또 나는 어떤 식으로 나의 기존 신념에 도전해 보다 넓은 지식과 경험의 기반, 즉 나의 설득력 높은 논증을 전개할 기반을 닦을 것인가?

03 | **페르소나** – 보이지 않는 설득 행위자

PERSONA- THE INVISIBLE PERSUADER

나의 직업적인 페르소나는 결코 그 통제력을 잃지 않고 언제나 나를 주시한다.

_ 아네타 팰츠코그(Agnetha Faltskog)

●● 설득은 집을 짓는 것과 같다. 페르소나는 타인과 상호 교류하며 타인에게 투사되는 성격을 의미한다. 즉 남에게 보이는 자신의 이미지란 의미이다. 바로 이 페르소나가 설득이라는 집의 토대와 벽을 구성한다. 페르소나는 그 사람의 설득 능력에 구조와 버팀목을 제공하며, 거기에 아름다움과 바람직함과 따뜻함과 안전을 첨가하는 나머지 요소들을 유지해주는 역할을 겸한다.

설득력 있는 사람이 되려면 자신의 메시지를 완벽히 지원할 수 있도록 페르소나를 발전시켜야 한다. 당신은 그 일부처럼 보이고 그 일부처럼 들리고 그 일부처럼 행동해야 한다. 메시지와 페르소나가 일치하지 않으면, 당신이 설득하고자 하는 사람들이 당신에 관해 비판적인 결정을 내릴 수도 있을 테니까 말이다.

최근의 연구에 따르면, 사람들은 순간적으로 결정을 내린다. 눈에 보이는 것을 "세밀하게 분석하여" 결정을 내리는 데 막대한 정보를 필요로 하지 않는다는 얘기다. 말콤 글래드웰(Malcolm Gladwell)은 비범하다고 평가받은 자신의 저서 『블링크(Blink)』에서 미술 감정가들이 어떻게 대상을 보는 바로 그 순간에 위조품을 감지해낼 수 있는지에 관해 세세하게 논한다. 그들은 그것이 위조품이라고 생각하는 이유를 일일이 집어내기 훨씬 전에 이미 정보를 "세밀하게 분석하여" 결정을 내린다. 우리가 어떤 사람의 정직성 여부를 결정하는 데에도 이와 동일한 원칙이 적용된다. 자신이 무슨 얘기를 하는지 잘 알고 있으며, 진심으로 우리가 가장 바라는 바를 알고 있는 사람이라면, 우리는 눈 깜짝할 사이에 그 사람의 정직성 여부를 결정할 수 있다.

가장 높은 수준으로 설득하기 위해 집중적으로 발전시켜야 하는 페르소나의 세 요소는 다음과 같다.

1. 외모
2. 목소리와 커뮤니케이션 기술
3. 포지셔닝

내가 페르소나를 발전시키라고 하는 것은 누군가를 설득할 때 쓰는 가면이나 외관을 발전시키라는 의미가 아니다. 그보다는 당신의 개성에 없어서는 안 될, 무조건적인 일련의 기술들을 완전히 발전시켜야 한다는 뜻이다. 지금도 이런 기술들을 어느 정도 활용하고 있을지 모른다. 그러나 앞으로는 설득을 할 때마다 이 기술들을 충분히 활용하게 될 것이다. 설득에 정통하게 되면서, 그리고 이러한 기술들을 연마해가면서 그것들은 곧 적절한 상황에서 자동적으로 적용하게 되는 무의식적인 일부가 될 것이다.

외모

사람들은 당신을 외모로 판단한다. 여러 연구 결과에 따르면, 취업면접에서나 이성과의 데이트에서 키가 작은 사람보다는 큰 사람이 좀 더 좋은 평가를 받는다. 자격이 동등할 경우, 매력적인 사람들은 그렇지 않은 사람들에 비해 취직 시험에 합격할 확률이 높다. 1991년, 전미 심리학협회(American Psychological Association)에서 발행하는 《사이콜로지컬 불리틴(Psychological Bulletin)》에는 "아름다운 것도 좋지만……:신체적 매력에 대한 고정관념에 관한 연구, 그 메타 분석적 검토"라는 제목으로 앨리스 이글리(Alice H. Eagly)와 리처드 애시모어(Richard D. Ashmore), 모나 마키자니(Mona G. Makhijani), 로라 롱고(Laura C. Longo)가 공동으로 수행한, 매력에 대한 상세한 연구결과가 실렸다. 이 흥미진진한 연구는 설득을 진지하게 배우는 사람들에게 큰 도움이 될 것이다.

이런 모든 일들이 아주 부당하기 그지없게 들리겠지만, 사실임에는 변함이 없다. 인간으로서 우리는 여러 가지 다양한 기준을 근거로 타인에 관해 즉각적인 판단을 내리며, 매력 역시 그 여러 가지 기준 가운데 포함되니 말이다. 그나마 다행스러운 점은 현재 외모가 어떠하든 그리 어렵지 않게 자신에게 유리한 쪽으로 외모를 바꿀 수 있다는 사실이다. 하지만 그러기 위해서는 의식적으로 노력을 기울여야 한다.

지금 자신의 외모를 냉정하고 정직하게 평가해봐야 한다. 아래 제시하는 간단한 질문들에 솔직하게 답해보길 바란다. 이 질문들은 성별에 관계없이 동일하게 적용된다.

최근 12개월 내에,

- 자신의 헤어스타일을 평가하거나 바꾼 적이 있는가?
- 평소 입는 옷에 손상이 가지 않았는지 일일이 살펴보는가?
- 체중이 5킬로그램 이상 늘거나 줄어든 적이 있는가?
- 셔츠나 블라우스를 한달에 두세 번 이상 바꿔주는가?
- 구두를 정기적으로 구두수선공에게 맡겨 광을 내는가?
- 옷이나 스타일이 유행에 뒤지지 않는지, 혹은 신분에 맞는지 평가하는가?
- 얼굴과 머리, 귀 등을 꼼꼼히 들여다보면서 주름이 생기지는 않았는지, 햇볕 때문에 손상된 부분은 없는지, 머릿결이 손상되지 않았는지 확인한 적이 있는가?
- 남자라면 이발 상태가 깔끔한지 주의 깊게 살펴본 적이 있는가?

- 여자라면 스타일이나 색상이 나이에 맞거나 자신을 약간 더 젊어 보이게 만드는지 주의 깊게 평가해본 적이 있는가?
- 옷에 구멍이 나지 않았는지, 해지거나 닳은 부분이 없는지 확인하는가?
- 최근 12개월 내에 한 번도 안 입은 옷이 옷장에 걸려 있지는 않은가? (12개월 동안 입은 적이 없다면, 다시 그 옷을 입게 되거나 그런 스타일의 옷이 유행할 가능성은 매우 희박하다.)
- 손과 손톱의 상태를 꼼꼼히 살펴본 적이 있는가?

이러한 체크 리스트를 확인하는 것은 문제를 극단적으로 단순화하고 어쩌면 쓸데없는 일처럼 보일 수도 있지만, 당신이 설득하고자 하는 상대는 당신에 관한 사항들을 하나도 빠짐없이 평가하고 있음을 명심해야 한다. 물론, 이런 사항들은 제대로 지키지 않는다고 해서 설득을 훨씬 더 어렵게 만드는 결정적인 요소들은 아니다. 가령, 거짓말을 하다가 들통 나면 그 관계는 완전히 끝나버릴 테니 말이다. 이 체크 리스트 항목들은 우리가 크게 주의를 기울이지 않는 비교적 사소하고 모호한 것들이지만, 상대가 무의식적으로 이런 점들을 감지해내면 설득은 훨씬 더 어려워질 수 있다. 사람들은 제각기 기대치, 즉 일종의 도표를 갖고 있다. 따라서 당신이 제공하는 정보와 자신이 기대한 정보가 부합하지 않으면 거래를 망설이거나 관계를 완전히 끊어버릴 수 있다.

인간이라면 누구나 끊임없이 의식의 범위를 넘은 잠재의식 속에서 한 번에 수백 개의 단편적인 정보들을 평가하고 그것들에 대해 결정을 내린다. 이러한 단편적인 정보들 가운데 우리의 의식을 집중시키는 것은 매우 놀랍거나 극히 부당한 사항들뿐이며, 나머지 정보들은 보이지 않는 곳에서 평가되고 결정된다. 옳은 것 같지는 않지만 그렇다고 '틀린' 것을 정확히 집어낼 수도 없는, 골치 아픈 상황에 처하게 되는 것도 바로 이런 이유에서이다. 때때로 우리는 이것을 직관이라고 부른다. 실제로 직관은 한 순간에 수십 가지 결정을 내리도록 만드는, 매우 세부적인 무의식적 프로세스이다. 보다 효과적으로 설득하기 위해서는 청중에게 제시하는 하나하나의 정보에 세심한 주의를 기울여야 한다. 그래야만 우리의 메시지가 상대의 무의식, 즉 '이 사람은 해박하며 믿을 만하다'고 인정하는 내적 패턴에 도달할 수 있을 테니 말이다. 당신은 청중이 이렇게 생각하기를 원한다. '이 사람과 계속 교류를 해야겠군.'

우리는 매 상황마다 우리가 만나는 사람의 외모나 행동, 말투 등에 대해 나름대로 기대치를 설정한다. 당신의 주치의가 농업을 겸하고 있다고 가정해보자. 어느 날 그가 농장에서 일을 하다가 진흙이 잔뜩 묻은 부츠와 청바지, 야구모자 차림으로 진찰실에 들어와서는, 당신이 암에 걸렸으며 자신이 최선을 다해 치료 방법을 찾는 데 도움을 주겠다고 말한다. 그 의사가 적절한 믿음을 줄 수 있겠는가? 관계를 확립할 수 있겠는가? 그 사람이 단지 의사라는 이유만으로 그의 조언을 선뜻 받아들일 수 있겠는가? 물론, 이전에 어떤 관계였느냐에 따라 상황은 크게 달라질 수 있다. 그러나 아무리 완벽한 관계였다고 해도 의사가 갖춰야 하는 옷차림과 행동양식에 관한 당신의 내적 패턴과는 일치하지 않는다.

앞서 제시한 체크 리스트로 자신을 철저히 평가해봄으로써 스스로를 남들과 똑같은 관점에서 되짚어보는 통찰력을 얻을 수 있다. 일단 자신의 외모를 평가하고 나면, 부족한 사항들을 신속하게 변화시켜 클라이언트나 가망고객, 혹은 잠재적인 파트너가 기대하는 이미지에 부합할 수 있을 것이다.

설득력 있게 옷 입기

흥미롭게도, 클라이언트와 상호작용하기에 적절한 옷차림에 관해서는 의견이 매우 분분하다. 내가 얘기를 나눠본 경영간부들 가운데 다수는 직원들이 가망고객이나 클라이언트보다 더 좋은 옷차림을 해서는 안 된다고 말했다. 그 밖에는 항상 정장을 갖춰 입거나, 적어도 블레이저를 입는 것이 적절하다는 의견도 있었지만, 여전히 회사 유니폼(로고가 새겨진 셔츠와 바지)이 가장 적절하다는 의견을 고수하는 이들도 있었다. 어떤 경영간부는 가망고객이나 클라이언트의 옷차림보다 약간 떨어지는 수준을 유지해야만 클라이언트가 스스로 옷을 잘 입었다는 느낌을 가질 수 있으며, 상대방이 옷에만 돈을 쏟아 붓지 않는다는 인상을 줄 수 있다고 말하기도 했다. 하지만 이것은 잘못된 생각이다! 옷차림은 당신의 지위를 뒷받침하며, 옷이 아닌 당신에게 주목하게 만드는 역할을 한다.

설득력 있는 옷차림이 주는 혜택들 중 가장 간과하기 쉬운 것 가운데 하나가 바로 그것이 입는 이의 기분을 크게 좌우한다는 점이다. 입는 순간 감정적으로나 육체적으로 자신이 매우 달라진 듯한 느낌을 주는 옷이 있다. 몸에 잘 맞는 멋진 정장을 입으면, 스스로 탁월하고 유능하며 준비된 듯한 기분이 든다. 물론 정장에 익숙하지 않아서 오히려 불편하게 느끼는 사람들도 있을 것이다. 그렇다고 해도 평소에 좀더 격식 있는 옷차림을 갖춰서 스스로 그런 느낌에 익숙해지도록, 그리고 그것이 당신의 본질에 부합하는 일부가 되도록 만드는 것이 마땅할 것이다.

경험에 비춰볼 때, 결국 실질적으로 설득력을 높이기 위해서는 당신의 지위와 관련된 기대치에 부합하는 옷차림을 하거나, 클라이언트와 비슷한, 혹은 한 단계 더 나은 옷차림을 해야 한다. 가령 클라이언트가 비즈니스 캐주얼을 입었다면(일반적으로 내가 만나본 이미지 컨설턴트들의 말에 따르면, 청바지는 비즈니스 캐주얼에 포함되지 '않는다'), 여기에 넥타이와 블레이저를 추가하는 정도가 한 단계 나은 옷차림이 될 것이다. 당신이 평소에 즐겨 입는 비즈니스 캐주얼에 제3의 아이템을 추가하는 것 역시 한 단계 나은 옷차림이 될 수 있다. 제3의 아이템은 남자의 경우 조끼나 재킷, 여자의 경우 스웨터나 스카프가 될 수 있다. 언밸런스하게 입으라는 말이 아니라, 스스로를 약간 차별화함으로써 주목을 끌라는 얘기다.

게다가 옷을 입을 때에는 상황에 적절한지도 고려해야 한다. 농장에서 비료를 판매하는 사람이 현장에서 농부를 만나 토질을 살펴보기로 한 날에 정장 차림으로 나타나는 것은 이치에 맞지 않는다. 이 경우, 앞에서 말한 의사의 예에서처럼 사람들은 그 사람의 신뢰성과 식견에 곧바로 의문을 던질 것이다.

클라이언트와 비슷한 수준의 옷차림은 사람들의 기대에 부합하는 스타일의 옷을 깨끗하게, 잘 다려서, 그리고 유행에 뒤처지지 않게 입는 것이다. 그러나 반드시 지켜야 할 사항들이 몇 가지 있다. 구두는 항상 반짝거리고, 손톱은 깔끔하게 다듬어져 있어야 하며, 옷은 금방 다린 것처럼 빳빳해야 한다. 헤어스타일은 유행에 뒤처져서는 안 되며 이발 상태도 깔끔해야 한다. 회사 셔츠나 그 이외의 유니폼을 입을 경우에도 언제나 깨끗하고 빳빳한 상태를 유지해야 한다. 하루의 대부분을 승용차를 타고 다닌다면 반나절만 지나도 유니폼이 심하게 구겨져 있을 가능성이 높다. 가능하다면 개인맞춤서비스 등을 이용해서 중간에 빳빳한 셔츠로 갈아입도록 하라. 언제나 세련된 이미지를 유지할 수 있을 것이다.

옷이 몸에 잘 맞는 것도 중요하다. 잘 맞는 옷을 입으면 체형 상의 결점이 가려지고 품위 있어 보이며, 편하게 움직일 수 있고, 기분이 좋아져서 보다 높은 수준의 자신감을 유지할 수 있다. 5킬로그램 이상 체중이 늘거나 줄면 옷이 안 맞을 가능성이 높다. 이런 경우에는 당장 옷을 개조하거나 새 옷을 준비하라. 뭐 꼭 그렇게까지 할 필요가 있을까, 하는 의문이 드는 사람은 자신에게 이렇게 물어보라. 다소 손상된 듯한, 혹은 안 좋아 보이는 제품을 본 클라이언트가 제품의 품질이나 효과를 의심하지 않고 그것을 구매하겠는가? 그 대답이 '아니오'라면 자신의 외모가 의심스러워 보이는 상태에서 구매를 강요하지 말라.

옷차림에 관한 훌륭한 지침서들이 수없이 출간되었지만, 그 가운데 실제로 옷차림이 신뢰성이나 설득 능력에 어느 정도의 영향을 미치는지를 고찰한 것은 없었다. 나는 최근에 유타주 프로보의 콘셀 이미지 매니지먼트 연구소(Conselle Institute of Image Management) CEO인 주디스 라즈밴드(Judith Rasband)를 만나 이러한 의문을 해결할 수 있었다. 라즈밴드는 '스타일 척도(Style Scale)'를 고안하고 발전시켰으며, 덕분에 사람들은 자신의 옷이 전하는 메시지, 혹은 자신이 옷을 통해 전하고픈 메시지를 빠르고 쉽게 결정할 수 있게 되었다. 이미지 등급은 0~4까지 나뉘며, 0에 가까울수록 권위가 낮고 4에 가까울수록 권위가 높다. 권위는 설득과 매우 밀접하게 관련되는 조항이다. 가령, 4등급에 속하는, 권위가 매우 높은 사람들은 바지와 재킷으로 구성된 슈트에 셔츠와 넥타이를 착용한다. 슈트와 셔츠 사이의 대조가 극명할 수록(가령, 검은색 슈트에 흰색 셔츠), 그리고 선의 각이 뚜렷할수록 외모의 권위가 높아진다. 여성의 경우, 4등급은 스커트와 재킷으로 구성된 슈트에 셔츠나 블라우스, 혹은 원피스에 재킷, 혹은 슬랙스와 재킷으로 구성된 슈트에 셔츠 차림이다. 남성 3등급은 슬랙스와 스포츠 코트에 셔츠와 넥타이 차림, 여성 3등급은 스커트, 혹은 슬랙스와 재킷에 셔츠나 블라우스 차림이다. 여성 2등급은 스커트와 칼라 달린 셔츠에 스웨터나 조끼 차림, 혹은 스커트와 칼라 달린 셔츠, 혹은 폴로셔츠 차림, 혹은 팬츠와 칼라 달린 셔츠 차림이다. 남성 2등급은 팬츠와 칼라 달린 셔츠에 넥타이를 착용하고 스웨터나 조끼를 덧입는 차림이다. 마지막으로 남성 1등급은 진과 티셔츠 차림, 혹은 반바지와 티셔츠 혹은 민소매 셔츠 차림이며, 여성 1등급은 진과 티셔츠, 민소매 톱, 반바지, 그리고 팔과 어깨를 노출시킨 여름용 원피스 등이다. 가장 설득력 있는 상황을 구축하기 위해서는 3등급이나 4등급의 옷차림을 갖추는 것이 적절하다. 가장 적절하지 못한 옷차림은 당연히 1등급이다. 이런 옷차림은 이웃 사람에게 이사하는 것을 도와달라고 설득하려는 게 아니라면 가급적 피하라!

훌륭한 외모를 갖추기 위한 마지막 비법들을 소개한다.

- 양말은 항상 바짓단과 같은 색상이거나 바짓단보다 어두운 색상 이어야 한다.
- 남성의 경우 수염을 기르는 것은 괜찮지만 항상 깔끔하게 정돈되어 있어야 한다.
- 성별에 관계없이 헤어스타일은 유행에 뒤처지지 않아야 하며, 항

상 잘 손질되어 있어야 한다.

- 보석은 최소화해야 하며, 상대방의 주의를 흐트러뜨리지 않고 전체적인 외관을 뒷받침해야 한다.

- 슈트는 입을 때마다 세탁할 필요는 없다. 옷장에 걸기 전에 의자 등받이에 걸어두어 바람을 쏘이고, 자주 다려 입는다. 냄새가 배거나 얼룩이 묻은 경우가 아니라면 세탁은 일년에 두세 번으로 제한한다.

- 모든 옷은 자주 다려 입어야 한다.

- 남성의 경우, 신발과 벨트가 조화를 이루어야 한다.

- 3등급이나 4등급 의상을 구입할 때에는 예산이 허용하는 한도 내에서 가장 좋은 것을 구입하라. 보다 나은 인상을 주는 것은 물론이고, 오래 입을 수 있다.

- 3등급이나 4등급의 옷은 가급적 체형에 맞게 맞춰 입거나 고쳐 입는다.

언제나 제기되는 의문 하나가 있는데, 바로 맞춤복을 입어야 하느냐 기성복을 입어야 하느냐 하는 것이다. 대답은 전적으로 당사자에게 달려 있다. 사람들 대다수는 상대의 옷을 보고 맞춤복인지 기성복인지 구별해낼 수 없는 것으로 드러났다. 미국 내 최대 규모의 맞춤양복 및 기성양복 제조업체 가운데 하나인 톰제임스사(Tom James Inc.)의 스티브 리더(Steve Reeder)는 나에게 다음과 같이 말했다.

"셔츠의 경우는 남자든 여자든 맞춰 입는 것이 가장 좋습니다. 기성복이 잘 안 맞는 체형이거나 맞춤복을 입어야만 만족하는 사람들도 있겠죠. 하지만 이런 경우가 아니라면 굳이 맞춤복을 입을 필요는 없습니다. 좋은 기성복도 수없이 많으니까요. 몸에 잘 맞게 고쳐 입으면 보기에도 좋을 뿐 아니라 맞춤양복에 비해 수백 달러에서 많게는 수천 달러까지 비용을 절약할 수 있습니다."

성공의 열쇠는 훌륭한 재단사를 찾고 필요에 따라 수선할 수 있는 질 좋은 옷을 구입해서 몸에 꼭 맞도록 고쳐 입는 것이다.

목소리와 커뮤니케이션 기술

사람들은 당신을 보는 순간부터 당신에 관해 결정을 내리기 시작한다. 이러한 결정은 당신이 말을 하는 순간에 더욱 강화되는 경우도 있고, 혼란스러워지는 경우도 있다. 직접 대면하는 경우가 아니면 상대가 당신을 평가하기 위해 수용하는 최초의 정보는 바로 목소리와 커뮤니케이션 기술이다. 성공하기 위해 라디오 진행자 같은 멋진 목소리나 텔레비전 출연자처럼 멋진 외모를 갖출 필요는 없지만, 목소리와 몸을 활용해서 신뢰를 주는 강력한 메시지를 만드는 법은 알아두길 바란다. 또한 당신이 말하는 모든 것을 강화해주는 프레젠테이션 기술을 갖춰야 한다.

목소리의 경우, 자신에게 들리는 목소리와 타인에게 들리는 목소리가 다르다는 사실을 기억하라. 자신의 목소리는 몸 밖이 아닌 몸 안에서 들리기 때문이다. 당장 할 수 있는 가장 효과적인 방법 가운데 하나는 자신의 목소리를 녹음해서 그것이 다른 사람에게 어떻게 들리는지 확인하는 일이다. 당신은 이렇게 생각할 것이다. '녹음한 목소리도 그리 나쁘지 않은데.' 물론 자신의 목소리는 그런대로 괜찮게 들릴 것이다. 이제 그 목소리에 최대한의 효과를 부여하기 위해 그것을 적절히 활용하는 법을 배우기만 하면 된다.

이 주제를 조사하는 과정에서 나는 미국 내 최고의 목소리 코치인 수전 버클리(Susan Berkley)와 얘기를 나눴다. 수전은 "AT&T(American Telephone and Telegraph: 미국의 전화회사 - 옮긴이)를 이용해주셔서 감사합니다"라는 안내방송 목소리의 주인공으로 가장 잘 알려져 있지만, 『말로써 영향력을 발산하라 - 당신의 목소리에 숨어 있는 힘을 끄집어내는 방법(Speak to Influence - How to Unlock the Hidden Power of Your Voice)』의 저자이기도 하다. 수전에 따르면, 사람들이 목소리를 활용할 때 저지르는 가장 큰 실수는 목소리를 명확하게 내지 않는 것이다. 이 것은 페이셜 마스크(facial mask) 이외의 부분에서 목소리를 내기 때문이다. 페이셜 마스크는 입술과 입, 그리고 코 부분으로 구성된다. 허밍을 해보면 페이셜 마스크를 쉽게 찾을 수 있다. 허밍을 하면서 얼굴 가운데 어디에서 떨림이 느껴지는지 주의를 기울여보라. 말하는 방식을 개선하려면 아는 노래를 허밍으로 부르다가 도중에 말을 시작해보라. 그리고 도중에 시작한 말이 허밍을 할 때와 똑같은 얼굴 부위에서 똑같은 느낌을 만들어내도록 해보라. 성우가 아닌 이상, 라디오 DJ나 그 밖의 전문적인 목소리를 흉내 내려고 애써선 안 된다(오히려 해가 될 수도 있다). 단지 자신이 가진 목소리의 효과를 극대화시키기만 하면 된다는 사실을 명심하라. 이 밖에도 목소리를 개선하기 위해 할 수 있는 연습들은 수없이 많다. 진부하게 들릴 수도 있지만, 내가 목소리 개선 방법에 관해 얘기를 나눠본 전문가들은 하나같이 미소를 지으면서 말을 하면 목소리와 어조를 개선할 수 있다고 조언했다.

말하는 속도도 설득력에 막대한 영향을 미친다. 말하는 속도와 목소리의 높낮이에 변화를 줌으로써 좀더 재미있고, 누구나 귀를 기울이고 싶어하는 연설가가 될 수 있다. 말하는 속도가 지나치게 느리거나 빠르면 수많은 상대를 놓치고 말 것이다. 말 속도가 지나치게 느린 사람은 종종 자신이 없거나 어두운 사람으로 간주되며, 속사포처럼 빠르게 말하는 사람은 주의가 산만하거나 긴장하고 있다고 여겨질 수 있다. 부당하며 얼토당토않은 일반화라는 생각이 들 수도 있겠지만, 우리 사회의 수많은 사람들이 관찰한 바를 토대로 해서 내려진 결론이다. 자신의 말이 타인에게 어떻게 들리는지를 알아봄으로써 매우 유리한 입지를 구축할 수 있다. 가족이나 친지보다는 동료들에게 자신의 목소리를 솔직하게 비평해달라고 요청하라. 바로잡을 필요가 있는 중대한 문제가 있거나 목소리를 전체적으로 개선하고 싶다면, 목소리 코치를 강력히 추천한다. 누구나 단 몇 시간의 훈련으로 좀더 듣기 좋고 세련된 목소리를 갖게 될 것이다.

설득의 효과를 좀더 높이려면 말을 할 때 목소리를 다양하게 변화시키는 법을 배우는 것이 중요하다. 감정이 전혀 없는, 혹은 생기가 전혀 없는 듯한 지루하고 단조로운 저음에 귀를 기울여본 경험은 누구에게나 있을 것이다. 단조로운 목소리는 상대가 화자가 아닌 목소리와 말투에 집중하도록 만든다. 설득에서 목소리가 하는 역할은 의미 있는 메시지를 이해하기 쉽게, 그리고 자극을 주는 방식으로 전달하는 것이다. 듣는 사람은 목소리가 아닌 메시지에 집중해야 한다.

우리의 귀를 즐겁게 해준 사람들(청중을 고무시키는 연설가나 장관, 혹은 코미디언)에 관해 잠시 생각해보라. 그들은 메시지를 보다 강력하게 전달하기 위해 수시로 목소리에 변화를 주며, 특정한 사상이나 아이디어가 강조되도록 말하는 속도나 어조를 변화시킨다. 훌륭한 연설가들은 이야기 중간에 짧은 휴지(休止)를 첨가함으로써 극적인 효과를 내기도 한다. 청자가 확실히 이해하기를, 혹은 곰곰이 생각해보기를 원할 때 잠깐 말을 멈췄다가 다음 얘기를 시작하는 것이다. 이 같은 짧은 휴지는 청자에게 이전의 정보를 생각해보라는, 혹은 앞으로 생각이 변화할 테니 이를 주목해야 한다는 잠재적인 단서를 제공함으로써 연설의 설득력을 높여준다.

설득력 있는 연설가들은 일관적이며 응집력 있는 연설 패턴을 지니고 있다. 그리고 다음 말이 생각나지 않을 때 사용하는 '그리고'나 '저어⋯⋯', '글쎄⋯⋯' 등과 같은 어구들과, 그 밖에 짧은 휴지를 삽입해야 메시지의 영향력과 효과를 높일 수 있는 부분에 우리가 습관적으로 집어넣는 쓸데없는 어구들을 제거하기 위해 부단히 노력한다. 자신의 말이 일정한 패턴이나 리듬을 갖추도록 노력하라. 간단하게는 음악에 박자를 맞추듯이 리듬 있게 말할 수도 있고, 좀더 복잡하게는 현재 대화를 하는 상대의 리듬과 음색, 높낮이, 속도를 모방할 수도 있다. 어떤 스타일이든, 가장 중요한 요소는 말을 시작하기에 앞서 자신이 계획한 말이 무엇인지를 알고 그것을 자신 있게 전달하는 것이다. 자신만의 설득력 있는 패턴은 이야기 소재를 완벽히 파악하는 순간에 발현되기 때문이다.

가령, 자신의 직업에 대해 알려달라는 요청을 받으면 누구나 쉽게 상세한 설명을 해줄 수 있다. 자연스럽고 편안한 호흡을 유지하며 처음부터 끝까지 높낮이가 적절한 리듬감 있는 목소리로 술술 얘기할 수 있을 것이다. 반면에 아기 낳는 방법을 알려달라는 요청을 받으면, 그것이 직업이 아닌 이상 설명하는 데 큰 곤란을 느낄 가능성이 높다. 단편적인 지식을 갖고 있을 수는 있지만, 그것들을 설득력 있게 통합하지는 못할 것이다. 설명하는 내내 입이 바싹 마르고 잔뜩 긴장한 채, 확실하지 않은 불안한 목소리로 일관성 없는 얘기들을 쏟아놓을 것이다. 그리고 듣는 사람은 이 모든 것을 쉽게 감지해낼 것이다.

가끔은 미처 준비하지 못한 무언가를 상대에게 납득시키거나 설득해야 하는 경우도 있다. 예를 들어 어떤 조직에 들어간 지 얼마 안 되어, 외부에 나가 해당 조직의 기금 조달 모임에 대해 홍보하는 일을 맡았다고 치자. 이런 경우, 자신이 아는 바와 다른 사람에게서 들은 바를 바탕으로 조직에 관한 기본적인 정보를 모아 일을 시작해야 한다. 특히 아는 바가 극히 적을 때 가장 좋은 방법은 말해야 하는 것들을 큰 소리로 몇 번 되풀이해보는 것이다. 자신의 말이 어떻게 들리는지 귀를 기울여보라. 막히는 부분은 어디이고, 말이 끊기는 부분은 어디이며, 자신 없는 부분은 어디인가? 이런 부분들에는 다음과 같은 해결책을 사용하라. 천천히 심호흡을 한 다음, 문제가 있는 부분을 다시 또렷하게 말해본다. 이것을 몇 번 반복해서 연습한 다음, 현장에 나가라. 현장에 도착해서도 프레젠테이션을 시작하기 전에 머릿속으로 몇 번 되풀이하라. 조금이라도 생각을 거친 아이디어는 급하게 준비한 아이디어에 비해 훨씬 더 분명하고 확신에 찬 목소리로 전달할 수 있다. 급하게 준비한 사람은 굳이 연설 내용을 듣지 않아도 목소리의 리듬과 어조만으로도 티가 나는 법이다.

리듬을 개선하고 싶은가? 오디오북을 틀어놓고 낭독하는 사람이 이야기를 어떻게 읽는지 주의 깊게 들어보거나, 시낭송에 귀를 기울여보라. 두 가지 모두 커뮤니케이션에서 갖춰야 할 리듬에 대해 명확한 관점을 제공해준다. 실제로 이야기를 잘 하는 사람을 직접 지켜보는 것도 구술 커뮤니케이션 능력을 극적으로 개선시켜준다. 마지막으로, 관객에게 항상 자신의 캐릭터를 납득시켜야 하는 배우들을 연구해보라. 그들이 어떻게 말하는지, 그들의 감정이 목소리를 통해 어떻게 전달되는지, 그들이 대사로 관객을 어떻게 이끌어나가는지, 잠깐의 극적인 휴지를 가짐으로써 순간이나 느낌의 효과를 어떻게 극대화시키는지 귀를 기울여보라.

프레젠테이션은 목소리와 매우 밀접하게 연관되어 있다. 이야기의 소재를 제시하는 방식이 설득의 성공 여부를 결정할 것이다. 직접 사람들을 만나서 이야기를 하든 전화로 사람들에게 영향을 미치든, 정식으로 말하기 훈련(speech training)을 받아야 한다. 토스트매스터스 (Toastmasters, www.toastmasters.org)는 가장 쉽게 접근할 수 있고 비용이 가장 적게 드는 프로그램으로, 자신과 비슷한 사람들로부터 솔직한 피드백을 얻을 수 있다는 점에서도 매우 효과적이다. 이 외에 내가 토스트매스터스에서 발견한 혜택이 한 가지 더 있다면, 처음 시도하는 소재일 경우, 공식적으로 청중들 앞에서 전달하기 전에 그 내용과 프레젠테이션에 대해서 귀중한 피드백을 얻을 수 있다는 점이다.

그래픽을 사용해서 청중을 대상으로 프레젠테이션을 하든 일대일 커뮤니케이션을 하든, 말하기 훈련은 소재를 전달하는 일종의 형식을 제공해준다. 스피치 트레이닝은 단순히 말하는 능력을 좀더 개선시키는 데에서 그치지 않고 메시지를 성공적으로 전달하기 위한 방법론을 제공한다. 가장 설득력 있는 사람들은 누구에게든 체계적이고 이해하기 쉬운 방식으로 분명하고 정확하게 자신의 메시지를 설명한다. 이 글을 쓰는 현재, 정치적 신념을 떠나서 저명인사들 가운데 설득력 있는 연설가가 되기 위해 가장 혹독한 훈련을 받아야 할 사람은 아마 조지 부시(George Bush) 대통령일 것이다. 그는 분명히 좋은 교육을 받았으며 세계에서 가장 강력한 리더이지만, 선거 기간부터 첫 임기 내내 정보를 제시하는 능력은 그에게 큰 골칫거리였다. 아마 두 번째 임기 중에도 그는 똑같은 문제로 괴로움을 겪을 것이다. 부시와 대조적인 스타일의 빌 클린턴(Bill Clinton) 전 대통령은 논리 정연하고 세련된 연설가였다. 그는 진실하고 정직하고 사려 깊게 보이는 방식으로 메시지를 전달할 수 있었으며, 그 덕분에 가장 힘겨운 조사를 받을 때조차도 대중을 자신의 편으로 끌어들일 수 있었다. 물론 부시 대통령 옆에도 그의 외모와 프레젠테이션 능력을 개선시켜줄 사람들이 충분히 많겠지만, 아주 작은 몇 가지만 바꾸어도 보다 믿음직스럽고 유능해 보이는 인물이 될 수 있을 것이다.

소재를 제시하기에 앞서 당신의 페르소나를 좀더 완벽하게 만듦으로써 당신을 순식간에 좀더 설득력 있는 사람으로 바꿔줄 다음 핵심 사항들을 명심하라.

- 말을 할 때에는 항상 상대를 쳐다보라. 상대가 여러 명일 때에는 프레젠테이션이 끝날 때까지 번갈아가며 한 사람 한 사람을 두루 쳐다보라.
- 프레젠테이션이 상호작용하도록, 즉 상대나 청중이 질문을 하거나 질문에 답을 하도록 만들어라.
- 정확한 발음으로 말을 끝까지 완벽하게 하라.
- 등을 돌리고 서서 어깨 너머로 말을 하거나 어깨 너머로 읽지 마라. 그래픽 자료에서 뭔가를 읽어야 할 때에나 몸을 돌려 시연을 해야 할 때에도, 절대 청중에게서 90도 이상 등을 돌리지 말고 시연하는 대상과 청중 사이에서 자연스럽게 고개를 움직여라.
- 열린 자세를 유지하라. 당신과 청중 사이의 장벽을 최소한으로 유지하라. 예컨대 팔짱을 끼는 자세는 바람직하지 않다.

■ 몸을 활용해서 메시지를 강화하라. 제스처를 적극적으로 활용하라는 의미다.

메시지를 전 세계 사람들에게 설명하든 다섯 사람에게 설명하든, 페르소나와 프레젠테이션 기술은 반드시 연마해야 한다. 사람들은 파렴치한 조작 행위자들로부터 자신을 보호하기 위해 두터운 장벽을 쌓는다. 그 장벽은 때때로 선한 의지를 지닌 우리 같은 설득 행위자들에게까지 작용한다. 신뢰와 호감을 주며 식견 있어 보이는 인상을 갖춘다면, 말 한 마디 나누지 않고도 이 장벽을 허물어뜨릴 수 있을 것이다.

포지셔닝

포지셔닝(positioning: 상대의 마인드에 위치 점유하기)은 실제로 페르소나의 통합 과정에 관한 모든 것이다. 사람들이 당신을 보는 순간부터 지각해온 것들을 완성 짓는 단계, 즉 프레젠테이션의 최종 마무리 단계인 셈이다. 포지셔닝은 식견 있고 유익하며 명확한 태도를 갖췄다는 인상을 주기 위해 의식적으로 기울이는 노력으로, 전혀 모르는 사람이 자신과 자신의 본질에 관해 '믿을 수 있고 존경할 수 있으며 조언을 구할 수 있는 사람'이라는 가장 논리적인 결론을 내리도록 페르소나를 제시하는 능력이다.

포지셔닝의 핵심 요소 가운데 하나는 태도와 버릇이다. 사람들은 포지셔닝을 실제로 포스처링(posturing: 일시적 태도 꾸미기)으로 생각하는 경우가 많다. 포스처링과 포지셔닝 사이에는 한 가지 실질적인 차이점이 존재한다. 포지셔닝은 진실되게 그리고 윤리적으로, 스스로를 청중에게 영향을 미칠 수 있는 포지션으로 끌어올리는 모든 것을 일컫는다. 반면 포스처링은 다소 인위적인 성격을 갖는다. 자신을 포스처링하는 경우에는, 사람들의 반응을 보기 위해 필요에 따라 포지션에서 물러설 수도 있고 일시적으로 포지션을 노출시킬 수도 있다. 포스처링은 또한 자신이 원하는 바를 얻기 위해 남들에게 아첨하는 것과도 일맥상통한다.

옷차림을 적절히 갖추고 프레젠테이션에서 멋진 강연과 세련된 모습을 보여준다면 자신을 보이도록, 그리고 들리도록 포지셔닝하고 있는 셈이다. 또, 스스로를 중요하게 여겨지도록 포지셔닝하는 셈이기도 하다. 나는 매우 심사숙고한 끝에 "중요하게 여겨지도록"이라는 표현이 가장 적절하다고 생각했다. 당신은 당신이 만나는 모든 사람들이 당신의 말에 귀를 기울이고 그것을 중요하게 여기기를 원한다. 만약 사람들이 당신을 단순히 무언가를 얻기 위해 스스로를 포스처링하거나 교묘히 속이는 사람으로 간주한다면, 그 관계는 곧바로 끊어지고 말 것이다. 그들이 다른 곳에서 당신에 관해 얘기한다고 해도 당신이 바라는 방식은 아닐 것이다. 하지만 사람들이 당신과 당신의 말을 중요하게 여긴다면, 그들은 그것을 보다 깊게 생각하고 검토할 수밖에 없다. 자신이 이성적으로, 그리고 감정적으로 당신의 말에 동의하는지 알아보기 위해서는 좀더 깊은 부분부터 당신의 메시지를 평가해야 하므로, 당신에게 어느 정도의 허용 범위를 내주고 자신을 설득하는 부수적인 정보를 지속적으로 제공받는다. 그런 다음 그 부수적인 정보들을 지금까지 당신이 말해온, 혹은 행동해온 다른 모든 것들과 비교하는 것이다.

포지셔닝을 염두에 두고 있다면 반드시 자신의 버릇을 짚어봐야 한다. 작은 행동 하나하나가 많은 것들을 말해주기 때문이다. 가장 좋은 방법은 하루 동안 자신이 전화 통화하는 모습을, 그리고 또 다른 날을 잡아 자신이 사람들 앞에서 연설하는 모습을 비디오테이프에 녹화해 보는 것이다. 그런 다음 자신을 아주 꼼꼼히 관찰해보라. 먼저 음향을 켠 상태로 살펴보고, 다음에는 음향을 끄고 살펴보라. 다른 사람에게 몇 분 동안 자신을 지켜봐달라고 부탁하고 가장 두드러지는 행동이 무엇인지 물어보라. 스스로 알아낸 행동들과 다른 사람들이 자신을 지켜 보며 알아낸 행동들이 바로 청중이 기억하게 될 당신의 '버릇'이다.

가장 경계해야 할 버릇은 손버릇이다. 그 중에서도 특히 얼굴 주위를 매만지거나 닦는 동작, 혹은 안절부절 못하는 동작들이다. 두 손은 메시지를 보강하는 데 사용하거나 양 옆에 편안하게 내린 자세를 유지하라. 서 있을 때나 움직일 때의 자세 또한 신경 써서 살펴봐야 한다. 구부정한 자세인가, 아니면 등을 꼿꼿이 세우고 균형 잡힌 자세를 유지하는가? 사람들에게 얘기하면서 좌우로 무게 중심을 바꾸거나 몸을 흔드는가? 잔음을 내거나 그 밖에 청자의 주의를 흐트러뜨리는 다른 행동을 습관적으로 하는가? 그렇다면 그것을 바로잡으려 노력하라. 자세에 문제가 있다면 자세를 바로잡으려 노력하라. 자세나 걸음걸이를 바꾸는 일은 그리 오랜 시간이 걸리지 않는다. 방법을 모른다면, 펠덴크라이스(Feldenkrais: 자세를 교정하고 호흡을 가다듬어 궁극적으로는 의식을 계발한다는 대안의학의 한 방법-옮긴이) 요법 전문가(혹은 책)나 척추 교정 클리닉, 혹은 운동요법 클리닉을 찾아라. 매우 효과적이면서도 간단한 신체 숙련 운동으로 자연스럽고 균형 잡힌 걸음걸이와 자세를 갖추도록 도와줄 것이다.

포지셔닝과 관련해서 간과하기 쉬운 또 한 가지 부분은 바로 에티켓이다. 설득을 위해서 식사를 함께 하는 경우가 종종 있는데, 대부분의 사람들은 기본적인 예절 및 에티켓을 전혀 모르거나 쉽게 잊어버리곤 한다. (에티켓을 다룬 두꺼운 책들이 이미 시중에 나와 있기 때문에) 에티켓을 별도의 장(章)으로 다룰 생각은 없지만, 타인이 당신에 관해 지각하는 바와 당신의 페르소나를 강화시켜줄 가장 확실한 사항들 몇 가지는 짚고 넘어가겠다. 시대의 흐름에 맞는 가장 귀중한 비법을 전수하기 위해서, 나는 에티켓 및 직업적 이미지 관리 회사인 퍼스트 임프레션 매니지먼트(First Impression Management)의 CEO인 메르세데스 알파로(Mercedes Alfaro)와 인터뷰를 가졌다. 다음은 그녀가 제시한 비법들이다.

- 테이블에서 자신의 왼쪽에 놓인 빵과 오른쪽에 놓인 물 컵이 자신의 것이다.
- 자리에 앉자마자, 혹은 상대방이 먼저 냅킨을 무릎에 놓으면, 자신도 냅킨을 무릎에 놓는다.
- 냅킨은 상체와 거리를 두고 무릎 관절의 앞쪽으로 나가도록 놓는다.
- 냅킨은 수건이 아니다. 손이나 입을 닦을 때에만 사용하고, 그 밖에 닦을 일이 생기면 화장실로 가라.
- 냅킨은 화장지가 아니다. 냅킨으로 코를 풀지 마라. 사실, 냅킨으로든 화장지로든 테이블에서는 '절대' 코를 풀어선 안 된다.
- 닦아야 할 일이 생기면 화장실로 가라. 옷에 얼룩이 묻어도 화장실로 가야 한다.
- 빵과 조미료 같은 것들은 상대방에게 먼저 건넨 다음 먹거나 사용한다.
- 식사 비용은 자리를 마련한 사람이 지불한다.

- 계산서를 두고 실랑이를 벌이는 상황이 벌어질까 걱정된다면, 조금 일찍 도착해서 직원에게 신용카드를 주고 식사가 끝나면 영수증을 갖다달라고 지시해둬라.

- 좌석을 정할 때, 가장 중요한 사람이 테이블에서 가장 좋은 자리, 즉 전망이 가장 좋은 자리에 앉는다.

- 다른 사람을 식사에 초대하는 사람은 미리 상대방의 기호를 알아보고 식당을 추천해야 한다.

- 휴대전화는 전원을 끄거나 진동으로 전환해서, 식사 중에 전화를 받거나 벨이 울리는 일이 없도록 한다.

- 오른손잡이라도 포크와 스푼은 항상 왼손으로 사용한다.

- 포크는 단검처럼 가지가 손 아래쪽으로 오도록 잡아서는 안 된다. 가지가 엄지손가락과 집게손가락 사이로 나오도록 손바닥으로 포크를 감싸 쥐어야 한다. 손을 오므리고 손바닥이 아래로 향하면, 포크의 구부러진 등 부분이 집게손가락 바로 아래에 있어야 한다.

- 나이프는 톱이 아니다. 손잡이가 자신을 향하도록 잡고 편안하게 고기를 매만지듯이 다뤄라. 잘 안 썰릴 때에는 좀더 잘 드는 칼을 요청하라.

- 주요리가 치워지기 전까지 비즈니스 얘기를 꺼내지 않는 것이 공식적인 에티켓이다. 그러나 안타깝게도, 특히 점심식사일 경우에는 시간이 매우 제한적이기 때문에 이것은 현실적으로 불가능한 경우가 많다.

- 일반적으로는 식사가 진행되는 동안 초반 3분의 1은 비즈니스와 상관없는 주제로 대화를 나누고, 중반 3분의 1은 비즈니스에 관해 토론하며, 나머지 3분의 1은 다시 비즈니스와 상관없는 주제

로 돌아가 대화를 나눈다. 그런 다음 식사가 끝날 무렵, 각 단계에서 논했던 사항들을 요약한다.

■ 적절한 악수 습관을 들이도록 하라. 손바닥을 확실히 맞대고 엄지를 교차시키며 나머지 손가락으로는 상대의 손을 부드럽게 감싸 쥐고 위 아래로 두세 차례 흔드는 것이 올바른 악수법이다. 이는 남성에게든 여성에게든 똑같이 적용된다.

■ 여자가 도착하거나 자리를 뜰 때 남자가 자리에서 일어나는 것은 여전히 매우 바람직한 전통 예절이지만, 요즘에는, 특히 비즈니스 모임에서는 적용되지 않는다.

■ 음식이나 계산서와 관련해서 문제가 생겼을 경우, 테이블에서는 얘기를 꺼내지 말라. 양해를 구하고 직원이나, 필요한 경우에는 매니저에게 얘기하라.

■ 모든 사람이 훌륭한 예절과 에티켓을 갖췄다고는 할 수 없지만, 훌륭한 예절과 에티켓은 거의 누구나 알아보는 법이다.

설득력 있는 페르소나는 그것에 기여하는 커다란 몇 가지 요소로 구성되는 것이 아니라, 당신을 성공으로 이끄는 작은 요소들 하나하나가 모여 이루어진다. 이처럼 페르소나를 발전시키는 잠재적인 힘은, 상대가 의도된 결론을 도출하도록 이끌며, 당신이 말을 꺼내기도 전에 당신을 믿고 당신을 존경하고 당신에게 가치를 부여하도록 만든다. 상대가 주의 깊게 다듬어진 당신의 페르소나에 매료되어 그 깊이와 복잡성과 완벽성에 끊임없이 마음을 빼앗기도록 만들어라. 다른 사람들이 모방하길 원하는 강력한 페르소나를 갖추면 당신이 할 일은 완벽히 마무리된 셈이다.

Chapter ③ Review

▶ 페르소나는 보이지 않는 설득 행위자로, 무의식적인 판단에 관여하여 상대가 순간적으로 결정을 내리도록 돕는다.

▶ 성공을 극대화하기 위해서는 페르소나의 세 가지 핵심 요소, 즉 외모, 목소리와 커뮤니케이션, 포지셔닝에 초점을 맞춰야 한다.

▶ 영향력을 키우는 데 목소리를 활용하라. 페이셜 마스크에서 목소리를 내라. 목소리에 변화를 주어 메시지의 요점들을 강조하고 자신의 말을 좀더 흥미롭게 만들어라.

▶ 비즈니스 상황에서 설득력을 극대화하려면 가급적 3등급의 옷차림(남성의 경우는 슬랙스와 스포츠 코트에 셔츠와 넥타이 차림, 여성의 경우는 스커트, 혹은 슬랙스와 재킷에 셔츠나 블라우스 차림)이나 4등급의 옷차림(남성의 경우는 바지와 재킷으로 구성된 슈트에 셔츠와 넥타이를 착용한 차림, 여성의 경우는 스커트와 재킷으로 구성된 슈트에 셔츠나 블라우스, 혹은 원피스에 재킷, 혹은 슬랙스와 재킷으로 구성된 슈트에 셔츠 차림)을 하라. 거울을 보면서 스스로를 점검하고, 옷차림과 외모가 자신의 이미지를 뒷받침하는지 확인하라.

▶ 예절과 버릇을 점검하라. 품위를 갖춤으로써 자신을 경쟁자들과 차별화하라.

▶ 성공하기 위해서는 가장 중요한 사람들, 즉 설득하고자 하는 상대의 관점에서 자신을 포지셔닝하라.

▶ 상대는 당신이 말을 시작하기 전에 당신을 보는 순간부터 메시지를 끌어내기 시작한다는 점을 명심하라. 자신의 영향력이 극대화되도록 포지셔닝하고 있는지 확인하라.

Success Questions

▶ 이 장에 실린 체크 리스트들을 꼼꼼히 확인하면서 스스로를 냉정하게 평가했는가?

▶ 현재 나의 외모와 목소리, 포지셔닝이 어떤 메시지를 보내고 있는가?

▶ 나의 페르소나 요소들 가운데 우위를 점하기 위해 지금 당장 강화할 수 있는 것은 무엇인가?

▶ 나의 페르소나 요소들 가운데 이미 충분히 효과를 발휘하고 있는 것은 무엇이며, 그것을 더욱 유리하게 활용하려면 어떻게 해야 하는가?

▶ 나의 페르소나가 설득에서 성공하기 위한 토대로 확실히 자리매김하도록 만들려면 무엇을 해야 하는가?

모든 신뢰성과 모든 양심과 모든 진실의 증거는 오직 감각으로부터 나온다.
_프리드리히 니체(Friedrich Nietzsche)

●● 당신이 교우하는 사람들과 당신을 보증하는 사람들은 상대를 설득하는 능력에 강한 영향을 미친다. 도널드 트럼프(Donald Trump : 미국 최대의 부동산 재벌 – 옮긴이) 같은 사람이 은행가나 택지 개발업자를 추천한다면, 사람들은 그 사람을 못미더워하거나 시험하려 들지 않을 것이다. 트럼프 자신이 암시적으로든 노골적으로든 보증받은 인물이기 때문이다. 당신 역시 당신이 교우하는 사람에 따라 평가되게 마련이다. 사람들은 당신의 친구들이나 동료들을 근거로 당신을 판단한다. 그리고 그들이 어떤 사람이냐에 따라서 당신은 매우 영향력 있는 사람이 될 수도 있고, 지독히 형편없는 사람이 될 수도 있다. 일례로, 당신 역시 이왕이면 거래개선협회(Better Business Bureau)나 상공회의소(Chamber of Commerce)에 소속된 조직과 거래하고 싶어할 것이다. 특히 어떤 업계의 제품이나 서비스를 처음 구매할 때에는 더욱 그러하다. 이들 기관은 그 자체로 상징하는 바가 있기 때문이다.

설득을 하는 사람이라면 누구나 기꺼이 자신을 보증해줄 사람들로 강력한 라인업을 갖추는 능력, 혹은 적절한 단체나 협회에 소속되는 능력을 발전시켜야 한다. 지금 주위를 둘러보라. 가장 가까운 사람들의 평균 순가치로 자신의 순가치가 결정된다. 같은 맥락으로, 설득력의 순가치 또한 자신이 선택한 인맥에 따라 결정될 수 있다. 탁월한 설득력을 갖추고 싶다면, 최대한 설득하고자 하는 상대와 밀접한 연관이 있는, 가장 설득력 있는 사람들과 적극적으로 관계를 맺어야 한다. 그러나 어떤 단체에 소속되거나 영향력 있는 인맥을 구축하는 것은 저절로 되는 일이 아니다. 노골적으로든 암시적으로든 그들의 보증을 받을 수 있도록 적극 노력해야 한다.

영향력과 신뢰성의 이양

영향력의 이양은 매일 수십 가지 상황에서 일어난다. 이웃 사람에게 단골 이발소를 추천해서 그 사람이 그 이발소의 단골손님이 되기도 하고, 인근에서 가장 유능한 의사에게 진료를 받기 위해 친구에게 추천해달라고 요청하기도 한다. 또한 스스로 최고의 보증인이 될 수 있도록 좋은 직업을 갖기를 바라기도 한다. 이들 각각의 사례는 모두 적극적으로 영향력이 이양되는 경우이다. 사례별로 강도의 차이는 있을 수 있지만, 모두 다음과 같이 적극적으로 말함으로써 다른 사람을 지지했을 것이다.

"내가 말한 사람이니까 믿어도 됩니다. 저를 믿으시잖아요."

내 아내가 임신했을 때, 아내와 나는 인근 지역에서 가장 유능한 산부인과 의사에게 진료를 받고 싶었다. 하지만 그 의사는 더 이상 새로운 환자를 받을 수 없다며 진료를 거부했다. 마침 상원의원 가운데 한 명의 선거운동을 맡은 꽤 유명한 친구의 아내가 얼마 전에 아이를 낳았는데, 임신 기간 동안 그 의사에게 진료를 받았다. 덕분에 우리는 그를 소개받을 수 있었다. 그녀가 우리를 소개하자, 의사는 곧바로 진료 일자를 잡아주었다. 왜 그랬을까? 그 의사는 더 이상 환자를 받을 시간이 없었던 게 아니라, 자신이 찾는 부류의 환자들만 받고 싶었던 것이다. 그는 내 친구의 아내와 잘 아는 사이였기 때문에 일고의 여지도 없이 우리에게 시간을 내주었다. 우리는 이후 소아과 의사와 진료 약속을 잡을 때에도 똑같은 절차를 밟았다.

영향력과 신뢰성의 적극적인 이양

영향력을 적극적으로 이양하는 전형적인 사례는 한 사람이 다른 사람에게 어떤 방식으로든 자신을 추천하거나 보증해줄 것을 요청하는 경우이다. 당신을 만난 지 얼마 안 된 사람이 당신에게 동료나 친구들을 소개해주는 것 역시 적극적인 영향력 이양의 사례라고 할 수 있다. 이 경우 소개하는 사람은 자신이 소개하는, 혹은 보증하는 사람을 위해 자신의 인간관계와 신뢰성을 담보로 건다.

우리는 너무도 자주 영향력을 적극적으로 이양받을 수 있는 기회를 놓치고 만다. 누군가에게 요청하는 일을 두려워하기 때문이다. 그러나 단순히 영향력과 신뢰성을 이양받는 것만으로도 설득은 훨씬 더 쉬워지며 그 효과 또한 훨씬 더 높아진다. 비즈니스와 관련해서 좀더 적절한 사례를 들어보면, 당신이 원하는 사람에게 추천을 부탁해서 그가 실제로 상대방을 직접 만나거나 상대방에게 전화를 걸어 당신을 소개하고 보증하도록 만드는 것이다. 그리고 이 예보다 거래가 성사될 확률이 훨씬 더 높은 경우는, 지금 막 소개받은 사람이 자신의 친구, 즉 보증인과 관계를 맺고 있다는 이유로 당신에게서 제품이나 서비스를 구매하는 경우이다.

내가 예전에 몸담았던 한 비영리단체는 집집마다 찾아가서 기부금을 받아내는 방식으로 기금을 모금했는데, 나는 그들의 방식을 약간 바꿔보았다. 그들은 대개 방문하는 집 현관에서 대화를 나누다가 이웃 가운데 기부금을 낼 만한 사람이 누구인지 묻는 방법을 썼다. 나는 그 대신에 현관에서 대화를 나누다가 이웃 사람이 자기네 현관에 모습을 드러내면 그쪽을 쳐다보며 그에게 손을 흔들어 보이라고 제안했다. 그 사람도 이쪽을 향해 손을 흔들어줄 것이고 그러면 지금 대화를 나누는 대상에게 일종의 신뢰감 같은 것을 줄 수 있다고 확신했기 때문이다. 이처럼 손을 흔드는 단순한 행동으로 우리는 기부금을 15퍼센트나 더 모을 수 있었다. 말 한 마디 오고간 것 없이 확실한 보증이 확립된 셈이다. 다만 기부금 요청자가 상대에게 다음과 같은 말을 건넸을 뿐이다.

"옆집에 들렀다가 당신이 아주 좋은 분이라는 얘기를 들었습니다."

자신이 어떤 식으로든 일상적으로 설득을 해야 하는 상황에 있다고 가정하고, 자신에게 도움이 될 만한 사람을 전부 열거해보라. 그리고 그들에게 당신이 설득하고자 하는 사람에게 당신을 소개해줄 수 있는지 물어보라. 만약 그들이 노골적으로 당신을 보증해준다면 더할 나위 없이 좋겠지만, 그렇지 않다면, 혹은 당장 당신의 클라이언트가 될 만한 사람이 없다면 그저 소개만 해달라고 요청하라. 일단 소개가 이루어지면 설득은 확실히 좀더 쉬워진다. 당신이 설득하고자 하는 사람들은 단지 소개만으로 당신을 당연하게 받아들이고 당신과 거래할 가치가 있다고 생각할 것이다. 그러나 한 가지 주의할 점은 당신을 소개해준 사람에게 찾아가서 정보를 확인할 수도 있다는 사실이다. 따라서 소개해준 사람과의 관계를 정확히 밝혀야 한다.

종종 간과하기 쉬운 또 다른 영향력 이양 방법은 추천장이다. 어느 기업의 CEO가 동종 업계의 CEO에게 어떤 공급업체가 다른 업체보다 낫다고 말한다면, 그 공급업체는 거래를 확보할 가능성이 높아진다. 서면으로 된 추천장을 확보했을 때, 혹은 웹 사이트나, 오디오 및 비디오 홍보자료에 추천장을 추가했을 때에도 마찬가지이다. 내가 가장 초점을 맞추는 영향력 이양 방식은 바로 이 추천장이다. 당신을 몰라서, 혹은 당신을 겪어본 적이 없어서 당신의 말에 더더욱 관심을 기울일 수도 있지만, 누군가가 비유적으로 운을 띄워놓거나 노골적으로 당신을 믿는다고 말한다면 상대는 좀더 안심할 것이다. 그리고 여기에 추천장이 더해지면 훨씬 더 큰 안도감을 느낄 것이다.

마지막으로, 언제든 영향력과 신뢰성을 적극적으로 이양해줄 사람을 확보해서, 그 사람이 제품의 효과를 실제로 입증해 보이거나 당신의 제품이나 서비스를 사용함으로써 얻은 혜택을 다른 사람에게 전파하도록 만들 수 있다. 이러한 행위는 당신에게 영향력이나 신뢰성을 이양하는 동시에, 실제로 당신 대신 직접 상대를 설득하는 셈이 된다. 따라서 이것은 최고의 영향력 및 신뢰성 이양 방식이라고 할 수 있다.

영향력과 신뢰성의 암시적인 이양

영향력의 암시적인 이양은 상대가 어떤 사람이나 장소, 사건, 기업, 혹은 공유하고 있는 경험에 관해 자신이 믿는 바를 토대로 당신의 얘기에 귀를 기울일 때 일어난다.

당신이 막대한 영향력과 위신, 그리고 그와 관련된 신뢰성까지 확보한 조직에 소속되어 있다고 가정하자. 특히 막대한 영향력을 발휘할 수 있는 조직은 우애 단체와 우애 조합(메이슨Masons, 엘크스Elks, 슈라이너Shriners), 경영 조직(상공회의소, 거래개선협회, 청년상공회의소 Jaycees, 로터리클럽Rotary, 젊은 사장단Young Presidents Organization), 종교 조직(교회, 시나고그, 기독교 사업가 협회Christian Businessmen's Associations), 그리고 자선 단체(미국 적십자사American Red Cross, 소원을 이뤄주는 재단Make A Wish Foundation) 등이다. 마을 자경단 (Neighborhood Watch)과 같은 비공식 조직이라고 해도, 조직 내에서의 경험과 일련의 아이디어나 원칙들에 대한 의무를 공유하기 때문에, 그 것을 토대로 당신을 믿고 당신의 말에 기꺼이 귀를 기울일 사람들과 관계를 맺을 수 있는 기회를 제공한다. 조직 내의 다른 사람들에게 말할 때에는 당신이 자신들과 동등하기 때문에 신뢰를 얻을 수 있으며,

조직 외부의 사람들에게 말할 때에는 그 조직에 대한 경험과 믿음을 토대로 어느 정도 신뢰를 얻을 수 있다.

그 밖에 언론에 보도된 사람에게도 영향력과 신뢰성의 암시적인 이양이 일어난다. 따라서 설득 행위자라면 나름대로 홍보 계획을 세울 필요가 있다. 일부 두드러진 예외가 있긴 하지만, 사람들은 자신이 보거나 읽거나 들은 바를 좀더 신뢰하게 마련이다. 신문이나 뉴스에 보도된 것은 무조건 믿어야 한다는 생각을 갖고 있기 때문이다. 물론 뉴스의 보도 내용이 틀리는 경우도 많고, 또 그때마다 비난의 말을 퍼부을 수는 있지만, 결코 그런 이유로 뉴스 시청을 중단하거나 뉴스를 더 이상 믿지 않는 사람은 드물다. 자동차나 그 밖의 여러 품목들을 구입할 때에도 뉴스에 나온 제품을 좀더 신뢰하게 마련이다. 마찬가지 이유로, 뉴스에 나온 사람들을 신뢰하고 그들의 말에 귀를 기울인다. 그 분야의 권위자가 아니라면 뉴스에 나올 리가 없기 때문이다. 따라서 뉴스에 나오는 사람들은 모두 기회를 부여받게 되는 셈이다.

이 글을 쓰는 현재, 뉴스에 보도되는 기사들 가운데 진짜 뉴스거리라고 할 만한 것은 50퍼센트도 채 안 된다. 나머지는 전부 제품이나 사람들을 효과적으로 선전하려는 홍보담당자들에 의해 배치되고 방송되는 것이다. 당신을 인터뷰해주거나, 혹은 추천사나 추천장을 제공함으로써 당신의 기사를 써줄 사람을 확보하는 데 노력을 기울여야 한다는 점을 항상 명심하라. 당신의 제품이나 서비스를 사용해보지 않은 사람이라도 효과적인 질문을 해서 그것을 이용해볼 의향이 있음을 인정하도록 만들면 영향력과 신뢰성의 이양이 이루어진다. 또, 자신이 직접 뉴스를 만들 수도 있다. 이 점에 관해서는 6장에서 좀더 자세히 다루겠다.

이외에도 신뢰성의 이양은 여러 가지 상황에서 매우 중요한 역할을 한다. 가령, 협상에서 제3자나 존경받는 누군가로 하여금 당신의 주장에 신뢰성을 이양하게 만든다면, 당신의 입장을 좀더 수용하기 쉽게 만들거나 당신을 좀더 합리적인 사람으로 보이도록 만들 수 있다. 이메일이나 편지를 쓸 때에는 권위나 신뢰성을 이양받고 싶은 사람을 이메일이나 서신에 언급함으로써 상대에게 신뢰성을 전달할 수 있다.

영향력과 신뢰성의 이양은 상호적인 것이다. 자신이 추천받기를 원한다면 먼저 타인을 추천하는 사람이 되라. 사람들이 어떤 관계를 맺고 싶어할 때, 그 관계를 맺도록 돕겠다는 의사를 밝혀서 그들이 은혜를 입도록 만들면, 그들 역시 당신이 중요한 관계를 맺도록 도울 것이다. 또한 자신에게 이양된 신뢰성을 활용하는 방식에도 신중을 기해야 한다. 다른 사람을 통해 자신에게 신뢰를 부여한 상대를 잘못 다루면, 그 상대는 물론이고 그에게 자신을 추천해준 사람까지 잃을 수 있기 때문이다.

CHAPTER **4** REVIEW

▶ 존경받거나 신뢰받는 사람으로부터 영향력과 신뢰성을 이양받음으로써 설득력을 강화할 수 있다.

▶ 영향력과 신뢰성의 이양은 적극적으로 일어나기도 하고 암시적으로 일어나기도 한다.

▶ 영향력과 신뢰성의 적극적인 이양은 사람을 통해, 혹은 추천장을 통해 이루어질 수 있다.

▶ 영향력의 암시적인 이양은 사람들이 당신의 동료나 당신이 소속된 조직을 토대로 당신에 관해 결정을 내릴 때 일어난다.

▶ 받기 위해서는 먼저 베풀어라. 당신이 필요할 때 영향력과 신뢰성을 이양받기 위해서는 당신이 교우하는 사람들을 알리고, 필요에 따라서는 자신의 영향력과 신뢰성을 이양해줄 의도가 있음을 알려라.

▶ 현재 누군가를 설득해야 한다면, 주변 사람들 가운데 누가 내게 영향력이나 신뢰성을 이양해주겠는가?

▶ 주변 사람들 가운데 나의 영향력이나 설득력을 필요로 하는 사람은 누구인가?

▶ 영향력이나 신뢰성을 이양받아 나의 설득력을 강화하려면 어떤 조직에 소속되어야 하는가? 혹은 어떤 조직에 소속될 수 있는가?

▶ 설득의 효과를 높이기 위해 추천장이나 그 외의 다른 추천 증거들을 어떻게 활용할 수 있는가?

05 | 스토리텔링
STORYTELLING

나는 정직한 여섯 명의 하인을 두었다.(내가 아는 모든 것은 그들에게서 배운 것이다.)
그들의 이름은 '언제', '어디서', '누가', '무엇을', '어떻게', '왜' 이다.
_ 러디어드 키플링(Rudyard Kipling),
『그냥 그런 이야기들(Just So Stories)』에 나오는 "코끼리의 아이"에서

●● 멋지게 풀어낸 이야기만큼 사람의 흥미를 자극하거나 사람을 빨아들이는 것은 없다. 이런 이야기라면 누구나 귀를 기울일 것이다. 아니, 완전히 매료되고 말 것이다.

어릴 때 내가 은신처로 삼을 만한 곳은 겨우 한두 군데에 불과했다. 내가 가장 좋아하는 장소는 아이다호 콜드웰에 위치한 카네기 도서관이었다. 내가 아이다호에 살던 시절 마지막 은신처로 삼았던 곳 가운데 하나였다. 커다란 나무들이 서 있는 널찍한 잔디밭과 담쟁이덩굴이 뒤덮여 있는 커다란 석조 건물로 된 도서관 옆을 걸을 때면 항상 묘한 현상이 일어났다. 이 커다란 건물이 팔을 벌리고 저항할 수 없이 강력하게 내게 손짓을 했던 것이다. 안으로 들어서면 육중한 문이 홱 닫히면서 온통 책으로 둘러싸인 공간이 나를 감싸 안았다. 그러고 나면 나는 어니스트 헤밍웨이(Ernest Hemingway), 잭 케루악(Jack Kerouac), 제인 그레이(Zane Grey), 피터 해스웨이 캡스틱(Peter Hathway Capstick), 잭 런던(Jack London), 로버트 루아크(Robert Ruark), 루이 라무르(Louis L'Amour), 그리고 마크 트웨인(Mark Twain)이 살고 있는, 완전히 새로운 세상으로 빨려 들어갔다. 모두가 나를 후원하고 교육하는 일에 기꺼이 참여해준 사람들이다. 그들은 나를 머나먼 곳으로 데려가 주었고, 그런 즐거운 여행을 통해서 나는 흥미로운 사람들을 만나 그들과 함께 믿을 수 없는 모험을 즐겼다. 그들 모두가 새롭고 독특한 방식으로 이야기하는 방법을 내게 가르쳐주었으며, 내 사고와 경험을 확장시켜줄 다른 누군가에게 나를 소개해주었다. 또, 그들은 어느 곳에서든 이야깃거리를 볼 수 있는 능력을 가르쳐주었고, 그것을 여러분과 공유하는 방법을 제시해주었다.

이 글을 쓰는 지금, 나는 미네소타의 미니애폴리스에 앉아 있다. 밖은 영하 25도이다. 호텔 방에서 창밖을 내다보니, 사람들은 코트와 목도리 속에 얼굴을 깊이 파묻고 분주하게 움직인다. 그러나 한 사람만은 용광로만큼이나 벌건 피부를 내놓고 있다. 머리카락은 꽁꽁 얼어붙어 이리저리 뻗쳐 있고 만화책의 말 풍선과도 같은 고통스러운 입김이 '훅' 내뱉어졌다가 거리 속으로 흩어진다. 그러고 보니 뭔가 난처한 상황에 처한 듯하다. 소리는 들리지 않지만, 욕설을 퍼부으며 격렬하게 주먹질을 해대는 것 같다. 그는 상황이 점점 더 악화되고 있으며, 큰 어려움이 닥쳐오리라는 것을 알지 못한다. 하지만 나는 그것을 감지할 수 있다.

이런 이야기를 읽다가 도중에 멈추는 것이 얼마나 어려운지 알겠는가? 이제 당신은 다음에 무슨 일이 일어날지 몹시 궁금해하고 있다. 당신은 알고 싶어한다. 아니, 알아야 한다. 나는 간단한 문장 몇 개로 당신의 공상 속을 뚫고 들어가서 경험 하나를 새겨넣었다. 당신은 이제 영하 25도의 기온이 어떠한지 알게 되었다. 적어도 짐작할 수 있게 되었다. 틀림없이 이 글을 읽는 동안에도 등줄기를 타고 내려가는 한기를, 숨을 쉴 수 없을 정도로 차가워서 코가 얼고 폐가 타들어가는 듯한 한기를 상상할 수 있을 것이다. 그리고 이 가엾은 남자를 상상하며 그에게 일어날 일을 궁금해할 것이다. 그러나 그 이상을 설명하기 전에, 내 눈앞에 펼쳐진 광경을 설명하겠다.

남자는 누군가의 주의를 끌기 위해 앞에 있는 유리문을 두드린다. 이제 참을 수 없을 정도로 한기를 느끼고 있다. 그는 열쇠 하나를 들고 문을 열어보려 애쓰지만 문은 열리지 않는다. 이윽고 모직코트와 털모자 차림의 남자 한 명이 따뜻한 실내에서 유리문을 향해 손짓을 하며 고함을 친다. 추위에 꽁꽁 언 남자가 다시 안에다 대고 외친다. 나는 귀를 쫑긋 세우고 무슨 얘기가 오가는지 들어보려 하지만 아무 소리도 들리지 않는다. 내가 앉아 있는 곳은 길 건너편의 호텔 방이기 때문이다. 실내에 있던 남자가 돌아서서 걸어가기 시작하고, 이윽고 내 시야에서 사라진다. 그러고 나자, 밖에 있던 남자는 다시 한 번 한바탕 고함을 치고 문을 두드린다. 나는 카메라를 집어 들고 남자에게 초점을 맞추며, 무언가 나쁜 일이 일어나리라는 것을 감지한다. 나는 그것을 느낄 수 있다. 유리문 밖에 서 있는 남자의 얼굴 위에 작은 물방울이 얼어붙어 있다. 행인들은 왜 아무도 저 남자를 저지하거나 도우려 하지 않는 걸까? 이런 의문이 든 순간, 상황에 변화가 생긴다. 안에 있던 남자가 유리문 사이로 종이쪽지를 밖으로 밀어 넣는다. 나는 300밀리미터 렌즈를 그 종이쪽지에 맞추고 읽기 시작한다.

"죄송합니다. 손님. 자물쇠가 얼어서 문을 열 수 없습니다. 위를 올려다보십시오. 부인께서 창 밖으로 손님의 외투를 던질 겁니다."

그 순간 모든 것이 바뀌었다. 끔찍했던 상황이 한결 호전된 것이다. 5층에 있던 한 여자의 손에서 구제 물자가 떨어졌다. 여자가 창문을 '쾅' 닫자 남자는 허겁지겁 코트를 받아들어 운동복 위에 걸친 다음, 빠른 걸음으로 한 블록 아래에 위치한 커피하우스로 향한다.

이 이야기가 어떻게 끝났는지, 다음에 일어날 일을 알기 위해 얼마나 이 책을 붙잡고 있었는지, 그리고 결론에 도달했을 때 얼마나 기분이 좋았는지 생각해보라. 당신은 이미 이 이야기의 결말에 관해 모종의 결론을 도출해냈고, 나는 단지 당신이 정확한 결론을 도출할 수 있도록 시기적절하게 빈칸을 채울 정도의 정보만 제공했다. 가망고객이나 진정으로 설득하고자 하는 상대에게 이야기를 할 때에도 똑같은 일이 일어난다.

이야기는 고유한 힘을 지닌다. 우리는 지금껏 살아오는 내내 이야기로부터 교훈을 얻어왔다. 이야기에 귀를 기울이는 법과 그 이야기에 포함된 의미와 교훈을 찾는 법을 배웠으며, 이야기가 흡인력을 갖고 있다는 사실도 배웠다. 우리는 어떤 사실이나 수치를 들을 때와는 다른 방식으로 이야기에 귀를 기울인다. 사실, 당신은 그 차이를 몸으로 느낄 수 있으며, 자신의 태도에서 그 차이를 파악할 수도 있다.

누군가가 우리에게 이야기를 하면, 우리는 그 속에 빠져 귀를 기울인다. 상대가 정말 이야기를 잘 하면, 우리는 어느 새 이야기 속에 매우 깊이 빠져든다. 이야기 솜씨가 형편없는 사람이라도 구실을 만들어 그 이야기가 우리에게 도움이 되도록 만들기 위해 애쓰는 경우가 많다.

사람들을 설득할 때 이야기는 매우 강력한 힘을 발산한다.

사람들 대다수가 설득할 때 봉착하는 난제는 바로 자신의 이야기가 무엇인지에 관해 깊이 생각하지 않는다는 점이다. 그들은 수많은 사실과 아이디어를 던져놓고, 그것을 장황하게 설명하거나 허겁지겁 일관성 없는 얘기들을 늘어놓는 방식을 취하지만, 사실 그것은 이야기가 아니다. 오히려 그것은 해결해야 할 '이야기 문제'에 더 가깝다. 당신이 나와 똑같다고 단정 지을 수는 없지만, 어쨌든 나는 이야기를 좋아하고 이야기 문제는 싫어한다!

당신이 그저 사실과 수치만을 제공한다면, 상대는 1차적인, 즉 논리적인 계산 과정에 들어갈 수밖에 없다. 그리고 "1+1=2입니까?"라는 질문에 "아니오"라고 대답한다면, 그것은 적절하거나 타당하지 않으며 믿을 수도 없는 답변이 되고 만다. 이렇게 되면 상대는 의심을 품기 시작하며, 당신의 이야기에 보다 깊이 빠져들기보다는 틀린 이유들을 찾아내려 노력할 것이다.

고객이나 설득하고자 하는 상대의 레이더망에 들어가고 싶다면, 정교하게 다듬어진 이야기를 들려주는 것이 중요하다. 독자나 청자를 감동시키기 위해서는 이야기에 심상이 가득 차 있어야 하며, 또 강력한 어휘들을 사용해야 한다. '녹색 소파'와 '너무 푹신해서 아이 하나를 무릎에 올려놓고 앉으면 팔걸이가 귀까지 올라올 정도로 푹 꺼지는 소파'는 크게 다르다. 그냥 '인터넷 서비스 제공업체'와 '무언가를 배울 수 있고 접속할 수 있고 어울릴 수 있는 온라인상의 한 장소' 사이에는 훨씬 더 큰 차이가 있다. 그 차이는 구닥다리 도서관과 영화 〈매트릭스 (The Matrix)〉 사이의 차이만큼이나 크다. 당신의 이야기는 상대가 생각하는 것과 상대가 이미 믿고 있는 것, 그리고 당신이 원하는 상대의 행동을 서로 연결시킬 수 있어야 한다.

이야기는 여러 가지 이유로 매우 큰 설득력을 지니며, 그 정도 또한 매우 다양하다. 우리는 아주 어릴 때부터 이야기에 귀를 기울여야 한다고 배웠기 때문에 이야기를 듣는 일에 익숙하다. 인쇄물이나 온라인 커뮤니케이션에 접근하기 어렵던 시절에는 구전(口傳)이라는 전통이 있었으며, 그것들 가운데 대다수가 구전 문학의 형태로 오늘날까지 전해 내려오고 있다. 우리는 또한 사람들이 이야기를 들려주면 아무리 형편없는 이야기라도 귀를 기울여야 한다고 배웠다. 아주 어렸을 때부터 이야기가 메시지를 함축하고 있음을 깨닫고 그것을 해독하는 방법을 배웠다. 하지만 그것을 해독하기 위해서는 그 이야기에 집중해야만 했다(우리가 설득을 할 때에도 청자가 집중하기를 원한다). 이야기는 또한 듣는 사람이 행동을 취하도록 만든다는 점에서 설득력을 지닌다. 글을 통해서든, 말을 통해서든, 온라인 커뮤니케이션을 통해서든 좋은 이야기는 우리를 일종의 최면 상태로 몰고 간다. 즉, 어느새 자신이 그 이야기의 일부가 되어 있음을 깨닫는 것이다. 하지만 몸으로 외적인 행동을 취하기 위해서는 먼저 머릿속으로 행동을 취해야 한다. 어떤 일이 벌어지도록 만들려면 먼저 그것을 상상해야 하는 법이니 말이다. 이야기는 좌뇌와 우뇌에 모두 관여해서 우리가 기억하고 느끼도록 독려한다. 이야기는 우리의 감정을 사로잡는다.

설득을 시작할 때에는 항상 자신이 무슨 말을 하고자 하는지, 어떤 메시지를 전달하고자 하는지, 그리고 상대방이 어떤 행동을 취하기를 바라는지에 관해 생각해야 한다. 그런 다음 이야기를 정교하게 다듬어야 한다.

설득을 위한 이야기는 기본적으로 상대의 주의를 끌고, 흥미를 유발하고, 욕망을 불러일으키고, 청자가 스스로 설득 행위자가 의도한 행동을 취해야 한다는 결론에 이르도록 만드는 것을 목적으로 한다는 점에서 일반적인 이야기와는 다르다. 잘 풀어낸, 설득력 있는 이야기가 지닌 잠재적인 힘 가운데 하나는 당신을 제외하곤 아무도, 특히 당신의 경쟁자조차도 그 이야기를 똑같은 방식으로 구술할 수 없다는 점이다. 내가 방금 앞에서 설명한 것들이 50년이 넘도록 광고의 주요 요소로 군림해온 AIDA(주목Attention, 흥미Interest, 욕망Desire, 행동Action) 공식과 상당히 비슷하게 들린다고 해도 놀라울 것은 없다. 이유는 간단하다. 최고의 광고인들은 굉장한 스토리텔러이다. 그들은 다만 광고에 적합하게 가장 단순하고 분명한 형태로 스토리텔링을 하고 있을 뿐이다.

설득을 위한 이야기와 이야기책의 이야기 사이에는 한 가지 중요한 차이점이 존재한다. 이야기책의 이야기도 설득을 위한 이야기와 동일한 구조와 전달 요소들을 상당 부분 갖고 있지만, 그 의도와 목적만큼은 매우 다르다. 이야기책의 이야기가 지닌 의도와 목적은 독자를 즐겁게 만드는 것이다. 따라서 독자에게 감명을 주고 일종의 현실도피적인 욕구를 충족시킬 목적으로 만들어졌다고 할 수 있다. 반면, 설득을 위한 이야기는 소설 및 그 밖의 구전 스토리텔링의 입증된 요소들을 활용하지만, 청자가 예정된 결론에 도달해서 설득 행위자가 의도한 일련의 행동을 취하도록 하는 데 그 목적이 있다.

설득을 위한 이야기를 구술하는 방법

매번 이야기를 멋지게 구술하는 사람이 있는가 하면, 아무리 노력해도 상대에게 이야기를 제대로 이해시키지 못하는 사람들이 있다. 하지만 스토리텔링 기술은 누구나 완벽히 숙지해서 마음껏 활용할 수 있다. 설득을 위한 이야기를 구술하는 방법을 단계적으로 소개하면 다음과 같다.

1. 자신의 이야기를 알라

현재 당신이 구술하는 이야기가 설득력을 갖지 못하는 까닭은 충분히 숙고하지 않았거나 소재나 경험이 자신의 것이 아니기 때문이다. 단편적인 일화나 구체적인 사례들을 갖고 있긴 하지만, 그것들이 실제로 유동적으로 연결되지 않기 때문에, 그저 허겁지겁 일관성 없는 얘기들을 늘어놓거나 단편적인 일화들을 던져놓는 듯한 느낌을 주기 쉽다. 이보다 더 나쁜 경우는, 다른 사람들로부터 들은 몇 가지 단편적인 이야기들을 자신의 것으로 개조해야 하는데, 그것에 대한 배경 정보가 부족해서 개연성 있게 마무리 지을 수 없는 경우이다. 가장 설득력 있는 이야기는 자신이 일정 부분을 직접 경험한 데서 탄생한다.

상대가 이야기에 수긍하도록 만들려면, 청자나 독자가 니즈를 충족시키기 위해 반드시 들어야 하는 정보가 무엇인지 알아야 한다. 당신이 판매하는 것, 혹은 정기적으로 누군가에게 납득시켜야 하는 것에 관해 생각해보기 바란다. 설득력 있는 이야기를 만들기 위해서는 먼저 자신이 가진 것들로 윤곽을 잡아야 한다. 상대를 설득하기 위해서는 무엇에 초점을 맞춰야 하는가? 상대가 알아야 할 사항이나 질문할 사항, 즉 당신이 답변을 통해 만족시켜야 할 사항은 무엇인가? 상대는 당신이 제시한 해결책에서 무엇을 이끌어낼 것인가? 이러한 요소들을 리스트로 작성하라.

다음 단계는 증거를 쌓는 것이다. 자신의 말이 진실임을 확신시켜줄 만한 추천장이나 증거를 갖고 있는가? 상대가 당신이 요구하는 행동을 하도록 도움을 줄 수 있는 사람은 누구인가? 지금 앞에 놓인 종이에 증거가 될 만한 요소들을 리스트로 작성하라.

이제 상대의 감정을 움직여라. 당신이 판매하는 제품이나 서비스를 구매하지 않으면 상대는 어떤 고통을 느낄 것인가? 혹은 다른 사람들은 어떤 고통을 느꼈는가? 돈이나 존경을 잃었는가? 모종의 희생을 감수했는가? 어떤 식으로든 실패를 경험했는가? 상대가 행동을 취하지 않으면 어떤 일이 일어나는가? 혹은 어떤 일이 일어날 가능성이 높은가? 리스트를 작성해보라.

상대가 반드시 던질 질문이나 던질 확률이 높은 질문을 파악하라. 이러한 질문과 그에 대한 답변을 리스트에 적어라.

마지막으로, 상대가 어떤 행동을 취하기를 바라는가? 상대가 취할 행동을 단계별로 구분해서 아주 상세히 기술하라. 그에게 장애가 될 만한 요소들을 적어라. 자금이 부족한가? 이사회의 승인을 얻어야 하는가? 이러한 요소들을 모두 적고 장애물을 제거하라.

2. 이야기를 설계하라

설득력 있는 이야기는 '언제', '어디서', '누가', '무엇을', '어떻게' '왜'의 요소를 모두 갖춰야 하며, 그 포맷은 다음과 같다.

A. 상대의 귀를 끌어라. 상대의 귀를 끄는 표현을 발전시키는 방법은 잠시 후에 살펴보기로 하고, 지금은 상대의 주의를 끌어야 한다는 점만 기억해두자. 당신은 5미터 가량 떨어져 있는 사람들까지 하던 일을 멈추고 와서 듣거나 귀를 쫑긋 세우고 예의 바르게 엿들을 만큼 강력한 표현을 원한다.

B. 토대를 마련하라. 이 단계에서는 이야기의 초석을 마련해야 한다. 상대가 이야기를 이해하기 위해 알아야 할 모든 정보를 포함시키고, 상대의 지식 가운데 부족한 부분들을 메우고, 당신의 말을 이해할 수 있도록 충분한 배경 지식을 제공해야 한다. 이 단계에서 앞서 리스트로 작성한, 상대가 알아야 할 사항들을 활용하라.

C. 상대의 감정을 매료시켜라. 상대의 흥을 돋우거나 그가 고통과 육욕, 욕망, 혹은 상실감을 느끼는 보다 심연한 곳으로 들어가도록 만들어라. 앞에서 만든 감정과 관련된 리스트에서 최소한 세 가지 항목을 골라서 그것들을 이 단계에서 활용하라. 반드시 상대가 동의할 수밖에 없는 사항이나, 당장 상대에게 일어나리라고 생각되는 사항, 혹은 상대가 아는 누군가에게 일어났던 사항들을 활용하라. (상대가 여기서 별다른 연관성을 느끼지 못한다면, 그와 비슷한 사람에게 일어났던 일화를 활용해야 한다.)

D. 증거를 첨가하라. 가급적이면 상대가 알고 있는 사람이나 상대와 비슷한 사람의 사례를 들어라. 그 사람의 이야기를 통해 실제 일어날 수 있는 일임을 알려라. 예로 들 사람이 없다면, 신뢰성과 증거를 제공할 수 있는 자신의 이야기를 말하라.

E. 상대의 질문에 답하라. 상대가 가장 궁금해할 만한 질문을 세 가지에서 다섯 가지 이상 생각해보고 질문하기 전에 미리 답해보라. 상대의 의문점을 정확히 간파함으로써 전문가라는 인상을 심어줘라. 다른 사람이 똑같은 질문에 대해 어떤 답변을 들었으며 그 결과가 어떠했는지를 제시함으로써 추가적인 증거를 제공하라.

F. 상대가 스스로 당신이 의도한 결론을 도출할 수 있도록 충분한 정보를 제공하라. 세부 사항들을 제공하되, 이후에 상호작용을 할 수 있도록 몇 가지 소소한 질문의 여지를 남겨둬라. 상대가 무엇을, 언제, 왜 해야 하는지 알려라. 이것은 심리학적 용어로 '교차 유도 탐색(transderivational search:상대가 한 말의 의미를 찾기 위해, 자신의 지식이나 경험을 재검토하는 것-옮긴이)'을 실행시켜 답변과 의미를 찾도록 고무시킨다.

G. 상대에게 피드백을 얻어라. 상대는 요점을 제대로 이해했는지 알고 싶어한다. 추측이 아닌 보다 정확한 사실을 알고 싶어서 질문을 해올 것이다. 당신의 이야기를 들은 이상, 상대가 보다 많은 정보를 제공하도록 만들어라. 당신의 이야기가 상대에게 어떻게 적용되는지 스스로 입증해 보이도록 만들어라.

이것이 바로 설득을 위한 이야기의 설계 방법이다. 이런 포맷으로 이야기를 설계하면, 부분적으로 살을 붙여 이야기를 보다 흥미롭게 만들 수 있다. 확실하게 성공하기 위해서는 설득을 위해 활용하는 모든 이 야기를 이러한 포맷으로 설계해야 한다. 그 대상이 한 사람이든 여러 사람이든, 글을 통해 말하든 광고나 인터넷을 통해 말하든, 이 포맷은 변하지 않는다. 청중이 몇 명이든, 또 당신의 메시지를 어떤 경로로 전달받든, 결국 가장 좋은 이야기는 한 번에 한 사람에게 전해지기 때문이다. 설득력 있는 이야기는 흡인력이 있으며 그것을 읽거나 듣는 사람 모두를 사로잡는 방식으로 설계되었기 때문에, 청중 한 사람 한 사람을 빨아들여 그 프로세스가 끝날 때까지 심취하도록 만든다.

3. 이야기를 구술하라

이야기를 구술하는 것은 재미있는 단계이기도 하지만 대부분의 사람들이 실패하는 단계이기도 하다. 어릴 때 누군가가 책을 읽어준 기억을 떠올려보라(기억이 안 나면 도서관이나 서점에 가서 사람들이 아이들에게 책을 읽어주는 광경을 지켜보라). 나의 경우, 누군가가 이야기를 읽어주면 즐겁긴 했지만, 그 중에서도 가장 좋아했던 사람은 바로 이야기에 생명력을 불어넣는 사람이었다. 이런 사람이 책을 읽어줄 때면 등장인물들이 살아 숨쉬기 시작했다. 겁에 질려 비명을 지르게 만들었던 용들의 포효소리, 귓전을 간질이던 소녀들의 카랑카랑한 목소리, 뼛속까지 울리는 나무꾼의 굵고 낮은 목소리. 나는 마치 마법에 걸린 듯 안절부절 못하며 다음 얘기를 기다렸다. 이처럼 좋아하는 사람이 책을 읽어줄 때면 같은 이야기를 아무리 들어도 질리지 않았다. 설득력 있는 스토리텔러는 몸짓으로, 어조로, 눈으로, 감정으로 당신의 감각을 자극한다. 그들은 감정으로 당신을 얼어붙게 만들고, 유머로 당신을 즐겁게 하며, 누구든 도출할 수 있는 단 하나의 논리적 결론으로 당신을 이끈다. 그리고 그때의 느낌이란!

이야기를 시작하기에 앞서 청자나 독자의 귀를 끌어야 한다. 그들의 귀를 끄는 가장 좋은 방법은 흥미를 유발할 만한 미끼를 던지는 것이다. 때로는 "이야기를 하나 들려드리겠습니다"와 같은 간단한 말이 미끼가 될 수도 있다. 혹은 "아, 방금 생각한 겁니다만……"이나 "이런 일 겪어보셨어요?"와 같은 말로 이야기를 시작할 수도 있다. 어떤 식으로든 질문을 던지면 상대방은 이야기를 들을 준비를 갖출 것이다.

사람들 대부분은 질문을 받으면 대답을 해야 한다는 강박관념에 사로잡힌다. 그러면 당신은 이야기를 시작할 수 있는 기회를 얻게 되는 것이다. 가장 좋은 방법 가운데 하나는 "~한 적 있으십니까?"라고 묻는 것이다. 내가 당신에게 다음과 같이 물었다고 가정하자. "당장 한 푼도 선뜻 쓸 수 없을 정도로 쪼들려보신 적이 있으십니까? 하지만 그런 와중에도 미래를 위해서는 가진 돈을 전부 투자하는 것이 가장 현명하다는 생각이 들지 않으셨습니까?" 그러면 당신은 여기에 맞는 경험을 찾아봐야 한다는 중압감을 느낄 것이다. (지금 생각해보라. 선뜻 적절한 답을 찾기가 얼마나 어려운지 깨달을 것이다.) 상대는 항상 자신의 인생에서 그런 경험이 없었는지 곰곰이 생각해볼 것이다. 설사 당신이 의도한 행동을 취하지 않는다고 해도 말이다. 그들은 실제로든 감정적으로든 당신의 이야기와 관련지을 수 있는 경험을 갖고 있으며 그것을 찾으려 노력할 것이다. 일단 그들이 경험이 있음을 혹은 없음을 인정하면 당신은 곧바로 이야기를 시작할 수 있는 기회를 얻는다. 당신의 경험담을 첨가해서 이야기를 조금만 변형하면 경험이 없는 사람들까지 사로잡을 수 있다.

나 역시 판매와 관련된 '이야기'를 활용해서, 그 밖의 스토리텔링 비법 몇 가지를 제시하겠다.

이야기를 구술하는 가장 좋은 방법은 큰 토막으로 몇 개 구성한 다음에 상대에 따라 조금씩 변형해서 구술하는 것이다. 먼저 질문이나 그 밖에 청중을 끌어들일 만한 표현들을 생각한다. 그런 다음, 일상적으로 얘기를 나누는 사람들이 몇 부류로 나뉘는지 생각해보라. 우리들 대부분은 전형적으로 비즈니스에 할애하는 시간 동안 고작 네댓 부류의 사람들과 얘기를 나눈다.

가령, 구매자와 회의적인 상대, 의문을 품는 상대로 나눠볼 수 있다. 이들 각각의 부류에 맞게 당신은 이야기를 약간씩 변형할 것이다. 이처럼 조금씩 변형된 이야기들에 연관성을 부여하는 것은, 바로 당신의 이야기를 당신이 설득해야 하는 모든 구매자나 일반 사람들에게 연결시키는 이야기의 '단편'들이다. 우리는 이야기를 시작해서 상대를 사로잡기를 원하며, 그런 다음에는 그 이야기를 청자가 매우 강력하고 중요한 무언가와 연결시키기를 원한다.

자동차 대리점에서 세일즈맨이 취할 행동을 예로 들어보자. 세일즈맨은 간단히 "빨간 자동차를 보러 오셨군요?"라고 물을 수도 있고, "자동차에서 무엇을 가장 중요하게 생각하십니까?"라고 물을 수도 있다. 혹은 다음과 같은 질문도 나쁘지 않다. "이 자동차의 어떤 점이 마음에 드십니까?" 이제 세일즈맨은 이에 대한 답변을 시작으로 고객이 보다 많은 정보를 제공하도록 만들 것이다. 대화는 다음과 같이 진행된다.

"사실은 빨간 차를 보려고 합니다. 스포츠카를 사고 싶거든요. 속도도 빠르고, 새로 나온 편평 타이어에 컨버터블이었으면 좋겠는데요."

"아, 그러고 보니 며칠 전에 '주차장 경주(parking lot race)'를 좋아하는 어떤 남자분이 오셨습니다. 주차장에 원뿔들을 세워놓고 그걸 통과하는 경주 아시죠? 그 손님도 빨간 차를 마음에 들어했지만, 실제로 경주를 할 때에는 짙은 색 자동차가 훨씬 더 낫다고 하더군요. 경주에 출전하는 차들이 전부 빨간색이다 보니, 짙은 색 차가 훨씬 더 돋보인다는 겁니다. 그 손님이 원하는 건 사람들의 눈길을 끄는 거였죠. 스포츠카를 가진 사람들은 전부 빨간색이나 밝은 파란색만 원하는 것 같습니다. 그래서 그 손님은 빨간 차들 사이에서 돋보이기 위해 검은색 차를 선택했습니다. 그 손님의 경우에는 정말 효과가 있었답니다. 물론 그렇다고 손님께서도 검은색 차를 사셔야 된다는 말씀은 아닙니다. 하지만 특이한 걸 좋아하시고 편평 타이어 모양을 정말 좋아하신다면, 그리고 스피드를 중요하게 생각하신다면 이 점도 고려해보시는 게 어떨까 싶습니다. 군중들 속에서 돋보이는 것을 중요하게 생각하십니까, 아니면 그냥 거리에 있는 수많은 차들 속에 묻히고 싶으십니까?"

이쯤에서 세일즈맨은 구매자로부터 또 하나의 정보를 얻게 된다. 구매자는 정보를 기꺼이 제공할 것이다. 그는 이미 세일즈맨이 구술해낸 이야기의 일부가 되어 있을 테니 말이다.

"저 역시 돋보이는 것을 중요하게 생각합니다."

"좋습니다. 그럼 이 두 대 가운데 고르시면 되겠네요."

빨간 차가 있었다면 그것을 팔았을 것인가? 물론 그랬을 것이다. 하지만 진정으로 이 남자에게 보다 나은 서비스를 제공하고 싶었던 것이라면? 검은 차가 정말 이 남자를 좀더 '돋보이게' 만드는 데 도움이 되었기 때문일 수도 있고, 그가 원하는 옵션을 모두 갖춘 빨간 자동차가 없었기 때문일 수도 있다. 또 어쩌면 검은색 자동차가 마진이 좀더 많이 남았기 때문일 수도 있다. 어쨌든 이 세일즈맨은 다른 사람에 관한 간단한 이야기를 들려주고 그것을 이 남자의 기준과 연결시킴으로써 고객의 욕구를 바꿔놓았다.

마지막으로 이야기의 결말에 도달하면(사실 우리는 이런 이야기를 매우 간결하게 만들려고 애쓴다), 곧바로 거래 체결에 들어가야 한다. 이야기의 요점이 무엇인가? 이야기의 목적은 무엇인가? 만약 당신이 이야기를 정확히 구술했다면 분명히 다음과 같은 대답이 돌아올 것이다. "제게 꼭 맞는 선택입니다." 이야기를 다 들었다면 논리적인 결론을 도출해서 행동을 취하도록 해야 한다. 그것이 당신이 진정으로 노력해야할 바이다.

앞의 예에서 세일즈맨은 가망고객이 빨간 차에서 검은 차로 마음을 바꾸도록 만들었다. 즉, 이 이야기의 목적은 다음과 같은 메시지를 전달하는 것이다.

"고객님, 자신을 남과 차별화하고 싶으시다면, 자신을 두드러지게 만들고 싶으시다면 검은 차를 사십시오. 그래야 수많은 빨간 차의 바다에서 돋보일 수 있으니 말입니다. 검은 차야말로 고객님을 두드러지게 만드는 것이죠."

이야기는 고객의 기준을 바꾼다. 이야기는 그 밖의 다른 무엇은 결코할 수 없는 방식으로 고객을 전진하도록 만든다.

설득력 있게 기술하는 것은 좋은 이야기를 기술하는 것을 의미한다

이야기를 기술하는 것도 크게 다를 바 없다. 판촉 편지를 좀더 강력하게 만들고 싶다면, 이야기를 기술하라. 이야기를 기술하는 것은 단순하고 상투적인 광고 문구를 넘어서는 매우 강력한 힘을 발휘하며, 이것은 매우 중요한 의미를 갖는다. 사람들에게 행동을 촉구하고 싶다면, 그들이 다시 관심을 갖고 몇 번이고 읽어볼 만한 무언가를 갖출 필요가 있다. 헤드라인의 역할은 아마 누구나 들어 알고 있을 것이다. 헤드라인은 독자가 첫 문장을 읽도록 만드는 역할을 한다. 그리고 첫 문장은 이어지는 내용을 계속해서 읽도록 만드는 역할을 한다.

이야기도 마찬가지 역할을 한다. 퍼즐 조각을 찾듯이 사람들이 이야기의 다음 내용을 찾아 나서기 때문이다. 폴 하비(Paul Harvey)는 이야기를 구술한다. 미국 이외 지역의 독자에게는 낯선 이름일 수도 있겠지만, 어쨌든 그가 하는 일이라곤 라디오에서 이야기를 구술하는 것이 전부이다. 그는 수십 년 전부터 이야기를 구술해왔지만 사람들은 여전히 큰 기대감을 갖고 라디오의 주파수를 맞춘다. 그의 이야기가 특히 청중의 관심을 끄는 이유는, 한번쯤 들어본 듯한 이야기를 전혀 다른 방식으로 구술하기 때문이다. 그는 이야기를 절반쯤 끝낸 다음 광고를 내보낸다. 그러고 나서 광고가 끝나면 이렇게 말한다.

"자, 이제 나머지 이야기를 해보죠."

사람들은 결코 주파수를 돌리지 못한다. 이야기 전반부에 전혀 흥미가 없었다면 모르겠지만, 그렇지 않은 이상 남은 이야기를 조금도 놓칠 수 없기 때문이다. 하비는 채널을 고정시키고 귀를 기울일 수밖에 없는, 설득력 있는 이야기로 거의 그를 신봉하다시피 하는 애청자 집단을 만들어냈다.

좋은 편지를 쓸 때, 혹은 광고문을 작성할 때에는 그냥 좋은 이야기를 기술하라. 폴 하비처럼 이야기의 후반부를 멀찍이 떨어뜨려서 사람들이 뒷이야기를 보기 위해 글을 계속 읽도록 만들 수도 있다. 이야기를 4분의 3이나 절반 정도 쓴 다음 이렇게 말한다.

"나머지 이야기는 잠시 후에 다시 하겠습니다. 그에 앞서 반드시 짚고 넘어갈 중요한 사항들이 몇 가지 있습니다."

그리고 나서 당신이 판매하는 것을 이야기와 연관시킴으로써 그것에 대한 기준을 설정하기 시작한다.

그런 다음 역시 당신이 판매하는 것과 연결지어 남은 이야기를 기술한다. 마침내 독자가 이야기의 결말이 궁금해서 편지를 끝까지 읽고 나면, 단 하나의 논리적 결론, 즉 당신에게서 구매해야 한다는 결론을 도출하는 데 필요한 정보가 모두 제공된 상태이다.

이야기를 다듬을 때에는 그 이야기를 구성하는 단편들이 당신의 구매 프로세스의 각 부분 및 여러 부류의 사람, 즉 당신의 편지를 읽는 사람, 당신을 직접 찾아와서 대화를 나눌 사람, 당신과 전화 통화를 할 사람, 혹은 언론에서 인터뷰를 하는 당신에게 귀 기울일 사람들에게 연결될 수 있도록 다듬어야 한다.

미디어를 통해 이야기 전달하기

어떻게 하면 자신의 이야기가 미디어에 보도되도록 만들 수 있을까? 이것은 누구나 궁금해하는 사항이다. 가장 좋은 방법은 훌륭한 이야기를 제공하여 어떤 리포터든 유인할 수 있는 기회를 갖는 것이다. 리포터의 진짜 역할은 무엇인가? 사람들은 종종 이 점을 간과한다. 미국 내 최대 규모의 광고회사들도 이처럼 간단한 열쇠를 놓치는 경우가 허다하다. 리포터의 역할은 이야기를 전하는 것이다. 그것이 그들의 유일한 역할이기 때문에, 그들은 늘 이야기의 소재를 찾는다.

이 책을 저술하는 데 필요한 연구조사를 하는 과정에서 나는 프로프넷(Profnet: 일종의 온라인 전문가 네트워크로 전문가 관련 정보를 제공함—옮긴이)이라는 서비스를 통해 몇몇 홍보회사에 궁금한 점과 인터뷰하고 싶은 사람들에 관해 문의한 적이 있다. 질문을 하고 불과 몇 분 후부터 답변을 받기 시작했는데, 거의 하나같이 맥 빠지는 답변들이었다. 내가 받은 자료들은 과장법과 미래의 유망성 등으로만 가득 차 있을 뿐, 그들이 설명하는 전문가들에 대해서는 거의 아무것도 알려주지 못했다. 나는 거의 대부분을 읽지도 않고 휴지통에 넣어버렸다.

그러나 그 가운데 정말 내 주목을 끄는 답변 몇 개는 실로 내 감정을 움직이는 것들이었다. 이러한 답변들은 감동적인 이야기로 나를 강하게 빨아들여 뒷이야기를 몹시 궁금하게 만들었다. 이 책의 한 단락을 쓰기 위해 나는 백 통이 넘는 답변을 받았지만, 인터뷰를 가진 사람은 단 한 사람뿐이었다. 그녀가 쓴 이메일은 너무도 매혹적이어서 나는 곧장 수화기를 집어 들지 않을 수 없었다. 그 이외의 답장들은 모두 휴지통으로 들어갔다. 흥미로운 점은 사람들이 처음 답장을 보내왔을 때, 나는 답장에 담긴 이야기를 통해, 혹은 이야기가 전혀 없는 무미건조한 내용을 통해 내가 인터뷰할 사람들에 관해 어느 정도 짐작할 수 있었다는 사실이다. 식견 있는 훌륭한 스토리텔러들은 최고의 인터뷰 상대로서 최고의 정보를 제공해주었고, 나머지 사람들은 결국 이 책에 실리지 못했다.

만약 당신이 리포터들에게 그들이 원하는 것을 그들에게 익숙한 포맷으로, 즉 이야기로 제공할 수 있다면 그들은 누구에게 귀를 기울이겠는가? 누구도 매혹시킬 수 없는, 혹은 아무런 가망도 없는, 혹은 사람들의 감정을 움직일 수 없는, 생기 없는 보도 자료와 평범하기 그지없는 헤드라인을 작성한 사람에게 귀를 기울이겠는가?

다시 한 번 강조하건대, 이야기의 힘은 상대의 감정을 움직이는 능력에 토대를 두고 있다. 이야기는 상대의 머리와 가슴을 사로잡는다. 이

두 가지가 하나가 되어 귀를 기울일 수 있도록 이성과 감정을 함께 세차게 밀어붙이는 것이다. 이렇게 되면 결국 리포터는 당신의 이야기에 감동을 받는다.

스토리텔링을 연습하라

훌륭한 스토리텔러가 되려면 이야기를 연습하고 말투를 세련되게 다듬어야 한다. 일단 자신에게 큰 소리로 이야기를 구술한 다음, 그것을 시작으로 꾸준히 이야기를 개선시키기 위해 노력하라. 이야기 구술법을 배우기 위해 당신이 할 수 있는 최고의 투자 가운데 하나는 PC에 연결해서 녹음할 수 있는 값싼 마이크를 장만하는 것이다. 그 마이크에 대고 이야기를 구술하라. 당신이 말하고자 하는 것을 들어보라. 그것이 적절하게 전달되고 있는가? 진실하게 들리는가? 확신에 차 있는가? 적절한 부분에 감정이 들어가 있는가?

이야기와 관련해서 또 한 가지 알아두어야 할 점이 있다. 목소리에 감정을 배제한 채 음성 조절 없이 이야기를 구술하면 충분한 효과를 발휘할 수 없다. 이야기를 글로 쓸 때에도 어형의 변화나 감정이 배제되어 있다면 마찬가지 결과가 도출될 수밖에 없다.

내가 당신에게 단조로운 어조로 『아기돼지 삼형제』나 『빨간 모자 아가씨』 등을 구술한다고 상상해보라. 내 목소리가 매우 단조롭다고 가정하고 최대한 그것에 가깝게 다음 문장들을 읽어보라.

"첫째 돼지가 짚으로 집을 짓자, 늑대가 와서 그것을 날려버렸다. 둘째 돼지는 나무로 집을 지었다. 나무는 늑대의 강력한 폐에 맞서기에는 적절한 건축재가 아니었다. 결국 그 집도 늑대가 와서 날려버렸다."

이러한 이야기를 들으면 전혀 감동을 받지 못할 것이다. 하지만 원작을 읽어보면 그 차이를 충분히 이해할 수 있을 거라 생각한다.

지나치게 이야기를 과장해도 상대는 당신과 즉시 관계를 끊을 것이다. 이 경우, 상대는 "그게 나하고 무슨 상관이 있다는 거야?"라며 의아해할 것이다. 그러니 자신이 말하는 것을 들어보고 자신이 쓴 것을 읽어보라. 적절한 사례들을 활용하고 있는지 확인하라. 상대를 빨아들이기에 적합한 강력한 어구들을 사용하고 있는지, 그것이 상대가 행동을 취하도록 만드는지, 그가 머릿속으로 이해해야 할 것들을 이해시키고 있는지, 당신이 원하는 행동들을 취하도록 만드는지 확인하라.

나는 평소에 그림을 보면서 그 그림에서 어떤 상황이 벌어지고 있는지 묘사해보곤 한다. 꼭 그림에 적합한 이야기가 아니어도 상관없다. 나는 그저 그림과 관련해서 이야기를 만들고 그 장면에서 벌어지는 일을 설명한다. 그런 다음, 그림을 다른 사람에게 보여주면서 이렇게 말한다.

"이 그림의 이야기를 들려드리겠습니다."

이야기를 들은 사람들이 그림을 보며 "와, 정말 재미있는데"라고 말하면 나는 그림을 아주 훌륭히 묘사한 셈이다. 반면, "정말 그런 것 같군"이라는 말이 나오거나 아무 대꾸도 하지 않으면, 내가 그림을 제대로 묘사하지 못했다는 뜻으로 받아들인다.

이러한 과정은 이야기를 구술하는 법과 자신만의 이야기를 창조하는 법, 그리고 사람들을 빨아들이는 법을 배우고, 자신에게 벌어진 낯선 상황을 받아들이는 능력과 그것을 중심으로 이야기를 쉽고 빠르게 통합하는 능력을 갖추는 시작 단계에 불과하다. 이러한 요소들은 모두 설득을 시작할 때 요구되는 것들이기 때문이다.

누구나 사전에 준비해두어야 하는 세 가지 이야기가 있다. 첫째는 자신의 이야기이다. 상대가 당신에 관해 좀더 많은 것을 알고 싶어할 경우, 당신의 상황에 맞게 재미있고 매혹적인 간단한 자서전을 준비해둘 필요가 있다. 다른 모든 이야기들이 그러하듯, 간단한 자서전 역시 필요와 상황에 따라 살을 덧붙일 수 있도록 일단 큰 토막으로 구성해야 한다. 둘째는 당신의 회사 이야기이며, 셋째는 당신 회사의 제품이나 서비스에 관한 이야기이다. 이야기를 잘 구술하는 법을 배우면 동료나 경쟁자에 비해 훨씬 더 신속하게 설득하는 능력을 개선할 수 있을 것이다.

CHAPTER ⑤ REVIEW

▶ 이야기는 논리를 넘어서 감정에 관여한다.

▶ 우리는 아주 어릴 때부터 이야기에 귀를 기울이고 이야기를 즐기도록 교육을 받았다. 따라서 이야기는 큰 설득력을 지닌다.

▶ 이야기는 상대를 이야기가 펼쳐지는 광경 속으로 끌어들여, 어느새 그 행위의 일부가 되도록 만든다.

▶ 이야기는 우리에게 익숙한 포맷으로 전달되기 때문에 편안한 느낌을 준다. 효과를 극대화하기 위해서는 이야기를 적절한 포맷으로 설계할 필요가 있다.

▶ 이야기는 당신이 어떤 문제를 해결해줄 수 있는지를 상대방이 보다 강력하게 자각하도록 고안해야 한다.

▶ 이야기를 통합할 때에는 러디어드 키플링의 정직한 여섯 명의 하인을 모두 활용하고 있는지 확인하라. '언제', '어디서', '누가', '무엇을', '어떻게', '왜' 이 여섯 가지 요소를 이야기에 모두 포함시켜라.

▶ 성공적인 이야기는 당신이 설득하고 있는 사람의 판단 기준을 바꾼다.

SUCCESS QUESTIONS

▶ 현재 나의 이야기는 무엇이며 그것을 어떻게 개선시킬 수 있는가?

SUCCESS QUESTIONS

▶ 내가 구술하지 않은 이야기 가운데 나의 포지션에 영향력을 부여해줄 이야기는 무엇인가?

▶ 내가 갖고 있는 증거들 가운데 강력한 설득용 이야기로 전환시키거나 내 이야기에 살을 붙일 수 있는 것은 무엇인가?

▶ 5장에서 알게 된 교훈들 가운데 좀더 설득력 있는 사람이 되기 위해 적용해야 하는 가장 중요한 다섯 가지 사항은 무엇인가?

▶ 내가 인상 깊게 들은 이야기는 누구의 이야기인가? 내 이야기를 좀더 강력하게 만들기 위해 그 사람의 프레젠테이션에서 취할 수 있는 요소는 무엇인가?

06 | 권위자 지위

GURUDOM

사람들은 그들의 옛 신들을 파괴할 때, 그 자리를 채워줄 새로운 신들을 찾을 것이다.
_ 펄 S. 벅(Pearl S. Buck)

리더들은 사람들에게 따르도록 강요하지 않는다. 다만 그들을 여행에 초대할 뿐이다.
_ 찰스 S. 로어(Charles S. Lauer)

●● 사람들은 신뢰와 믿음을 줄 수 있는 확실한 사람을 찾기 때문에, 인정받는 전문가가 되면 설득이 훨씬 더 쉬워진다. 사람들은 새로운 가능성에 훨씬 더 쉽게 마음을 여는 경향이 있다. 전문가로서의 지위를 발전시키면 추종자를 만드는 일이 현저히 쉬워지며, 자신을 전혀 모르는 사람들보다는 자신을 추종하는 사람들을 설득하는 것이 아무래도 훨씬 더 쉬운 법이다.

우리가 평소에 조언을 구하는 권위자들을 생각해보라. 필 맥그로(Phil McGraw) 박사는 자기정신요법 및 심리학 분야에서 논의의 여지 없이 최고의 권위를 구축한 인물이다. 러시 림보(Rush Limbaugh)는 보수주의를 아우르는 권위자이며, 피터 드러커(Peter Drucker)는 조직과 경영 부문에서 가장 칭송받는 리더이다. 이들은 모두 공통점을 갖고 있다. 기꺼이 그들에게 귀를 기울이고 그들을 믿으며 그들이 자신의 친구나 동료를 추천할 때마다 주저 없이 신뢰성을 이양해주는 추종자를 지녔다는 점이다.

내가 말하는 '권위자 지위(gurudom)'에는 단순히 어떤 분야나 어떤 주제의 권위자가 되는 것부터 수많은 사람들을 지배하는 것에 이르기까지 모든 것이 포함된다. 설득과 관련해서 'guru'라는 단어는 사전에 나오는 첫 두 가지 정의를 포함한다. 첫 번째 정의는 "힌두교 및 티베트 불교와 관련된 교도사"이고, 두 번째 정의는 "의지할 만한 카운슬러이자 조언가, 즉 멘토"(『아메리칸 헤리티지 영어사전』, 제4판)로, 우리가 좀더 일반적으로 사용하는 정의는 두 번째이다.

설득을 직업으로 하는 사람이나 단순히 협상에 능숙해지기를 바라는 사람이라면 누구나 자신의 분야에서 이왕이면 '인정받는' 전문가가 되는 것이 중요하다. 이제부터는 자신만의 특수한 기술과 신념을 발전시켜 인정받는 전문가의 지위에 오르는 방법을 살펴볼 것이다(앞으로 제시하는 방법들을 완벽히 이행한다면 저명한 전문가의 지위에도 오를 수 있을 것이다).

여기서 잠시 자신의 경험에 관해 생각해보기 바란다. 꼭 필요한 품목이지만 딱히 사기에는 품질이 썩 좋지 않은 제품을 구매해본 경험이 있을 것이다. 주로 기술 제품이 그러하다. 대형 할인매장을 선택했다면 다음과 같은 상황을 겪었을 확률이 높다. 먼저 매장에 들어가 내부를 돌면서 가격표와 제품 설명이 포함된 꼬리표를 살펴보고 버튼을 눌러보며 해당 품목의 제품을 전부 살펴본다. 그저 잠깐 둘러보고 살 생각이기 때문에 세일즈맨이 따라와도 뿌리친다. 그런 다음 어느 정도 시간이 지나면 지금껏 둘러본 것 중에서 한두 개 제품으로 선택의 폭을 좁힌다. 그런 다음 세일즈맨에게 손짓을 하면 세일즈맨은 기꺼이 당신을 도우러 달려온다. 당신은 두 제품 사이의 차이점을 물어보고 친절한 설명을 듣기를 기대한다. 하지만 그때부터 문제가 시작된다. 세일즈맨은 당신이 이미 훑어본 제품의 꼬리표를 보고 제품 설명을 그대로 읽어준다. 당신은 세일즈맨에게 그게 무슨 뜻이냐고 묻고, 세일즈맨은 설명하지 못한다. 그 순간, 세일즈맨에 대한 신뢰성이 완전히 무너지고 당신이 물건을 구입할 확률은 현저하게 떨어진다.

이제 이와 대조되는 상황을 살펴보자. 당신은 매장에 들어가서 MP3 플레이어를 보기 시작한다. 세일즈맨이 다가와서 MP3 플레이어를 처음 구입하는 것이냐고 묻는다. 당신은 그렇다고 대답한다. 세일즈맨은 이렇게 말한다.

"저는 일곱 개나 갖고 있습니다. 이 일 외에 파티나 결혼 피로연에서 디스크자키를 겸하고 있기 때문에 항상 최대한 좋은 제품을 찾으려 노력하죠. CD를 전부 다 갖고 다닐 수는 없으니까요. MP3 플레이어를 고를 때 가장 어려운 점은 음질이 뛰어나고 용량이 크면서도 값이 싼 제품을 고르는 일입니다. 주로 어떨 때 사용하실 겁니까?"

당신은 출장을 자주 다니는데 비행기에서 사람들이 말을 걸어와 일을 방해하는 것을 막는 데 도움이 될 만한 제품을 원한다고 설명한다. 세일즈맨은 다시 설명을 시작한다.

"괜찮으시다면 추천해드릴 만한 제품이 두 개 있는데, 설명을 들어 보시죠. 먼저 손님께서는 저처럼 MP3 플레이어에 5,000곡, 1만 곡씩 저장해 갖고 다니실 필요가 없습니다. 그리고 사진을 보관하거나 영화를 보는 데 쓰실 게 아니라면, 컬러 디스플레이도 필요 없으실 겁니다. 사실 MP3 플레이어로 사진을 보관하거나 영화를 보는 건 정말 시간 낭비죠. 로딩 시간이 너무 오래 걸리거든요. 이 두 제품은 대략 3,000곡, 그러니까 CD 200장 분량의 곡이 들어가고 가격도 250달러 이하입니다. 두 제품 다 음질도 좋습니다. MP3와 CD 플레이어의 음질 차이를 못 느끼실 겁니다. 저도 그렇고 제 클라이언트들도 파티에서 음악을 틀어주었을 때 음질에 관해 아무 말씀 없으셨거든요. 이 제품을 사시는 게 좋을 것 같습니다. 가격은 20달러 더 비싸지만 부속품들은 훨씬 더 싸답니다. 그러니 장기적으로 보면 이 제품을 구입하시는 게 돈을 절약하는 셈이죠."

앞서 언급한 두 가지 사례의 차이는 명백하다. 즉, 두 번째 매장에서는 제품을 구입함과 동시에, 제품이 그 세일즈맨의 말대로 좋다면 앞으로 다른 전자제품을 구입할 때에도 같은 매장에 가야겠다는 생각을 하면서 나온다는 점이다. 이 사례를 통해, 세일즈맨이 일정 분야의 전문 지식을 입증해 보이면(이 경우에는 세일즈맨이 디스크자키를 겸하고 있었다), 고객은 아무런 의심 없이 세일즈맨의 추천을 받아들인다는 점을 알 수 있다. 이것은 전적으로 세일즈맨이 전문 지식과 제품에 대한 지식을 갖추고 있음을 인지했기 때문이다.

이제 당신이 고객에게 훨씬 규모가 큰 경쟁사의 제품 대신 당신의 제품을 이용할 것을 설득하고 있다고 가정해보자. 당신의 경쟁사는 합리적이고 설득력 있는 주장을 펼치고 있고, 따라서 당신도 일에 착수한다. 당신은 클라이언트의 문제와 가능한 해결책을 매우 상세히 검토함으로써 전문 지식을 입증해 보인다. 동종업체에서 발생했던 비슷한 문제들을 당신이 어떻게 해결해주었는지를 보여주는 사례 연구를 첨가한다. 그런 다음 비장의 수를 쓴다. 즉, 클라이언트에게 해당 분야에 관한 지식을 입증해주는 당신의 저서를 건네고 당신의 특별한 방법론에 관한 기사가 실린 주요 업계지 두 권을 일러준다. 마지막으로 자신에 대해 좀더 알아야 한다는 의미에서 자신의 언론 인터뷰를 여러 건 담은 DVD를 보여준다.

그 순간 당신의 가치는 상승하기 시작한다. 비용이 좀더 들더라도 당신이 보다 나은 해결책을 제공할 수 있다고 믿을 만한 중요한 이유가 존재하기 때문이다. 당신을 인터뷰한 방송국들은 모두 당신에게 제3의 신뢰를 부여한 셈이다. 그리고 당신의 사례 연구는 그 신뢰성을 강화해주었으며, 당신의 저서는 당신이 현재의 문제점과 그 해결책에 관해 평균 이상의 지식을 갖고 있음을 명백히 입증해주었다.

당신은 누구나 부러워하는 권위자의 지위로 이르는 길에 성공적으로 발을 들여놓은 셈이다. 마지막 단계는 클라이언트들 각각에게 완벽한 개인적 경험을 만들어주는 것이다. 약속을 이행함으로써 그들에게 자신의 결정과 믿음이 옳았음을 입증해 보이면 관계는 더욱 강화된다.

이렇게 되면 당신은 언제든 아무런 의심 없이 기꺼이 당신을 지지하고 선택할 추종자를 만든 셈이다. 이쯤 되면 위험한 방해물 없이는 그를 당신에게서 떨어뜨려 놓을 수 없다. 그는 일련의 새로운 믿음과 도식을 갖고 당신의 제품이나 서비스, 아이디어를 공급하는 사람들을 검토하게 된다.

권위자가 되면 또 다른 혜택을 얻을 수 있다. 즉, 권위자가 되지 않았으면 당신이 제외되었을 여러 가지 수단에서 사람들이 당신을 발견하게 된다는 것이다. 사람들은 구글(Google)에서 당신의 이름이나 회사 이름, 카테고리를 검색하면서 당신을 인터뷰했던 미디어 매체들이 당신의 이름을 여러 번 언급한 것을 보고 당신에 대한 호감도를 높인다. 그들은 당신의 블로그를 찾아서(블로그란 문자 그대로 웹상의 로그og, 즉 기록을 말한다. 일종의 합법적인 미디어 매체로서 빠르게 언론계에 발을 들여 놓을 수 있는 온라인 일기라고 할 수 있다) 당신의 전문 지식이 기록된 최근 포스트들을 읽는다. 당신의 블로그는 검색어를 쳤을 때 검색 엔진에 나오는 블로그 페이지들 가운데 상단에 위치하기 때문에, 사람들은 당신의 블로그를 쉽게 찾을 수 있다. 또 동료들이 인터뷰나 텔레비전 프로그램에서 당신을 언급할 때에도 사람들은 당신을 발견하게 된다. 당신의 저서 또한 그것이 출간되지 않았다면 절대 불가능했을 새로운 기회를 열어주는 역할을 한다.

이제 권위자로서의 지위를 발전시킴으로써 어떤 혜택을 얻을 수 있는지 충분히 이해했으리라 믿는다. 이러한 전체 프로세스를 파악하기 위해서는 지금 자신의 비즈니스 규모가 어느 정도이든, 청중이 몇 명이든, 자신의 분야에서 으뜸가는 전문가가 되는 것이 당신이 할 수 있는 유일하고도 가장 현명한 길이라는 점을 반드시 이해해야 한다.

30일 만에 인정받는 전문가가 되는 방법

당신이 현재 널리 알려진 사람이든 전혀 알려지지 않은 사람이든, 30일이면 거의 누구나 인정받는 전문가가 되는 궤도에 올라설 수 있다. 사실, 그 과정은 비교적 간단한 편이다. 하지만 자신의 계획을 흐트러뜨리지 않기 위해서는 집중적인 노력을 기울여야 하며, 어느 정도 궤도에 올라선 이후에도 부단히 노력해야 한다. 권위자들은 순식간에 나타났다가 사라져버리곤 하는데, 관련성을 잃지 않고 언제나 눈에 띄는 존재가 되는 데 초점을 맞춘 사람만이 오랫동안 권위자의 지위를 유지할 수 있다.

인정받는 권위자가 되기 위한 가장 중요한 단 하나의 열쇠는 관련성을 갖는 것이다. 자신의 지식이 시대에 뒤떨어지지 않는지, 자신이 제공하는 정보가 문제를 해결하거나 신속하고 정확하게, 어느 정도는 독창적으로(3장 페르소나 참조) 새로운 아이디어를 제시할 수 있는지 확인해야 한다. 이러한 새로운 아이디어는 당신의 분야에 몸담고 있는 다른 사람들의 아이디어와 유사할 수도 있고 대조되는 것일 수도 있다. 모든 권위자들은 공통적으로 자신만의 것이라 부를 수 있는 의견을 견지한다.

다음은 30일 만에 인정받는 전문가가 되기 위한 로드맵이다.

1. 자신의 전문 분야를 결정하라.
- 자신이 이미 식견을 갖고 있는 분야를 구체적으로 명확히 정하라. 어떤 주제에 관해 전문가가 되고 싶은지 결정하라.
2. 자신의 주제에 관해 철저히 연구하라.
- 전문가들 대다수가 언어나 악기, 혹은 그 밖에 전문적인 분야에서

전문가가 되기까지는 약 1,000시간의 연습이 필요하다는 데 의견을 같이했다.

- 1,000칸짜리 스프레드시트를 만들어라. 전문 지식이나 전문 기술을 발전시키는 데 한 시간을 소비할 때마다 한 칸씩 그것에 대해 기록하라. 그리고 자신이 연구하거나 배우거나 입증하거나 적용한 것도 기록하라.

3. 의견을 발전시켜라.

- 전문가는 의견을 견지하며 그것을 공유한다.
- 에세이나 기사, 보고서를 작성하라.
- 시간을 들여서 자신의 말을 전파할 수 있는 리포터나 그 밖의 영향력 있는 전문가들과 자신의 의견을 공유하라.
- 적절한 포럼 등을 활용하여 자신의 전문 지식을 공개적으로 연설하거나 강연하라.

4. 자신의 의견과 독자적인 아이디어를 공유하라.

- 강연을 하라. 이상적인 장소는 업계와 관련 단체들이다. 토스트매스터스(Toastmasters: 효과적인 커뮤니케이션과 리더십, 네트워킹 기술을 가르쳐주는 모임-옮긴이)처럼 소규모 단체라고 해도 당신의 전문 지식을 상세히 제공할 수 있는 기회를 준다. 이 시점에서 지식이나 의견을 제공한 대가로 받을 액수를 계산해선 안 된다. 아직은 권위자로서의 지위를 굳혀야 할 때이다.
- 이런 단체들로부터 당신이 전문 지식을 가지고 있으며 그것을 간결하게 전달할 수 있는 능력을 가지고 있음을 보증하는 추천장이나 증명서를 얻어내라.

5. 책을 쓰거나 기사 혹은 정식보고서를 작성하고, 오디오북을 만들어라.

- 책은 즉각적인 신뢰성을 부여해준다.
- 책은 길 필요가 없다.
- 전문가로서의 지위를 모두에게 입증해주는 것은 살아 있는 문서 이며, 그것은 당신에게, 그리고 잠재적으로는 당신의 회사에 일종 의 유산이 된다.
- 오디오북을 만들어라. 적은 비용으로 빠르게 자가출판할 수 있는 수단이다.
6. 자신의 라디오 프로그램을 만들어라.
7. 블로그를 기록하라.
8. 스스로를 판촉하라.

나는 앞에서 언급한 각 항목들을 좀더 상세히 다뤄서, 당신이 각각의 항목들을 효과적으로 이용할 수 있도록 이에 필요한 모든 정보를 제공 하고 싶다. 앞에 열거된 항목들은 모두 누구나 이행할 수 있는 것들이 다. 이제 각각의 단계를 실현하는 가장 간단한 방법들을 살펴보자.

자신의 전문 분야를 결정하라

학습 속도를 높이는 데 결정적인 역할을 하는 것은 바로 초점이다. 전문가가 되기 위한 첫 단계는 자신의 전문 분야를 결정하는 것이다. 일반적인 지식으로는 충분하지 않다. 사실, 나는 처음부터 설득 분야 에서 가장 으뜸가는 전문가가 되기로 결심하고 설득에 관한 연구를 시 작한 것은 아니었다. 하지만 시간이 가고 판매와 마케팅 분야에 점점 더 정통해질수록 스스로를 세분화하여 주변의 모든 사람들과 차별화 할 필요가 있음을 깨달았다. 그래서 그때까지 연구한 것들을 지렛대로 활용해서 사람들을 설득하는 일에 전문가가 되기로 결심했다. 일단 자신이 유명해지고 싶은 분야가 무엇인지, 자신의 전문 지식을 활용할 수 있는 분야가 어디인지를 결정하고 나면, 권위자 집단에 자신의 입지를 새기는 일에 착수할 수 있다. 당신은 해당 업계에 관한 기본적인 지식을 충분히 갖춰야 하며, 초점을 제한함으로써 훨씬 더 식견 있는 사람이 될 수 있다.

자신의 주제에 관해 철저히 연구하라

전문가가 되기 위해서는 자신의 주제와 관련된 문제를 철저히 파악할 필요가 있다. 무언가가 완벽히 이해되지 않거나 해당 주제가 현재 자신이 지닌 지식의 범위를 넘어설 경우에는 별도로 트레이닝을 받거나 적절한 지식을 갖춰라. 반드시 업계의 사고를 주도하는 핵심 리더들의 생각, 그 중에서도 가장 유행하는 생각들을 연구하고, 가능하다면 그들에게 직접 배움으로써 지식의 깊이를 강화하고 그들에게 동화되는 속도에 박차를 가하라.

의견을 발전시켜라

앞서 말했듯이, 전문가들은 의견을 견지한다. 따라서 설득을 하고 싶다면, 사고를 주도하는 리더로서 인정받고 싶다면, 당신 역시 의견을 견지해야 한다. 독자적인 의견이 없다면 사고를 주도하는 사람들의 의견을 연구해서 그것을 토대로 자신의 의견을 구축하라. 전적으로 동의하는 의견이라면 그것이 옳은 이유에 관한 의견을 발전시키고, 동의하지 않는다면 옳지 않은 이유에 관한 의견을 발전시켜라. 가장 이상적인 방식은 독자적인 아이디어 및 의견을 발전시키는 것이다. 그것은 추종자와 언론을 비롯하여 당신의 메시지를 전파해줄 사람들에게 가장 귀중한 요소가 되기 때문이다. 자신만의 의견과 독자적인 아이디어를 발전시켰다면, 그것들을 이용 가능한 홍보물로 제작해서 자신의 의견과 그것이 옳은 이유, 그리고 그것이 청자에게 가치 있는 이유를 신속하고 명확하게 보여줄 수 있도록 하라.

자신의 의견과 독자적인 아이디어를 공유하라

이쯤에서 자신의 아이디어와 의견을 공유하는 것이 매우 중요하다. 당신은 그동안 기울인 고된 노력의 결실을 파악할 필요가 있다. 자신을 인식시키는 것은 추종자를 계발하기 위한 첫걸음이다. 당신이 궁극적으로 영향을 미치고자 하는 사람들이 당신의 의견과 아이디어를 인식하고 있는지 확인하라.

이제 해당 업계의 미디어에 접근을 시도해야 한다. 해당 시장과 관련된 적절한 업계지나 소비자 대상 잡지들을 파악하고 그 잡지의 편집자와 자신의 주제에 관해 논할 수 있는 기회를 잡아라. 거의 모든 잡지들이 다음 호에 다루게 될 이야기를 소개하는 편집 계획표를 웹 사이트에 게재한다. 이 편집 계획표를 관계를 발전시키는 출발점으로 활용하라. 당신이 편집자에게 연락을 취했을 때 편집자가 내줄 수 있는 시간이 지극히 짧을 테니, 당신이 왜 그 기사에 적합한 전문가인지, 그 이유를 정한 다음, 그러한 메시지를 명확하고 간결하게 전달할 수 있는 능력을 갖추는 것이 무엇보다 중요하다.

책을 쓰거나 기사 혹은 정식보고서를 작성하고, 오디오북을 만들어라

일부 사람들에게는 반가운 소식이겠지만, 책을 써서 출간하는 일은 예전보다 훨씬 쉬워졌다. 물론 대형 출판사에서 자신의 저서를 발간하는 전통적인 경로가 가장 선호되는 출판 방법임에는 변함이 없다.

그러나 대부분의 사람들에게 자신의 책을 출판하는 가장 무난한 방법은 자가출판이다. 자가출판된 책들이 점점 더 많은 주목을 끌기 시작했으며, 잘만 만들면 아마존닷컴(Amazon.com)에서 구매할 때에도 그 차이점을 알아채는 사람이 거의 없을 것이다. 현재 자가출판 과정을 도와주는 출판사들이 늘고 있으며, 소량 인쇄가 가능하기 때문에 수요에 맞게 출판하면 비용도 크게 줄일 수 있다.

30일 이내에 책을 쓰거나 기사 혹은 정식보고서를 작성하는 방법은 잠시 후에 살펴보기로 하고, 먼저 기사와 정식보고서에 관해 간략히 소개하겠다. 거의 모든 잡지들이 잘 쓴 시기적절한 기사를 찾고 있다. 이러한 경향은 특히 업계지에서 두드러지게 나타난다. 다시 한 번 강조하건대, 처음부터, 그리고 어쩌면 앞으로도 돈을 벌기 위해 글을 쓴다는 생각은 버려라. 설득을 위한 일상적인 노력의 일환으로서 글을 쓰는 사람들 대부분은, 책이나 기사로 돈을 벌기보다는 책이나 기사를 '이용해서' 돈을 벌라고 말할 것이다.

독창적인 아이디어와 의견을 통합하여 적절하게 작성한 기사는 추종자를 계발하고 자신의 포지션에 신뢰성을 부여하는 훌륭한 수단이 된다. 사람들 대부분은 훌륭한 자질을 갖춘 저널리스트나 전문가만이 기사를 쓸 수 있다고 믿는다. 물론 이것도 틀린 생각은 아니지만, 기사화된 정보를 무조건 자신이 가진 정보보다 월등하다고 믿는 대중의 성향을 감안할 때, 오히려 그 기사를 읽는 사람들이 이들 전문가에게 신뢰성을 부여하는 것도 사실이다.

정식보고서는 특정한 아이디어가 옳은 이유에 관해 납득할 만한 메시지를 전달할 목적으로 일련의 아이디어나 이론, 혹은 당신의 아이디어와 의견이 통합되는 과정을 설명하는 세부적인 보고서이다. 정식보고서는 당신의 기업 내부나 당신의 사고 과정을 상세하게 보여준다는 점에서 전문가로서의 신뢰성을 구축하는 데 매우 귀중한 자료가 된다.

정식보고서는 반드시 자신이 직접 쓸 필요는 없으며, 꼭 자신만의 정보를 활용하지 않아도 된다. 조사 자료를 차용할 수도 있고(단, 저작권이나 법적 규제를 반드시 염두에 두어야 한다) 다른 사람이 자신의 아이디어를 연구하고 개발하도록 (그리고 글로 작성하도록) 만들 수도 있다. 대필을 통해 정식보고서를 작성하는 사례는 흔히 있는 일이며, 대개는 용인되고 있다. 권위자로서의 지위를 발전시키기 위해 달리 할 수 있는 일이 없다면, 지금 당장 첫 정식보고서를 작성해서 동료들과 영향을 미치고자 하는 사람들에게 돌려라.

사람들 대부분이 이 단계를 완수하지 못하는 가장 큰 이유는 글쓰기를 지나치게 부담스러워하고 그 과정을 매우 어렵다고 생각하기 때문이다. 30일 안에 책을 쓰거나 기사, 혹은 보고서를 작성하기 위해 누구나 활용할 수 있는 간단한 프로세스를 살펴보자.

- 주제를 정하라('제목'이 아니라 '주제'라는 점을 명심하라). 너무도 많은 사람들이 완벽한 제목을 정하지 못해서 다음 단계로 넘어가지 못한다.
- 목차를 만들거나 기사나 아이디어의 개요, 혹은 단원별 요약을 작성하라.
- 단원별로 강조하고 싶은 일곱 가지 핵심 사항들을 목차 페이지에 열거하라. 기사를 작성할 경우에는, 강조하고 싶은 일곱 가지 핵

심 사항들을 문서 한 페이지 당 하나씩 열거하라.

- 목차가 담긴 문서나 각각 일곱 가지 핵심 사항들을 적은 문서를 별도로 마련한 폴더에 넣어라.
- 필요한 조사나 사실, 인용구, 사진, 그 밖에 목차나 일곱 가지 핵심 사항에 포함된 각각의 주제에 필요한 자료들을 모두 수집해서 그것을 폴더 안에 넣어라. 처음 자료를 수집할 때에는 한 주제 당 하루 이상을 소요해야 한다. (한 가지 조언을 하자면, 정말 바빠서 그 정도 시간을 낼 수 없을 때에는 다른 일을 모두 제쳐두고 매달려 전체 자료를 하루나 최소한 이틀 안에 수집할 수도 있다.)
- 이제 책을 쓰기 시작하라. 먼저 각 단원의 일곱 가지 핵심 사항을 중심으로 정보를 채우거나 그것을 중심으로 기사를 써라. 일곱 가지 핵심 사항에 필요한 정보를 모두 채워넣을 때까지 써야 한다. 물론, 경우에 따라서는 다음 장으로 건너뛰거나 하루 정도 글쓰기를 중단할 수도 있다. 글을 쓰면서 '언제', '어디서', '누가', '무엇을', '어떻게', '왜' 의 요소들을 모두 포함시키고 있는지 확인하라. 글을 쓰는 일이 어렵다면 공동 저자를 찾거나 대필자를 고용하라. 자, 정말 간단하지 않은가.
- 모든 단원을 완성할 때까지 이 과정을 계속하라.
- 첫 책이나 첫 기사, 첫 정식보고서가 완성되면 자축하라.

오디오북을 만들 때에도 이와 똑같은 과정이 적용되지만 한 가지 예외가 있다. 필요한 것을 모두 작성한 다음, 당신이나 당신이 고용한 '성우' 가 녹음 스튜디오로 가서 CD에 책을 녹음해야 한다. 그리고 정식보고서를 녹음해서 설득하고자 하는 사람들이 볼 수 있도록 웹 사이트에 올릴 수도 있다.

자신의 라디오 프로그램을 만들어라

라디오 방송에 나오는 것은 신뢰성을 구축하는 데 매우 큰 역할을 하며, 오늘날에는 거의 누구에게나 가능한 일이기도 하다. (나라나 지역마다 사정이 다르긴 하지만 미국의 경우) 대부분의 AM 라디오 방송국은 우리 같은 사람들이 자신의 라디오 프로그램을 방송할 수 있도록 일정량의 방송 시간을 판매하고 있다. 한 프로그램 당 할당되는 시간은 대개 30~60분이다. 이 글을 쓰는 현재 기준으로, 주당 60달러만 지불하면 자신의 라디오 프로그램을 가질 수 있다.

라디오의 경우에는 어디서든 전화로 방송을 할 수도 있기 때문에, 거주 지역에 제한을 받지 않는다는 이점이 있다(주로 사람들을 설득하기 위해 당신이 활동하는 지역의 방송국을 이용하면 보다 큰 혜택을 얻을 수 있다). 전화를 걸기만 하면 방송국에서 생방송으로 당신의 프로그램을 방송해줄 것이며, 미리 녹음을 해서 선택한 시간에 방송되도록 의뢰할 수도 있다.

성공한 사람들 대다수는 이런 방식으로 라디오 프로그램을 발전시켜서 여러 방송국에 판매하고 있다. 직접 판매하기도 하고, 이런 일을 대행하는 신디케이션 회사에 의뢰하는 경우도 있다. 자신의 목적과 필요, 그리고 관련 프로젝트를 위해 어느 정도의 노력을 기울이고 싶은지에 따라, 이처럼 자신의 프로그램을 여러 개의 방송국에 판매하는 것도 좋은 방법이다. 신뢰를 구축하는 시간을 절약하려면 방송 시간을 구매하는 방송국의 개수를 늘리는 것도 한 가지 방법이 될 수 있다.

자신의 라디오 프로그램을 갖는 것과 관련해서 거의 알려진 바 없는 비밀 한 가지를 공개한다. 바로 자신의 프로그램을 갖게 되는 순간부터 당신은 공식적인 언론인이며, 그에 따르는 모든 특권을 얻게 된다는 사실이다. 우리에게 이 특권은 접근을 의미한다. 평소에 인터뷰하고 싶었던 사람이 당신의 프로그램 주제에 적합하다면, 과감하게 출연을 요청하라. 방송을 탈 수 있는 기회를 저버릴 사람이나 홍보부서는 거의 없다. 앞에서 당신과 교우하는 동료들을 알리라고 말한 것을 기억하는가? 말하자면 이것이 바로 성으로 들어가는 열쇠인 셈이다. 게다가 당신이 누군가를 인터뷰해서 그 사람이 자신의 메시지를 전파하거나 신뢰성을 구축할 수 있도록 돕는다면, 그 순간부터 그 사람은 당신에게 빚을 지는 셈이며 가능한 기회에 그 빚을 갚을 확률이 매우 높다.

어쩌면 이것이 자신의 라디오 프로그램을 갖기만 하면 업계 누구에게나 곧바로 접근이 가능하다는 얘기처럼 들렸을지도 모르겠다. 하지만 꼭 그렇지만은 않다. 인터뷰하고자 하는 사람이 고위층 인물일수록 인터뷰는 어려워진다. 현재 인터뷰를 하는 사람들에게 미치는 영향력을 활용하라. 일단 관계가 구축되면, 그들에게 당신이 인터뷰하고 싶은 다른 사람에게 당신을 소개해줄 수 있는지 물어라. 추종자 집단을 구축하는 사람들 대부분은 실제로 업계에서 가장 유명한 사람과의 인터뷰를 목표로 삼지 않는다. 그렇게 유명하진 않지만 당신에게, 그리고 당신의 프로그램에 신뢰를 부여해줄 수 있는 전문가들은 수십 명에서 수백 명에 이른다. 라디오 프로그램이 하는 역할은 라디오 인터뷰어로서의 지위를 구축해주는 것이 아니라, 권위자로서의 지위를 구축해주는 것임을 명심하라.

블로그를 기록하라

블로그 작성의 좋은 점은, 기사나 책처럼 장문의 아이디어가 있을 거라 기대하고 들어오는 사람은 없지만, 설사 그만큼 길다고 해도 내용만 좋으면 누구나 반가워한다는 것이다.

블로그는 여러 가지 이유에서 훌륭한 수단이다. 첫째, 블로그는 자신의 의견을 연습하는 공간을 제공한다. 블로그의 가치를 낮게 평가한다는 의미가 아니라, 그 성격상 독자가 제한적인 대신 매우 열성적인 경우가 많아서 의견 연습에 좋다는 뜻이다. 일단 아이디어를 블로그에 게재하면 종종 즉각적인 피드백을 받게 될 것이다. e-메일을 통해 자신의 생각과 아이디어를 직접 공유하는 사람들도 있고, 자신의 블로그에 당신의 블로그 포스트를 링크하는 사람들도 있을 것이다. 당신의 블로그와 아이디어가 보다 큰 흡인력을 발휘하게 되면, 수많은 다른 블로거들이 당신의 블로그를 추천 블로그 리스트에 올릴 것이고, 이렇게 되면 그들의 블로그를 찾아오는 사람들까지 당신의 블로그를 읽을 것이다. 이들 블로거들 역시 그들의 포스트를 읽는 독자로부터 큰 신뢰를 얻고 있기 때문에, 그 신뢰성을 기꺼이 당신에게 양도해주는 셈이다.

블로그가 강력한 힘을 발휘하는 두 번째 이유는 검색 엔진에서 블로그를 매우 호의적으로 다뤄주기 때문이다. 블로그는 검색 키워드와 관련성이 높으며 자주 업데이트되기 때문에, 검색 결과에서 비교적 높은 순위를 차지하는 경향이 있다. 내 블로그를 예로 들어보자. 구글이나 그 밖에 유료 광고를 올릴 수 있는 검색 엔진에서 홍보 활동을 벌이려면, 사람들의 클릭 수에 비례해 막대한 돈을 내야 한다. 하지만 사람들이 많이 찾는 검색어들 가운데 상당수가 내가 작성한 포스트에 포함되어 있기 때문에, 돈 한 푼 드는 일 없이 내 블로그는 내가 원하는 모든 검색 엔진에서 가장 상단에 배치된다.

블로그를 활용할 때에는 사전에 사람들이 검색했을 때 당신의 블로그나 당신의 카테고리를 찾게 되는 키워드와 검색 어구가 무엇인지를 조사해야 한다. 특정 단어나 어구의 검색 횟수를 조사해주는 사이트들 가운데 가장 추천할 만한 곳은 http://inventory.overture.com이다. 검색 창에 어떤 단어나 어구를 치면 그 단어나 어구의 검색 횟수가 몇 번인지, 그리고 그 밖에 관련 검색어는 무엇이 있는지를 곧바로 보여준다. 사람들이 자주 사용하는 단어나 어구가 무엇인지 정했다면, 그 단어와 어구를 중심으로 블로그 포스트를 작성하라. 여기서 또 한 가지 거의 알려진 바 없는 비밀을 공개하겠다. 포스트 제목에 이러한 단어와 어구를 포함시키는 것 또한 검색 결과 순위에 도움이 된다. 게다가 제목이라면 당신이 정한 단어나 어구를 검색하는 사람들이 가장 먼저 보게 되는 것이 아닌가. 제목에 자신의 검색어가 포함되어 있다면 관련성이 매우 높아 보이므로 클릭해볼 확률이 훨씬 더 높아진다.

블로그 포스트는 200~400개의 단어로 작성하는 것이 가장 좋다. 적당한 길이의 포스트는 검색 결과에서 보다 높은 순위를 차지하기 때문이다. 또한 자신이 포스트에 언급한 사람 및 기업의 홈페이지로 바로 연결되는 링크를 블로그에 포함시켜라(이것 또한 높은 순위를 차지하는 데 도움이 된다). 이것은 사람들이 당신을 아직 모를 경우에는 당신에 관해 찾아보도록 만드는 계기가 되기도 한다. 사람들은 누구나 검색 엔진에서 자신의 이름을 검색해본다. 그렇지 않은가? 아직 이것을 안 해본 사람이라면 조만간 그렇게 할 것이다.

일주일에 두세 번 블로그 포스트를 작성해서 신선하고 풍부한 아이디어를 끊임없이 제공하도록 하라. 더 이상 논할 만한 독창적인 아이디어가 떠오르지 않는다면, 현재 업계의 흐름이나 다른 사람들이 제시한 특정 아이디어에 관해 논평하라.

자신을 판촉하라

권위자들은 자신의 신조를 전파하는 데 두려움이 없기 때문에, 권위자의 지위를 차지할 수 있다. 따라서 당신도 자신의 신조를 전파하는 것을 두려워해선 안 된다. 권위자의 지위를 구축하는 것을 비즈니스에 반드시 필요한 것 중 하나로 여기고 항상 그것에 관해 생각하라. 유명한 사람들은 대부분 장기전에서 우승을 거두므로, 당신은 지금 그 토대를 구축하고 있는 셈이다.

자신을 다룬 기사들이 전부 자신의 홈페이지에 공개되어 있는지 확인하라. 클라이언트나 가망고객에게 당신이 작성한 적절한 기사들을 보내어 당신의 성공을 공유하라. 그들을 모두 마케팅 기회로 생각하라. 물론 자신의 메시지를 전파하는 것은 자신의 책임이지만, 당신이 발전할수록 새로 생겨난 추종자들이 당신을 대신해서 보다 신속하게 전파시켜줄 것이다.

새로 개발한 권위자 지위가 가져다줄 기회와 그것이 열어줄 문을 충분히 활용하라. 적절한 기회가 있을 때마다 자신의 아이디어와 메시지를 전파하는 데 집중적인 노력을 기울이고, 그것이 다른 사람들에게 전파될 때마다 가장 가까운 클라이언트들과 그 성공을 공유하라. 그러면 당신은 누구나 거래를 하고 싶어하는 업계의 리더가 될 것이다. 리더를 판가름하는 유일한 척도는 그들을 따르는 수준 높은 추종자의 수이다.

권위자 지위는 쥐려고 애쓰기만 하면 당신의 것이다. 지금 당장 당신의 추종자들의 경험을 강화하기 위해 무엇을 할 것인가?

CHAPTER 6 REVIEW

▶ 사람들은 자신에게는 없는 확실한 지식을 지닌 사람들을 믿고 싶어하며, 그들의 말을 듣고 싶어한다. 또한 그들은 자신에게 유익한 전문 지식을 갖췄다고 생각되는 사람들에게 교훈을 얻고 싶어한다.

▶ 권위자로서의 지위를 구축하는 것은 그리 어려운 일이 아니다. 그러나 집중적인 노력이 필요하다.

▶ 권위자들과 전문가들은 나름대로의 의견을 견지하며 그것들을 공개적으로 공유한다. 그 가운데에는 업계의 기준에 부합하는 것도 있지만 그렇지 않은 것도 있다. 가장 유명한 전문가들은 종종 업계의 기준에 도전한다. 지금 당장 자신의 의견을 발전시켜서 그것들을 공유하라.

▶ 일단 지위를 발전시키면, 추종자들이 당신을 대신해서 당신의 메시지를 전파해줄 것이다.

▶ 당신의 아이디어에 보다 큰 신뢰성과 중요성을 부여하기 위해서는 책이나 정식보고서, 기사, 블로그를 쓰고 언론의 힘을 활용하라.

SUCCESS QUESTIONS

▶ 내가 몸담은 업계에서 이미 전문 지식을 충분히 갖추고 있는 세부 분야는 무엇이며, 전문가가 되고 싶은 분야는 무엇인가?

▶ 전문가로서 나의 경험을 완성하기 위해 연구하거나 배워야 할 것은 무엇인가?

▶ 이미 내게 어느 정도 인정받는 전문가의 지위를 부여한 것은 무엇인가?

▶ 내가 쓰게 될 첫 책이나 첫 정식보고서, 첫 기사는 무엇이며, 그것을 누구에게 제공할 것인가?

▶ 현재 어떤 사람들이 나를 주도적인 리더로 기꺼이 인정하고 있으며, 그들이 자신의 믿음을 다른 사람들과 공유하도록 만들기 위해 어떤 영향을 미칠 수 있는가?

지극히 불충분한 증거를 토대로 무언가를 믿고자 한다면,
그러한 믿음은 그 사람의 열망을 나타내는 지표라고 할 수 있다
(이러한 열망은 종종 자신도 의식하지 못한다).
인간은 자신의 직관에 반하는 사실을 제공받으면 그것을 면밀히 살펴보고
증거가 충분하지 않으면 믿지 않으려 할 것이다.
반면, 제공받은 사실이 자신의 직관에 부합하는 행동을 취할 만한
충분한 이유가 된다면, 증거가 미약해도 그것을 받아들일 것이다.
근거 없는 사회적 통념이 생성되는 과정도 이와 똑같은 원리로 설명할 수 있다.
_버트런드 러셀(Bertrand Russell)

●● 우리는 저마다 나름대로 소중히 여기는 수많은 믿음들을 갖고 있으며, 온 힘을 다해서 그것들을 지키려 한다. 하지만 좀더 유동적이며 비교적 쉽게 바뀔 수 있는 믿음도 존재한다. 궁극적으로 모든 설득 행위는 상대의 믿음을 어느 정도 변화시키는 것을 중심으로 이루어진다.

미국인 대다수가 진리로 여기는 단순한 믿음 가운데 하나는, 바로 미국인이라면 누구나 법적으로 자유를 보장받아야 한다는 것이다. 사람들 대부분은 어떤 대가를 감수하더라도 그러한 입장을 기꺼이 지킨다. 바로 그러한 믿음이 우리 사회의 토대를 이루는 핵심 원칙이기 때문이다. 하지만 어떤 사건이 사람들의 믿음을 한순간에 변화시킬 수도 있다. 2001년 9월 11일 항공기 두 대가 뉴욕 시 세계무역센터에 충돌했을 때, 우리의 수많은 믿음들은 한순간에 바뀌었다. (적어도 한동안) 사람들이 아무런 의심 없이 기꺼이 수용한 변화 가운데 가장 주목할 만한 것은, 특정 자유에 대한 제약이었다. 왜 그랬을까? 그것은 바로 당시 우리의 최대 관심사가 자유의 표명이 아니라, 안전 보장이었기 때문이다. 우리는 예전과 똑같은 수준의 자유를 누리기 이전에 보다 많은 정보를 필요로 했다.

다소 극단적이긴 하지만, 사실 이것은 미국에서 살아가는 모든 사람들이 이해할 수 있는 방식으로 명확하게 설득 프로세스를 입증해주는 좋은 사례라고 할 수 있다. 9·11 테러가 일어나기 전에는 사람들 대부분이 적어도 이론상으로는 고문을 무조건 반대하는 입장이었지만, 사건이 일어난 이후 온 나라가 이제는 테러리스트 용의자들을 고문해도 좋은지 여부를 놓고 고심해야 했다. 한순간에 군사 기관 및 사법 기관, 안전보장 기관 등이 수천 명의 목숨을 구할 수 있는 정보를 빼내기 위해 또 다른 인간에게 얼마나 큰 힘을 행사할 수 있는지를 고심하는 입장에 놓이게 된 것이다. 당시 우리는 기꺼이 우리의 믿음을 고찰하고 이전에는 생각지도 않았던 방식으로 그것을 변화시켰다.

믿음과 관련해서 또 한 가지 중요한 사실은 바로 인간은 누구나 믿을 만한 무언가를 필요로 하며, 자신보다 위대한 무언가를 믿고 싶어한다는 것이다. 스스로를 신격화하는 사람들조차 저마다의 방식으로 자신보다 위대한 신념의 체계 및 사상을 받아들이려 한다. 그들에게도 믿음만이 가져다줄 수 있는 안도가 필요하기 때문이다. 흥미롭게도 우리가 고수하는 깊은 믿음들 가운데 대다수는 사실적인 근거가 없다. '최고의 신'의 존재를 입증할 수 있는 사람은 아무도 없지만, 전 세계적으로 엄청난 수의 사람들이 그 존재를 믿음으로써 위안을 찾는다. 또, 사람들 대다수가 사후의 환생을 믿거나 우리 은하계 밖에 생명체가 존재한다는 믿음을 갖고 있다. 그것들 가운데 어느 한 가지도 확실히 증명할 수 없지만, 사람들은 그러한 믿음이 주는 위안을 통해 공통의 기반과 강력한 유대감 그리고 일종의 공동체를 제공받는다. 이러한 믿음은 또한 일정 수준의 안전성을 조성해주며 다양한 방식으로 행동을 지시하기도 한다. 특히 종교적인 믿음은 수많은 행동을 강요한다. 다양한 종류의 수많은 믿음을 따름으로써 우리는 우리의 삶에 체계와 안전성과 의미를 부여한다.

우리의 믿음에 도전하는 사람은 누구라도 즉시 경계의 대상이 되거나 종종 이단자로 낙인 찍힌다. 특히 과학자와 연구가는 감히 우리가 오랫동안 고수한 믿음이 더 이상 타당하지 않다는 주장을 펼쳐서 여러 번 조롱의 대상이 되기도 했다. 우리는 기존의 신념을 보호하기 위해서, 진보를 방해할 수도 있는 믿음들을 필사적으로 지키고 싶어한다.

지금까지 우리는 믿음과, 그것이 우리에게 어떻게 영향을 미치는지에 관해 오랜 시간을 들여 살펴보았다. 설득을 위한 논의의 대부분이 실패하는 가장 큰 이유는 바로 자신이 변화시키고자 하는 믿음을 좀더 면밀히 살펴보지 못하기 때문이다. 우리는 종종 단순히 상대의 행동을 조금만 바꿔보려 한다는 생각을 갖고 있을 뿐, 그처럼 행동을 변화시키는 행위가 영향을 미칠 수도 있는 깊은 믿음에 대해서는 완벽히 이해하지 못한다.

간단한 예를 살펴보자. 한 여자가 남편에게 화장실에서 볼일을 본 후에는 변기의 좌대를 내리고 나오라고 설득하려 한다. 여자의 입장에서는 그렇게 하는 것이 바람직하며 외관상으로도 보기 좋다는 점, 그리고 자신의 기분을 불쾌하게 만들지 않는다는 점을 비롯해서 여러 가지 이유를 들어 논리적인 주장을 펼칠 수 있다. 하지만 반대로, 그것이 그렇게 중요한 문제라면 여자도 볼일을 보기 전에 좌대를 내릴 수 있는 것이고, 남자가 좌변기를 사용하고 난 후 좌대를 확인하고 그것을 매번 올려야 한다면, 여자도 그것을 사용하기 전에 매번 좌대를 내려야 한다는 것도 똑같이 논리적인 주장이 될 수 있다. 이렇게 되면 논쟁은 영원히 지속될 수도 있다. 실제로 오늘날에도 수많은 가정에서 이러한 논쟁이 끊이지 않고 있다.

문제는 그러한 언쟁이 단순히 변기 좌대가 내려가 있거나 올라가 있어야 하는 이유에서 출발하지 않는다는 사실이다. 그보다 훨씬 더 깊은 이유가 존재할 수 있다. 이들 중 어느 한 쪽과 얘기를 나눠보면 종종 자신의 입장을 바꿀 수 없게 만드는 모종의 믿음이 존재한다는 사실을 알게 될 것이다. 여자의 경우에는 매너 있고 신사다운 남자라면 볼일을 본 후에 좌대를 내려놓아야 마땅하며, 자신의 아버지가 어머니를 위해 항상 그렇게 해온 것을 보면 그것이 아내에 대한 존중의 표시라는 믿음을 갖고 있을 수도 있다. 반면에 남편은 소위 말하는 '사내 중의 사내'로서 나름대로의 믿음을 고수하고 있을 것이다. 그의 아버지는 좌대를 한 번도 내려놓은 적이 없으며 어머니에게도 항상 자신의 입장을 관철시켰다. 이런 가정에서 자란 그는 좌대가 올라가 있는 것이 자신이 이 집안 가장임을 상징하며, 그것을 내려놓고 나오는 것은 자신의 권위를 파괴하는 일이라는 믿음을 갖고 있을 수도 있다.

이런 경우에 상대의 동의를 이끌어내기 위해서는 현재 자신이 상대의 어떤 믿음에 영향을 미치고 있는지를 이해해야 한다. 그 믿음과, 상대가 그것을 얼마나 굳게 지키고 있는지를 이해하면, 그러한 믿음을 변화시키는 효과적인 전략을 발전시키거나 그것을 포용하는 토대를 구축할 수 있게 된다. 우리는 상대의 믿음을 포용하기만 해도 문제가 해결될 수 있는 상황에서 너무도 자주 상대의 믿음을 변화시켜야 한다고 생각하는 실수를 범한다. 때로는 믿음이 지닌 힘을 이용해서 그 믿음을 활용하는 데 초점을 맞춰 보다 나은 결과를 도출하는 것이 훨씬 더 효과적일 때도 있다.

내가 POS 소프트웨어(point-of-sale software : 금전등록기를 관리하는 소프트웨어)를 판매할 당시, POS는 반드시 단 한 가지 작업, 즉 재고량 및 판매 관리만 해야 한다는 믿음이 존재했다. 사람들은 POS 프로그램이 작업을 마친 후 정보를 회계시스템으로 보내면 그때부터 회계사들이 마법을 부릴 것이라고 믿었다. 물론, 별도로 계산하거나 처리해야 할 것이 많았고 데이터 오류의 가능성도 많아서 이러한 믿음이 잘못되었다는 것이 여실히 드러났지만, 사람들은 20세기 초반부터 꾸준히 애용해온 방식과 "받은 돈은 돈통으로 들어가고 거스름돈은 돈통에서 나온다. 그리고 하루 일과가 끝나면 장부를 정리한다"는 믿음을 쉽게 버리려 하지 않았다.

이러한 믿음과 관련해서 우리가 해결해야 할 문제는 단 한 가지였다. 우리의 소프트웨어는 회계 프로그램과 POS 프로그램을 통합해야 한다는 아이디어를 중심으로 구축되었으므로, 사람들의 믿음을 변화시킬 필요가 있었다. 우리는 수백만 달러를 투자해서 몇 년 동안 광고를 하면서 사람들이 문제를 인식하기만을 기다릴 수도 있었고 간편하게 사람들이 이미 갖고 있는 믿음을 활용할 수도 있었다. 우리는 정확히 두 번째 방법을 사용했다. 즉 우리 제품을 POS 기능을 겸비한 회계 프로그램이 아니라, 사용자가 원하면 회계 프로그램까지 이용할 수 있는 POS 소프트웨어로 포지셔닝한 것이다. 회계 프로그램은 부수적으로 포함된 기능일 뿐 구매자가 반드시 사용할 필요는 없었다. 우리는 회계 프로그램을 사용하면 시간이 얼마나 많이 절약되는지, 데이터 입력 시에 발생하는 오류들을 얼마나 줄일 수 있는지에 대해 아주 간단하게 설명하고는 더 이상 그것에 관해 언급하지 않았다. 결국 우리는 POS 소프트웨어를 사용하는 사람들이 이미 충분히 옳다고 믿는 것을 토대로, 우리의 소프트웨어를 그들이 현재 갖고 있는 믿음에 부합하도록 포지셔닝한 셈이다. 여기에 덧붙여, 상대가 회계 프로그램을 좀더 알고 싶어하는 경우에는 그 밖에 몇 가지 가능한 기능들이 있음을 간단히 입증해 보였다.

결과는 매우 흥미로웠다. 우리는 일년 만에 한 부문의 제품을 500퍼센트 이상 성장시킨 것이다. 이와 비례해서 우리의 회계 프로그램 사용자 및 기술지원 구매자도 엄청나게 증가했다. 왜 그랬을까? 이유는 간단하다. 새로운 소프트웨어를 접한 사람들 대부분이 기존의 믿음이 옳은 이유를 입증함으로써 그것을 지켜내려 했기 때문이다. 기존의 믿음이 옳다는 것을 입증하는 유일한 방법은 새로운 아이디어가 틀렸음을 입증하는 것이며, 그것을 입증하기 위해서는 새로운 소프트웨어를 사용해볼 수밖에 없었다. 하지만 그것을 사용해본 사람들은 우리가 바랐던 결과를 경험하게 되었고, 그 순간부터 그들의 믿음이 바뀌기 시작한 것이다. 오늘날 회계 프로그램이 결합되지 않는 POS 소프트웨어는 거의 찾아볼 수 없다. 막대한 변화와 새로운 믿음을 수용하는 것, 이것이 바로 당신이 누군가의 믿음을 바꿀 때 일어나는 일이다.

우리는 모두 믿고자 하는 열망을 지녔다. 새로운 정보를 제공받으면 우리 대부분은 보고 들은 바를 곧바로 믿어버린다. 이것을 '무의식적인 믿음'이라고 일컫는다. 그런 다음 그 새로운 믿음이 사실성 여부를 타진하는 일련의 테스트를 거칠 때까지 새로운 정보에 대한 믿음을 저버리지 않는, 이른바 '믿음의 보존' 상태를 유지한다.

사람은 누구나 어떠한 사물이나 현상을 있는 그대로가 아니라, 자신의 믿음이 일러주는 대로 보도록 허용하는 선택적 인지 양식을 갖고 있다. 또, 주변의 정보를 나름대로 체계화하고 단순화하도록 허용하는 정신적 구조, 혹은 도식을 갖추고 있다. 이렇게 해서 만들어진 모형이 자신과 타인, 자신이 좋아하는 것과 싫어하는 것, 그리고 그 사람의 거의 모든 행동 위에 덧입혀지는 것이다.

도식은 자의에 따라 어떤 상황의 다양한 요소들을 보도록, 혹은 보지 않도록 허용하는 여과기의 역할을 한다. 우리는 눈에 보이는 것을 정형화시키고 그것을 믿어버리는 경향이 있는데, 바로 도식이 이러한 믿음을 뒷받침한다. 초라한 옷차림을 하거나 교육 수준이 떨어져 보이는 사람을 보면 대개는 겉모습만으로 그 사람을 판단하게 마련이다. 하지만 그 사람과 얘기를 나눠보고 나서야 사실은 화술이 좋고 재미있는 사람인데 마침 정원이나 자동차를 손보는 중이었음을 알게 된 경험은 누구에게나 있을 것이다. 우리 대다수가 지닌 문제점은 무언가를 보고 나면 그 상황에서 그것이 적절한지 여부를 타진하기 위해 우리의 믿음을 시험하기보다는 즉시 그것을 우리의 도식에 맞는 무언가로 해석해버린다는 점이다. 효과적으로 설득하기 위해서는 자신이 만들어낸 모형과 믿음을 잠시 보류하고 그것들이 현재 자신이 처한 상황에 적절한지 여부를 따져봐야 한다.

우리의 믿음과 이 세상에 대해 나름대로 만들어낸 모형이 지닌 또 한 가지 문제는, 바로 모순되는 증거가 명백히 존재할 때에도 그 믿음과 모형은 결코 사라지지 않는다는 것이다. 이것은 우리가 자신의 해석에 맞지 않는 것은 모두 무시하는 경향을 갖고 있기 때문이다.

효과적으로 설득하고 싶다면, 먼저 당신의 포지션과 관련해서 상대가 고수하고 있는 믿음을 검토해보고 그것을 재확인해야 한다. 일단 믿음이 재확인되면 당신은 상대의 믿음을 재구성해서 당신의 포지션을 포함시킬 수 있는 지점으로 상대를 이동시키는 일에 착수한 셈이다.

또, 특정한 부류의 사람이나 믿음을 바꾸고자 할 경우 당신이 만들어낸 도식은 그것과 밀접한 연관성을 갖기 때문에, 자신의 믿음에 융통성을 발휘할 수 있도록 틈틈이 자신의 도식에 질문을 던져야 한다. 상대가 자신의 믿음에 의문을 제기하고 당신이 숙고해보기를 바라는 새로운 아이디어나 그것을 뒷받침하는 증거를 채택할 수 있도록 독려해야 한다.

한 가지 재미있는 사실은, 당신이 누군가의 믿음을 바꾸고자 할 경우 그 사람의 상황이나 형편에 따라 믿음은 아주 천천히 바뀔 수도 있으며 매우 빠르게 바뀔 수도 있다는 점이다. 사람은 어떤 문제나 사건에 대해 심한 좌절을 겪거나 압박을 받으면 해결책을 찾는 일에 집착하게 마련이며, 그 해결책을 찾는 과정에서 훌륭한 감정적 구제책을 모색한다. 그렇게 해서 찾아낸 감정적 구제책은 그 즉시 믿음을 만들어내도록 허용한다. 이것은 흔히 이교로 분류되는 종교 집단에서 신자를 모을 때 사용하는 주요 개종 기법들 가운데 하나이며, 영향을 미치고자 하는 상대가 겪는 극단적인 좌절을 주의 깊게 연구할 때에도 효과적으로 작용할 것이다. 어떤 문제로부터 해방되거나 구제받고자 하는 열망이 믿음을 좀더 쉽게 (그리고 빠르게) 바꾸도록 만든다는 얘기다.

아쉽게도 우리는 설득 프로세스에 착수할 때, 종종 상대가 지닌 믿음을 바꾸어 우리의 믿음과 동일하게 만들고 싶어한다. 하지만 당신이 의도한 행동을 취하도록 만들기 위해, 반드시 상대가 당신의 입장을 전적으로 믿도록 만들거나 자신의 입장을 완벽히 바꾸도록 만들 필요는 없다.

때로는 상대가 자신의 믿음을 잠시 보류하도록 만드는 것만으로도 당신은 새로운 아이디어를 납득시키는 데 필요한 기회를 얻을 수 있으며, 또 때로는 기존의 믿음에 의문을 제기하는 것만으로도 충분할 수 있다. 결국 설득 행위자로서 당신의 목표는 새로운 믿음을 창조하여 상대가 기존 믿음을 바꾸고 당신의 믿음을 받아들이도록 만드는 것이다.

가장 바꾸기 힘든 믿음은 신앙에 뿌리를 둔 믿음 혹은 근거 없는 믿음이다. 종교적인 믿음은 이러한 이유로 가장 바꾸기 힘들다. 가톨릭교와 모르몬교(1830년 미국의 조지프 스미스Joseph Smith가 시작한 그리스도교의 일파－옮긴이)는 표면적으로 동일한 존재를 믿고 있긴 하지만, 가톨릭교도를 모르몬교도로 개종시키려면 그에 알맞은 노력을 기울여야 한다. 즉 상대가 개종을 고려해보도록 만들기 위해서는 전반적인 믿음을 바꿀 필요는 없지만, 보다 세부적인 수많은 믿음들을 극적으로 전환시켜야 한다는 얘기다. 이러한 종류의 믿음과 관련해서 또 한 가지 해결해야 할 과제는 바로 그것들이 절대 명사(名辭)로 평가되는 경향이 있다는 점이다. (모르몬교는 이교로 평가받지만 가톨릭은 그렇지 않다. 혹은 당신의 믿음에 따라서 그 반대가 될 수도 있다.)

믿음의 문제는 또한 광고업자들이 매일같이 씨름하는 문제이기도 하다. 어떻게 하면 상대가 20년 동안이나 경험해온 브랜드와 그것이 그 사람에게 갖는 모든 의미를 버리고 거의 경험해보지 않은 브랜드를 이용하도록 만들 수 있겠는가? 그 해답은 당신이 믿는 것만큼 어렵지 않다. 하지만 그것이 적절하게 적용되는 경우는 드물다.

믿음은 새로운 메시지를 전달하는 사람에 대한 기억과 반복적인 경험, 그리고 그 사람의 신뢰성과 밀접하게 연관된다. 내가 당신에게 믿음을 변화시키는 3단계 프로세스가 있다고 말하면, 당신은 내가 설득 전문가라는 이유로 그 말을 그대로 받아들일 가능성이 높다. 만약 동일한 아이디어가 수많은 미디어 매체에서 거론되는 것을 들으면, 그것은 곧 진실이 되어 당신은 그것을 믿음으로 고수하게 된다. 그리고 당신이 다른 사람들에게 그 프로세스에 관해 말하면, 당신은 그 아이디어와 믿음을 보증하는 셈이 된다. 결국 믿음을 변화시키는 3단계 프로세스가 있다는 생각은 널리 수용되는 믿음 혹은 상식이 된다. 우리 모두가 공유하는 공통적인 믿음 가운데 대다수가 이러한 단계를 거쳤지만 그것들이 전부 사실이라고는 할 수 없다. 가령, 몸의 열기 가운데 90퍼센트가 머리를 통해 빠져 나간다는 얘기를 들어본 적이 있는가? 이것이 사실이라면 아무리 추운 겨울날에도 모자 하나만 쓰면 실오라기조차 걸치지 않고도 추위를 느끼지 못할 것이다! 하지만 지금 내가 이러한 믿음에 이의를 제기한 이상 당신은 그것에 관해 생각해봐야 한다. 가령, 내가 당신에게 수영복과 털모자만 착용한 채 영하의 날씨에 한 시간 동안 밖에 서서 시험을 해보라고 제안한다면, 당신은 그러한 믿음에 문제가 있음을 깨닫고 그것을 바꿀 가능성이 높다.

사실 지금까지 언급한 것만으로도 나는 믿음을 창조하고 변화시키는 프로세스를 제공한 셈이지만, 이해를 돕기 위해 그것을 보다 단순하게 분해해서 살펴보겠다.

믿음을 창조하고 변화시키는 7단계 프로세스

새로운 믿음을 창조하기 위해서는 신뢰할 수 있는 방식으로 아이디어를 제시해야 한다. 아이디어를 제시하는 가장 좋은 방법은 전문가의 관점에서 설명하는 것이다. 우리 사회는 전문가의 의견이라면 논쟁의 여지없이 귀를 기울이고 수용하도록 조정되어 있다. 전문가는 우리가 갖지 못한 전문 지식을 지닌 사람이기 때문이다. 전문가가 되는 방법에 관해 보다 자세히 알고 싶다면 6장 '권위자 지위'를 참고하기 바란다. 어쨌든 지금은 당신이 전문가든 아니든 자신 있게, 그리고 신빙성 있게 아이디어를 제공할 필요가 있다는 점만 기억하라. 당신이 당신의 의견에 관해 세계 제일의 전문가가 아니라고 누가 주장할 수 있겠는가.

1. 당신이 제시하는 아이디어와 관련해서 상대가 갖고 있는 기존의 믿음을 유도해내라. 혹은 그것을 파악하라. 광고업자라면 자신의 조사를 바탕으로 현재 사람들이 고수하고 있는 믿음에 대해 자신이 갖고 있는 지식을 입증해 보일 수 있고, 고객과 직접 마주하고 판매를 하는 사람이라면 간단히 다음과 같은 질문을 던질 수 있

다. "X에 관해서 중요하게 생각하는 점이 무엇입니까?" 사람들은 이런 질문을 받으면 무언가에 대한 자신의 믿음을 표출하는 경향이 있다. 하지만 그것이 왜 중요한지 확실히 알지 못한다면 그 점을 명확히 밝혀낼 수 있는 질문을 다시 한 번 던져라. "그것을 왜 중요하게 생각하십니까?"

2. 그 문제에 관해 상대가 좌절이나 혼란을 겪는 부분이 무엇인지 파악하라.

3. 새로운 아이디어 혹은 상대가 확실한 지식에 근거해서 도출해내야 하는 바람직한 결과를 제시하고, 믿을 수 있는 사실적 증거로 그것을 뒷받침하라. 상대가 매우 강력히 고수하고 있는 믿음을 바꾸고자 한다면, 막대한 양의 믿을 만한 자료와 여러 번의 반복적인 증거 제시 과정이 필요할 것이다. 믿음을 변화시키는 과정에서 일단 상대에게 새로운 아이디어를 알렸다면, 그들이 그것을 스스로 발견할 수 있도록 독립적인 증거가 충분히 갖춰져야 한다. 상대는 이제 새로운 아이디어를 강하게 의식하게 되었기 때문에, 그것이 옳다는 증거를 보게 되면 거기에 즉시 매료될 것이다. 그리고 즉시 자신의 주변에서 일어났던 실제 사건들을 모두 자각하게 될 것이다. 하지만 여기서 한 가지 주의할 점이 있다. 당시의 포지션이나 제품이나 서비스가 어느 정도 논란의 여지가 있거나 부정적인 측면이 존재한다면, 상대는 그것들까지 자각하게 될 것이며, 그렇게 되면 시간을 들여 '진짜' 진실을 선별해내기보다는 기존의 믿음을 그대로 고수할 가능성이 높다.

4. 청중이 여전히 믿음을 바꾸지 못하고 있다면 잠시 동안만 어떤 것을 믿는 '시늉'을 해볼 수는 없겠냐고 물어라. 그런 다음 행동에

어떠한 변화가 생겼는지, 어떻게 그러한 변화가 생길 수 있었는지 물어라. '시늉'을 해봄으로써 상대는 적어도 일시적으로나마 그 믿음을 자신의 것으로 받아들일 것이며, 그러고 나면 스스로를 납득시키는 과정에 들어갈 것이다.

5. 종종 아이디어를 보강하고 상대에게 해당 아이디어가 정확히 들어맞는 상황을 제시하라.

6. 상대에게 테스트할 기회를 제공하라. 상대에게 당신의 제품이나 서비스를 시험해보도록 하거나, 상대와 똑같은 경험을 갖고 있다가 믿음을 바꾸게 된 다른 사람들의 증거 자료를 제시하라.

7. 상대가 새로운 믿음을 창조하거나 기존의 믿음을 바꿨다면, 그러한 행위에 대해 보상을 하라. 상대를 엘리트 그룹이나 프레지던트 클럽, 혹은 특권이 있는 단체의 일원으로 받아들이는 것도 좋은 방법이다. 사후 점검을 통해 그들이 믿음을 유지하고 있는지 확인하라.

일단 당신이 믿음을 바꾸거나 새로운 믿음을 창조하고 나면, 앞으로도 그 사람을 설득하는 것은 훨씬 더 쉬워진다. 당신은 상대에게 이익을 제공했고 상대는 당신을 신뢰하게 되었기 때문이다. 게다가 당신은 이제 관계와 공통성을 갖게 되었으며 둘 다 동일한 것을 믿는다는 또 다른 믿음을 창조한 셈이다.

반드시 명심하라. 사람은 누구나 자기 자신보다 위대하거나 자신을 개선시켜줄 어떤 개념이나 아이디어를 믿고자 한다. 우리는 특정한 니즈가 생기거나 의심이 들 때 가장 개방적인 자세로 새로운 아이디어나 믿음을 받아들인다. 믿음의 중요성과, 수많은 결정들이 논리보다는 깊은 감정적 믿음에 근거한다는 사실을 이해한다면, 설득력 높은 환경을 구축하는 데 성공을 거둘 수 있을 것이다.

CHAPTER ⑦ REVIEW

▶ 믿음은 우리가 고수하는 입장과 단단히 결합되어 있기 때문에, 우리는 온 힘을 다해서 믿음을 지키려 할 것이다. 따라서 그것을 변화시키거나 새로운 믿음을 창조하려고 애쓰기보다는 설득하고자 하는 상대의 믿음이 무엇인지 이해함으로써 현재의 믿음을 활용하는 데 초점을 맞추어야 한다.

▶ 사람들은 스트레스나 근심, 혼란을 야기하는 문제에 관해 해결책을 모색할 때 자신의 믿음을 바꿀 가능성이 가장 높다. 감정적 구제책은 상대가 재빨리 믿음을 창조하는 데 도움을 준다.

▶ 새로운 아이디어가 수용될 만한 환경을 구축하려면, 자신 있게 그리고 신빙성 있게 새로운 아이디어를 제시해야 한다.

▶ 사람은 누구나 무언가를 믿고 싶어한다. 따라서 설득가라면, 상대가 신뢰할 수 있고 자신의 것으로 만들 수 있는 아이디어를 포지셔닝해야 한다.

▶ 자신의 믿음이나 도식을 기꺼이 변경할 수 있는 사람이라면, 타인을 설득하는 일에서도 최고의 지위를 차지할 것이다.

SUCCESS QUESTIONS

▶ 현재 내가 지닌 믿음 가운데 나의 진보를 막는 것은 무엇인가?

▶ 내가 지닌 요소들 가운데 믿음의 차이 때문에 타인을 설득하는 데 방해가 되는 요소는 무엇인가?

▶ 내가 설득해야 하는 사람들과 이미 공유하고 있는 믿음은 무엇인가?

▶ 현재 설득하는 상대가 믿을 수 있는 아이디어나 개념 가운데 나는 어떤 것을 제시할 수 있는가?

▶ 주변 사람들 가운데 관계를 진전시키기 위해 믿음을 변화시켜야 할 사람은 누구인가?

▶ 내가 제시하는 새로운 믿음을 보강하기 위해 어떤 증거를 제시할 수 있는가?

친근성은 가장 친밀한 우정의 뿌리인 동시에 가장 강렬한 증오의 뿌리이다.
_ 앙투안 리바롤(Antoine Rivarol)

●● 설득과 관련하여 친근성에는 다음과 같은 간단한 진리가 존재한다. 사람이나 장소, 사건, 제품, 서비스, 혹은 상황에 친근해질수록 이전의 경험에 근거해서 좋은 쪽으로든 나쁜 쪽으로든 그것을 도식화하고 그 도식에 따라 대상을 바라볼 가능성이 높아진다.

효과적으로 설득하기 위해서는 영향을 미치고자 하는 사람이나 집단에게 친근한 것이 무엇인지 파악해야 한다. 어떤 공통 기반이 존재하는가? 이미 공유한 경험들 가운데 타협점으로 즉각 이용 가능한 것은 무엇인가? 그들이 어떤 집단 혹은 조직에 소속되어 있는가? 그들이 보편적으로 싫어하는 대상은 누구인가? 그들이 좋아하는 대상은 누구인가? 그들 모두가 갖고자 하는 경험은 무엇인가? 이런 식으로 친근한 것이 무엇인지를 파악함으로써 상대의 경험이나 열망에서 공유할 수 있는 타협점을 찾을 수 있다.

공통 기반을 갖는 영역을 기점으로 대화를 시작하면, 심지어 그 공통적인 영역이 물리적인 장소라고 해도 상대가 친근한 도식을 통해 상황을 관찰하도록 만들 수 있다. 이런 경우 우리는 감정적으로 상대를 예전에 가졌던 느낌이나 아이디어를 경험할 수 있는 장소로 밀어넣는다. 판매에서는 이것을 고통과 기쁨의 개념과 연관시킬 수 있다. 즉 상대를 고통에서 기쁨으로 이동시킨다는 얘기다. 그 이동 방향이 기쁨이냐 고통이냐에 따라 긍정적인 도식을 활용할 수도 있고 부정적인 도식을 활용할 수도 있다.

수년 전에 나는 신제품 POS 시스템을 대량생산하는 거물급 클라이언트와 일한 적이 있다. 그들의 사업은 시기에 매우 민감해서 연간 판매량의 60퍼센트 이상이 45일 정도의 판매 시즌에 집중되었다. 우리가 직면한 도전 과제 가운데 하나는 쇼핑몰에 설치된 임시 매장에서 제품이 적절하게 판매되도록 만드는 일이었다. 쇼핑몰의 임시 매장 대부분이 적절히 훈련받은 기술 인력을 배치하지 않았기 때문이다. 이 때문에 클라이언트 업체의 내부 지원부서에 지원을 요청하는 전화가 쇄도하고 있었다. 어느 쪽의 잘못이냐를 떠나서 내부 지원부서에 전화가 쇄도하자, 그들은 잘못을 중간 상인의 탓으로 돌렸다.

나는 해당 프로젝트가 정상 궤도를 유지하고 문제가 걷잡을 수 없이 심각해지는 것을 막기 위해서는 IT지원 부서의 부서장을 만나 그가 문제의 책임을 지고 제품을 보다 효과적으로 설치하는 방법을 모색하도록 설득해야 한다고 생각했다. 첫 시도는 반대에 부닥쳤지만 한동안 얘기를 나누고 난 뒤에 나는 우리 두 사람이 군인으로서의 경험을 공유하고 있다는 사실을 알게 되었다. 그리고 그 순간부터 나는 우리가 공유한 경험, 즉 수준 이하의 장비를 갖고 그 사용법조차 모르는 사람들과 함께 불가능한 일들을 극복한 경험을 중심으로 이번 사건의 틀을 잡기 시작했다. 먼저 나는 그가 군대 시절에 겪은 가장 끔찍한 일이 무엇이었는지, 그가 그것을 어떻게 해결했는지를 털어놓도록 유도한 다음, 그가 당시의 사건에 감정적으로 완전히 몰입했을 때 곧바로 제품을 적절히 설치하는 문제로 화제를 돌렸다. 그리고 곧 이어 나는 그의 사고 프로세스를 "둘 중 한 사람은 승리하고 다른 한 사람은 패배한다"에서 "우리는 함께 이 문제를 해결하고 있다. 어떻게 하면 효과적으로 해결할 수 있을까"로 이동시켰다. 10분 만에 (아주 약간의 도움을 받아) 그는 그러한 프로세스를 효과적으로 적용할 만한 해결책을 도출해냈다. 대화가 끝날 무렵, 그는 이렇게 말했다.

"이 사람들도 우리처럼 창의적인 사고를 발전시킬 필요가 있습니다. 그러니까 돈을 받고 문제를 해결해준다는 점을 이해시킬 필요가 있다는 말씀입니다. 당장 그 문제부터 처리해야겠군요."

결국 그들은 그 시즌을 무사히 마쳤고 POS 제공업체인 그 클라이언 트와의 관계는 지금까지 지속되고 있다.

친근한 기반을 모색하는 것은 내가 바로 앞에서 입증했듯이 설득 프 로세스에도 큰 도움이 된다. 처음 만난 사람을 설득하는 일보다는 이 전에 만난 적이 있는 사람, 즉 이미 관계를 맺은 사람을 설득하는 일이 훨씬 더 쉬운 법이다. 하지만 한 가지 주의할 점이 있다. 그런 사람에 게는 설득당하기도 쉬운 법. 따라서 적절한 상황이 아니라면 자신의 기반을 함부로 제공해선 안 된다.

설득하고자 하는 상대를 파악하라. 상대와 개인적으로 친밀해질수록 설득은 더욱 쉬워진다. 상대가 좋아하는 것과 싫어하는 것을 파악하고 상대의 도식을 이해하라. 상대의 도식은 판매와 설득, 당신의 제품, 당 신의 산업, 그 밖에 이후에 당신에게 조금이라도 유리하게 작용할 수 있는 모든 것과 관련되어 있기 때문이다. 상대의 고통이 무엇인지, 해 결하고자 하는 문제가 무엇인지를 확실히 파악하라.

상대에게 자신을 어느 정도 알리는 것도 도움이 된다. 그러나 항상 설득하는 상대가 당신에 관해 아는 것보다 당신이 상대에 관해 아는 것 이 더 많아야 한다. 상대에게 당신의 공식적인 페르소나와 명성을 알려 라. 상대와 내적인 교감을 나누기 위해서는 개인적인 사항도 어느 정도 알릴 필요가 있지만, 결코 상대가 당신보다 우세한 입장에 서지 않도록 적절한 수위를 유지해야 한다. 설득 프로세스를 보다 성공적으로 이끌 기 위해서는 친근감을 조성하는 과정에서 어느 정도 거리를 유지해야 한다. 1999년《뉴욕타임스(New York Times)》와 CBS 뉴스가 공동으로 수행한 한 여론조사에서 응답자들은 개인적으로 알고 지내는 사람들 가운데 85퍼센트가 평소 공정한 행동을 하는 사람이라고 답했다.

이러한 여론조사 결과만 봐도 사람들을 파악하고 그들이 당신을 친근하게 느끼도록 만드는 일이 얼마나 중요한지 알 수 있다. 한 가지 흥미로운 사실은 상대가 당신에 관해 어느 정도로 알고 있든, 당신이 상대에 관해 많이 알수록 상대는 당신을 더욱 친근하게 느낀다는 것이다. 시간을 들여 설득하고자 하는 사람을 파악하라. 지금 당장 상대를 개인적으로 알 수 없다면, 빠른 시간 내에 상대를 빨아들일 만한 적절한 질문을 던질 수 있도록 사전에 여러 가지 방식을 동원하여 가능한 한 많은 사항들을 파악해둬라.

자신의 얘기를 듣게 되거나 다른 사람이 자신을 알고 있다는 얘기를 들으면 누구나 좋아할 것이다. 상대를 대면하기 전에 구글에서 검색을 해보면 그 자신도 알지 못하는 수많은 참조 자료를 찾을 수 있다. 최근에 구글은 100~200달러의 이용료를 받고 대신 조사를 수행해주는 '구글 묻고 답하기(Google Answers)' 툴을 구축했다. 이 책을 쓰기 위한 조사 과정에서 나는 5달러 미만의 금액으로 수많은 귀중한 자료를 찾을 수 있었다. 물론 이 모든 일을 직접 수행하고 싶지 않다면 돈을 들이지 않고도 전문 사서의 도움을 받아 수고를 크게 덜 수 있다. 하지만 궁극적으로 당신이 알고자 하는 사람에 관해 가장 좋은 정보원 역할을 하는 것은 그 사람과 가장 가까운 사람들이다. 따라서 자신만의 네트워크를 활용하여 주변 사람들 가운데 당신이 알고자 하는 사람과 가까운 사람이 누구인지 파악하고 사전에 최대한 많은 정보를 수집해야 한다.

정보를 수집했다면 그것을 활용하라. 수집한 정보들 가운데 핵심적인 사항들을 환기시키는 방식으로 대화를 이끌어라. 그것들을 활용하여 당신이 상대방이나 그 사람의 입장에 관해 충분히 알고 있음을 입증해 보이고, 좀더 세부적인 질문을 던짐으로써 상대와 교감을 형성하여 상대의 개인적인 정보를 보다 많이 수집할 수 있는 수준에 도달하라. 쉽게 대화를 나누는 데 필요하다면 자신의 정보를 상대와 어느 정도 공유하라. 친근감을 조성할 수 있는 공통의 기반과 두 사람 모두 알고 있는 친구들, 혹은 공통적인 경험을 공유하라. 이렇게 대화를 나눈 후 상대의 친근감을 확실히 굳힐 수 있는 가장 좋은 방법은 바로 꾸준한 사후 점검이다. 반드시 간단한 편지를 보내거나 전화통화를 하라.

친근성을 조성하기 위한 실전 연습

먼저 한 가지 예를 들어보면, 나는 제품 시연회에 갈 때마다 항상 사람들에 관해 알게 된 사항들을 그 사람의 명함 뒤에 한 가지 이상 적어놓는다. 그런 다음, 다음 목적지로 가기 위해 공항에서 비행기를 기다리는 동안 그 명함들을 가장 중요한 인물 순서로 정리해서 그 중 가장 중요한 사람들에게 공항에서 전화를 걸어 이렇게 말한다.

"안녕하십니까, 볼드 어프로치 사(Bold Approach)의 데이브 라카니입니다. 공항에 앉아서 좀 전에 슈라이너 그룹(병원)에 관해 나눴던 대화를 생각하고 있었습니다. 사실, 우리 같은 사람들이 점점 줄고 있는 것 같아서 우리와 비슷한 새로운 사람을 만나면 늘 마음이 설렙니다. 이렇게 잠시나마 시간을 내주셔서 감사하고요. 오늘 시연회가 마음에 드셨는지 모르겠군요. 다음 주쯤에 한 번 뵙고 슈라이너 그룹에 관해 좀더 얘기를 나눴으면 좋겠습니다. 아 참, 한 가지 궁금한 점이 있는데, 솔트레이크 시티에 있는 슈라이너 아동병원(Shriner's Children's Hospital)에는 가보신 적이 있으신지요? 슈라이너 사람들에 대한 경험에 관해 좀더 많은 얘기를 들었으면 합니다. 좋은 하루 보내십시오. 혹시 다음 주 이전에 제게 연락하실 일이 있으면 이 번호로 연락 주시면 됩니다. 저는 언제든 괜찮습니다."

이처럼 간단한 전화통화만으로도 공통의 기반을 충분히 보강할 수 있다. 나는 이러한 과정을 통해 직업적으로나 개인적으로나 큰 도움이 될 만한 수많은 관계를 확보했다. 또한 나는 거의 누구에게서든 공통점을 찾아낼 수 있다. 공통적으로 좋아하는 스포츠 팀이 있을 수도 있고, 군대 경험이나 형제 관계에서 공통점을 찾을 수도 있다. 또, 예전에 거주했거나 현재 살고 있는 지역 혹은 국가가 같을 수도 있고, 두 사람 모두 딸을 갖고 있을 수도 있다.

공통성과 친근성은 어디에서든 찾아낼 수 있다. 나의 경우, 상대의 회사가 위치한 지역을 알게 되면 그에게 원래 그 지역 출신인지를 묻는다. 그렇다고 대답하는 경우도 있지만 종종 상대는 아니라는 대답과 함께 자신이 어떻게 해서 출신지에서 현재 거주지로 오게 되었는지를 설명한다. 이처럼 간단한 질문 하나로 수많은 정보를 이끌어내면, 그것을 적절히 통합하여 친근성 조성에 도움이 되는 공통의 기반을 찾을 수 있다. 친근성은 당신의 포지션을 강화해주는 사람이나 상황, 조직, 사건으로부터 신뢰성과 영향력을 이양받을 수 있는 또 다른 방편이 되기도 한다.

설득의 대상이 여러 명일 경우에는 충분한 시간을 갖고 높은 수준의 친근성을 발전시키는 일이 불가능하다. 이럴 때에는 당신과 청중 모두가 공통적으로 갖고 있는 경험을 활용하라. 앞에 앉아 있는 사람들 가운데 지루한 회의에 참석하거나 지루한 연설가의 연설을 들어본 경험이 없는 사람은 거의 없을 것이다. 그러한 경험에 관해 얘기한 다음,

당신은 그런 지루한 상황을 만들지 않기 위해 어떤 방법을 사용할 것인지를 말하라. 그들에게 분명한 신호를 제공하라. 청중은 회의를 힘들게 만드는 요소들, 즉 의자가 불편하다거나 머리가 큰 사람이 앞에 앉아서 시야를 막는다거나 하는 요소들을 연상할 것이다. 그러면 당신이 그러한 경험을 어떻게 바꿔줄 수 있는지 알려서 청중을 또 다른 친근한 기반으로 전진하게 만들어라. 그리고 서로 공유할 수 있는 새로운 경험을 하도록 이끌어라.

설득하는 대상이 누구든, 어떤 방식으로 설득을 하든, 먼저 시간을 들여 자신의 관계를 점검하고 보다 높은 수준의 친근성을 구축함으로써 얻을 수 있는 혜택들을 파악하라. 보다 친근한 환경과, 어느 정도의 편안함과 친근성을 조성하기 위해 노력한다면 열 배로 보상을 받을 수 있을 것이다.

CHAPTER **8** REVIEW

▶ 우리는 자신을 좋아하는 사람을 신뢰하고 좋아하는 경향이 있다.

▶ 친근성은 신뢰를 낳는다.

▶ 항상 당신이 설득하고자 하는 모든 사람에 관해 파악하려 노력하라. 이 경우, (정보를) 주는 것보다는 받는 것이 더 좋다. 다른 사람에 관해 가장 많은 정보를 지닌 사람은 설득 게임에서 가장 좋은 패를 갖고 있는 셈이다.

▶ 설득을 위해 나누는 모든 대화를 공통성에서부터 시작해서 당신이 함께 창조할 새로운 공통 경험으로 나아가도록 발전시켜라.

SUCCESS QUESTIONS

▶ 나는 어떤 관계에서 친근성을 강화시켜야 하는가?

SUCCESS QUESTIONS

▶ 좀더 신속하게 공통의 기반을 찾고 친근감을 조성하기 위해 던질 수 있는 질문은 무엇인가?

▶ 내가 가진 경험들 가운데 신속하게 친근성을 조성하기 위해 활용할 수 있는, 가장 많은 사람들이 공유하고 있는 경험은 무엇인가?

▶ 나의 제품이나 서비스를 필요로 하는 사람들이 공통적으로 직면하는 문제는 무엇인가?

▶ 내가 아는 사람 가운데, 내가 깊이 영향을 미치고자 하는 사람에 대한 정보를 제공해줄 수 있는 사람은 누구인가?

다수에 속하는 것은 지적인 인물에게는 시간이 아까운 일이다.
말할 필요도 없이 그쪽에는 이미 사람들이 충분히 모여 있기 때문이다.
_ G. H. 하디(G. H. Hardy)

●● 배타성

사람이라면 누구나 배타적이고 싶은 열망을 지니고 있다. 우리는 독특한 개인이길 바랄 뿐 아니라, 자신이 모는 차, 자신이 입는 옷, 자신이 속한 그룹에서도 역시 독특해 보이고 싶어한다. 명문 대학에 진학하는 것이나 엘리트 멤버십 클럽에 가입하는 것은 이미 오래 전부터 폭넓은 가능성의 문을 여는 열쇠로 인정받아오고 있다. 정부나 국가 고위 기관에 명문대 출신이 많은 것 또한 숨길 수 없는 사실이다. 재계나 정계에서도 끼리끼리 뭉치는 모습을 그리 어렵지 않게 목격할 수 있다.

사람들이 배타성을 갈구하는 이유는 단지 남과 다른 존재이기 때문이 아니라(물론 이것도 부분적인 이유에는 해당하지만), 자신과 같은 부류의 사람들에게 접근할 수 있기를 바라기 때문이다. 배타적인 그룹에 소속이 되면 당신은 어디를 가든 친구나 혹은 적어도 뭔가를 공유하는 누군가를 만날 수 있다. 해당 그룹에 속한 사람을 발견하지 못한다 해도 거기에 속하기를 갈망하는 사람은 찾을 수 있다.

이렇게 배타성에 대한 갈망은 어쩔 수 없는 것이기 때문에, 우리는 모두 '측근 그룹'이라는 것을 두려고 한다. 측근 그룹이란 당신과 특별히 친한 일단의 사람들, 또는 다른 사람은 접근할 수 없는 특정 지식이나 제품 및 서비스에 접근할 수 있는 사람들을 가리킨다. 대부분의 기업과 비영리 기관은 조직의 활동과 관련해 조언을 얻을 목적으로 위원회를 두고 있다. 이러한 위원회에 참여해 활동하는 것도 효과적인 설득을 위한 강력하면서도 독점적인 방법이 될 수 있다. 당신이 영향을 끼치고자 하는 사람들이나 동료들이 그 사실을 알게 될 때, 그들 눈에 비치는 당신의 지위가 업그레이드되는 것은 당연지사이기 때문이다.

위원회 활동은 또한 당신에게 또 다른 수준의 배타적 접근성을 부여한다. 조직의 고위층과 다른 위원들은 물론이고, 다른 위원회의 구성원들과도 자유롭게 교류할 기회가 생긴다는 의미다. 배타적 자격을 갖는다는 것은 이렇게 접근성을 추가하는 동시에 당신의 페르소나를 강화하는 또 하나의 방법인 것이다.

위원회의 효용 가치는 또 있다. 위원회는 당신이 언제든 만나 조언을 구할 수 있는 고문 그룹을 독점적으로 창출할 기회를 제공한다. 베스트셀러 작가 나폴레온 힐(Napoleon Hill)이 『생각하라! 그러면 부자가 되리라(Think and Grow Rich)』에 그 개념을 소개하여 대중화시킨 마스터마인드(Mastermind, 지도자, 대가) 그룹들이 대표적인 예로서, 이런 그룹들 대다수는 매우 배타적이라 특별한 인연이 있지 않는 한 접근이 거의 불가능하다.

비영리 기관들은 바로 이러한 배타성을 정기적으로 이용해 기금을 조성한다. 기부자 모두를 활동 보고서에 올리는 경우에도, 거금을 기부하는 사람들은 특별대우를 한다(이를테면 실버 회원 같은 명칭을 부여해 무언가 표시가 나게 만든다). 가장 많은 돈을 기부한 기부자들은 별도의 난을 마련해 특별히 감사를 표하고 감사패를 수여하기도 한다. 그들 그룹에 끼는 유일한 방법은 물론, 그와 같은 수준의 기부를 하는 것이다.

오늘날 나는 세계 최상의 조언자 몇몇으로 구성된 측근 그룹을 두고 있다. 이름만 대면 쉽게 알 만한 사람들이고, 당신 역시 교류하길 바라마지 않을 사람들이다. 당신이 이들과 교류할 수 있는 유일한 방법은 내가 활용한 방법밖에 없다. 나는 지인에게 나를 해당 그룹에 중요한 기여를 할 사람으로 추천해줄 것과 그렇게 해서 내 가치를 입증할 기회를 갖게 해줄 것을 부탁했다.

나는 또한 내가 가장 조심스럽게 관리하는 나의 자료에 배타적인 접근 권한을 가질 수 있는 고객들로 또 하나의 측근 그룹을 창출했다. 나는 이들의 성공적인 설득 활동을 책임지기 위해 으레 정기적으로 일대일 접촉을 갖는다. 그 동안 이 그룹에 들어오길 희망한 사람들 가운데 절반 이상은 거부되었다. 윤리적·정서적·재정적으로 혹은 그와 유사한 기준으로 보았을 때 적합한 인물이 아니라고 판단했기 때문이다. 나는 가장 헌신적이고 가장 유익하며 가장 의욕에 찬 사람들이 그룹에 합류하기를 원한다. 그 이유는 무엇인가? 대답은 간단하다. 참가자가 실제로 발전하고 진보하는 그룹이기 때문이다. 그 안에서 우리는 비즈니스 거래를 빈번하게 맺으며 특정한 목적을 가진 설득 전략을 개발하고 실험한다.

세계 최고의 세일즈맨과 협상가 가운데 일부가 이 그룹에 속해 있으며, 그들은 자신의 배타성이 약화되지 않고 계속 유지되기를 바라고 이것을 요구한다. 결과적으로 이 그룹은 전 세계 회원수가 모두 합쳐 100명을 넘어서는 일은 결코 없다. 말 그대로 누군가가 그만두거나 죽지 않는 한 새로운 회원을 영입할 필요나 이유가 없는 셈이다. 100명에 불과해도 이들은 매년 수백만 달러에 달하는 상거래를 책임지는 사람들이다. 만약 당신이 현대 사회에서 최고의 영향력을 발휘하는 이런 사람들과 자유롭게 교류할 수 있다면 당신에게 어떤 일이 일어나겠는가. 내 말을 믿어라. 거기서 발생하는 기회는 가히 상상을 초월한다.

자, 이제 당신도 이런 그룹에 속하고 싶다는 강렬한 열망이 생기는가? 내가 불러일으킨 호기심이 어떤 식으로 당신의 마음을 움직였는지 이해가 되는가? 분명 당신은 '과연 나는 그런 그룹에 들어갈 자격이 있는가?' 하는 생각을 했을 것이다. 만약 당신이 들어갈 수 있다면 당신의 비즈니스에는 어떤 일이 발생할지 조금이라도 상상해보았는가? 어떤 사람들은 이런 질문에 'No'라고 답할 것이지만, 나는 그런 대답에 개의치 않는다. 왜냐하면 그렇게 대답하는 사람들은 어차피 부적격자일 것이기 때문이다. 뭔가 배타적인 것을 창출할 때 우리는 분명 특정한 사람들을 대상으로 삼는다. 우리가 원치 않는 사람들은 전형적으로 일단 배타성 자체를 매력적으로 생각하지 않는 사람들이다.

설득에 있어 배타성이 중요한 이유는 또 있다. 그것은 바로 배타성은 예측이 가능하다는 것이다. 특정 그룹의 구성원과 외부인 중 어느 쪽이 더 그 그룹의 행위를 추종할 가능성이 높겠는가. 그룹 회원들은 특별한 제안과, 소개나 추천, 조력 등의 요청에 훨씬 더 긍정적으로 반응할 가능성이 높다.

이제 당신 스스로 자문해야 할 질문은 "나는 어떻게 내가 설득하고자 하는 사람들을 위한 배타성을 창출할 것인가"이다. 대개의 경우 이에 대한 답은 의외로 간단하다. 참석 기회를 제한하는 이벤트를 만드는 것에서부터 시작하면 된다. 예를 들면, 당신 회사의 주요한 변화에 대한 설명회나 신제품 발표회 등의 이벤트를 이용하면 좋다. 또는 이사회를 만들어 당신이 영향을 미치고자 하는 사람들을 참여시키는 방법도 있고, 회원 자격을 엄격히 제한하는 일종의 마스터마인드 그룹을 창출하는 방법도 있다.

클라이언트를 위한 배타성을 창출하는 방법은 실로 부지기수다. 처음에 이용하기 좋은 몇 가지 아이디어를 여기에 소개한다.

■ 매우 특별한 정보나 제안을 독점적으로 받거나 남보다 먼저 받는

사람들로 구성된 특별 그룹을 창출하라.

- 다른 방법으로는 근접하기 어려운 특정 인물이나 기회를 접할 수 있는, 회원 자격을 엄격히 제한하는 그룹을 창출하라.
- 특정한 취향이나 관심사를 가진 자들만 참여할 수 있는 클럽이나 그룹을 창출하라. '붉은 모자 클럽(Red Hat Society)'과 《패스트 컴퍼니(Fast Company)》 잡지의 '친구 동아리(Company of Friends)'가 좋은 예이다. 붉은 모자 클럽은 50살 안팎의 여성들이 더 늙기 전에 삶을 즐기려는 목적으로 (붉은 모자를 쓰고) 정기적으로 모여 차를 마시며 수다를 떠는 모임이다. 《패스트 컴퍼니》의 친구 동아리는 기질이나 사고가 유사한 독자들끼리 정기적으로 모여 인맥을 쌓을 수 있도록 잡지사에서 만든 모임이다. 이들 클럽은 모두 무언가 이익을 바라며 '배타적으로(이런 사람은 되고 저런 사람은 안 된다는 식으로)' 신상명세를 공개하는 사람들만 회원으로 받아들인다. 그들이 얻는 이익은 단지 정서적인 것에 그칠 수도 있지만, 경우에 따라서는 재정적 이익이 될 수도 있다.
- 참여하려면 특별한 자격을 갖춰야 하는 프로그램을 창출하라.
- 전년도에 당신 혹은 당신의 제품이나 서비스에 특히 많은 돈을 쓴 사람들에게만 혜택을 부여하는 할인 행사를 개최하라. 당신이 어떤 사람들을 대상으로 특별 프로그램을 진행하는지 그들에게 알리고, 그 결과로 그들이 무엇을 얻게 될 것인지 설명하라.
- 사안에 관계없이 당신의 직통전화로 전화를 걸 수 있는 사람들의 목록을 만들고, 그들에게 그럴 수 있다는 사실을 알려라.

배타성은 아이덴티티와 밀접하게 결합되어 있다. 당신이 설득하고자 하는 클라이언트나 사람들은 특정한 방식으로 남다른 대우를 받고 싶어한다. 그들은 자신이 누구인지 혹은 무엇을 대표하는 사람인지 어떤 식으로든 상대가 알게 하고 일을 진행하는 사람들이다. 그들의 행동양식을 관찰하고 그들이 알리고자 하는 바가 무엇인지 파악하는 것만으로도 당신은 당신의 배타적 기회를 그들이 바라는 바와 완벽하게 들어맞도록 포지셔닝할 수 있다.

배타성과 은밀성은 다르다는 것을 기억하길 바란다. 자기들이 하는 일로 유명해지길 원치 않는 사람은 극히 드물다. 사람들 대다수는 자신들의 그룹이 아무리 소규모라 해도, 또 자신들의 목적이 아무리 이타적이라 해도, 그것의 일원이라는 점에 대해 모종의 인정을 받고 싶어한다. 자신들이 하는 일이나 그것을 행하는 방식과 관련해 약간의 신비주의가 형성되는 것은 좋아할지 몰라도, 사람들이 아무것도 모르고 거기에 속하는 것조차 원치 않는 것은 좋아하지 않는다(사람들이 속하고 싶어하지 않는 조직이라면, 결코 그 수명이 길지 못할 것이다). 특정 그룹에 속한 구성원 거의 모두는 가입이나 참여가 통제되길 원하고, 그것의 일원이 되려면 일정한 노력이 필요하다고 생각한다는 점을 잊지 마라.

가용성

공급 부족은 사람들을 행동하게 만드는 동인이다. 예를 하나 들어보자. 거의 매년 크리스마스 시즌이면 모든 사람이 갖고 싶어하는 장난감이 하나씩 등장한다. 그리고 사람들이 그것을 사려고 나서면 물건은 금세 동이 나고 만다. 그러나 사람들은 포기하지 않는다. 무슨 수를 써서라도 갖고는 싶은데 구하긴 힘든 그 물건을 손에 넣으려 한다. 가격을 열 배, 심지어는 백 배 쳐주고 그 물건을 손에 넣는 사람까지 생긴다. 희소성이 동인으로 작용하는 또 다른 예로는 경매를 들 수 있다. 경매 물품은 많은 경우 그것이 신상품으로 출시되었을 때의 시가 이상으로 팔린다. 원하는 물건 혹은 거래를 놓칠까봐 두려워하는 누군가가 존재하기 때문이다.

가용성(availability, 이용 가능성)은 능수능란한 설득 행위자에게는 상대로부터 즉각적인 행동으로 이끌어내는 값진 도구가 될 수 있다. 당신은 가용성을 두 가지 방법으로 이용해야 한다. 첫 번째 방법은 실제적인 상품의 가용성을 제한하는 것이다. 두 번째 방법은 특정 가격에 이용하거나 입수할 수 있는 상품의 수를 제한하거나, 당신의 제안을 즉시 수용하면 인센티브를 준다는 조건과 함께 이용하거나 입수할 수 있는 상품의 수를 제한하는 것이다.

가용성을 조절하기 시작하면 매우 재미있는 일이 벌어진다. 덤으로 배타성까지 창출하게 된다는 의미다. 실제적으로 당신의 제품을 손에 넣을 수 있거나 추가된 인센티브와 함께 제품을 이용할 수 있는 사람은, 오직 소수의 사람들만이 가진 무언가를 보유하는 셈이다.

가용성을 통제함으로써 열망을 증가시키는 또 다른 방법은 가격 변동 전략을 구사하는 것이다. 오늘 물건을 구매하면 99달러지만, 내일 구매하면 125달러로 오르고, 주말까지 기다렸다 구매하면 150달러가 된다는 식으로 말이다. 이는 살까 말까 망설이는 사람들에게 날이 갈수록 구매 압력을 높이는 효과를 발휘한다.

나도 종종 이 전략을 구사하는데, 사실상 매번 나중에 나를 찾아와 왜 자기가 일찍 살 수 없었는지 변명을 늘어놓으며 원래의 가격으로 살 수 있게 해달라고 매달리는 사람들이 생긴다. 그들은 상품을 원하면서도 너무 오래 기다렸던 것이다. 이 경우 일반적으로 나는 그들에게 낮은 가격으로 상품을 제공하지 않는다. 다음번엔 보다 신속한 결정을 내리도록 만들고 싶기 때문이다. 만약 상품이 남아 있는 경우에, 그들이 일찍 행동을 취할 수 없었던 정당한 사유를 댄다면, 그때야 비로소 나는 낮은 가격에 상품을 제공할 것을 고려해본다. 가용성을 제한하고 나서 뒤늦게 찾아온 사람에게 혜택을 주는 행위의 문제점은, 당신도 알다시피, 유사한 일이 또 일어나게끔 스스로 상황을 만들어놓는 셈이 된다는 것이다. 늦게 가도 같은 가격에 살 수 있다면 서두를 이유가 없지 않은가. 인터넷 쇼핑몰 마케터들 가운데 상당수가 바겐세일을 실시한 다음에 기간을 연장하고 요청하는 모든 사람들에게 좀더 낮은 할인가에 상품을 판매하는 실수를 저지른다. 이는 결코 다시는 바람직한 이윤을 낼 수 없는 비결(?)이자 나쁜 고객을 창출하는 첩경이다.

할인 판매는 가격의 가용성을 기술적으로 제한하는 것이다. 따라서 할인 판매를 실시할 때에는 사람들에게 아무 때라도 할인 가격에 구입할 수 있다는 생각을 심어주지 않기 위해 조심해야 한다. 조심하지 않으면 그 기술은 역효과를 불러온다. 미국에서 가장 규모가 큰 공예품 체인점 가운데 하나는 일요일마다 이와 같은 할인 판매를 실시한다. 미국 어느 지역에서든 일요일 신문을 들쳐보면 한 가지 품목을 40퍼센트 싸게 구입할 수 있는, 그 체인점의 할인 쿠폰을 발견할 수 있다. 그 체인점에서는 어느 것이든 제값 주고 구입할 이유가 없어지는 셈이다. 특히 대량 구매일 때는 더욱더 그러하다. 물론, 특정 품목을 40퍼센트 할인된 가격으로 구매하기 위해 체인점을 찾은 손님 가운데 다수가 다른 품목도 구입할 가능성이 있으니 나름대로 괜찮은 방법이 아니냐는 주장에 일리가 없는 것은 아니다. 그러나 나 같으면 다른 식으로 구매자의 행동방식에 영향을 미치겠다. 나라면 고객의 구매 습성을 분석해 앞으로도 계속해서 우리 가게를 이용할 고객에게만 선별적인 할인 혜택을 부여할 것이다. 고객의 충성도에 보상하는 방식으로 말이다. 할인 판매에만 규칙적으로 반응하는 고객은 당신과 당신의 경쟁 업체를 구별하여 이용하지 않는 법이다.

가용성은 또한 당신의 페르소나를 구축하는 데에도 적용된다. 당신에 대한 접근성을 제한하고 나아가 당신과 접촉하는 방법에 대한 정보를 제한하는 것은, 개인적인 배타성을 창출해줄 뿐 아니라 기회가 주어졌을 때 당신과 재빨리 접촉하여 거래해야 한다는 시급성을 강화해주는 효과까지 있다.

하지만 이 기술을 당신이 꼭 대화를 나눠야 할 사람까지 차단하는 수단이 되게 만들어서는 안 된다는 점에 유념해야 한다. 이 기술은 단지 당신이 매우 바쁘고 당신을 찾는 사람이 많다는 인식을 강화하는 정도로만 이용해야 한다. 제값을 하는 전문가들은 충성 고객들을 돕느라 너무 바쁘기 때문에 접촉하기 쉽지 않은 법이다.

한 가지 전략은 약속 스케줄을 통제하는 것이다. 당신의 비서나 응접계원에게 항상 전화를 연결해줘야 할 사람들은 누구인지, 그 외의 사람들과 통화할 수 있는 시간대는 일과 중 언제인지 정확하게 알려라. 비서나 응접계원이 전화로 당신을 찾는 상대에게 말해야 하는 내용까지도 직접 면밀하게 써서 전달하라. 예를 들면 다음과 같다.

"스미스 씨의 오늘 스케줄에 따르면, 비어 있는 시간은 오후 세시 반에서 다섯 시까지입니다. 그 사이에 정확히 언제 전화를 주실 건지 말씀해주시면 15분 정도 통화하실 수 있게 시간을 잡아놓겠습니다. 그러면 되겠습니까?"

이렇게 하면 상대로서는 접촉 가능한 시간을 확보해야 하는 시급성이 생기는 것이다. 또한 당신과 통화하기를 원하는 사람에게 언제나 하루에 한 번의 선택권만 제시하라고 비서에게 일러둬라. 오늘 특정 시간대에 전화를 할 수 없으면 내일이나 모레 특정 시간대에 전화를 하라는 식으로 말이다.

어떤 사람은 이 이야기를 듣고 이렇게 말할지도 모른다.

"나는 비서나 응접계원이 없어 늘 내가 직접 전화를 받는데요."

그렇다면 지금 당장 비서를 한 명 구하라. 얼마 안 되는 돈을 받고 온라인으로 전화응답 서비스나 비서 서비스를 제공하는 업체가 있으니, 그것을 이용하면 된다. 물론 기업의 중역들 중에는 직통 전화를 두고 직접 전화를 받는 사람들도 많다. 그러나 그들이 자신의 직통 전화번호를 알려준 상대들이 누구겠는가? 이미 나름의 배타성을 부여한 사람들 아니겠는가. 그래도 굳이 전화를 직접 받겠다는 사람들이 있다면, 그 과정만큼은 위에서 설명한 방식을 활용할 것을 권한다. 편하게 통화할 수 있는 시간대를 알려주고 시간 약속을 정한 다음에 다시 전화하게 만들라는 얘기다.

광적인 숭배 집단을 창출하는 경우든 충성스런 고객 집단을 창출하는 경우든 배타성과 가용성은 성공의 열쇠다. 고객은 이득을 원한다. 그들은 특정 그룹의 내부에 발을 들여놓길 원하고, 자신의 독특함과 빠른 행동에 대해 보상을 받길 원한다. 내가 사이비 종교 집단에 속해 있던 어린 시절, 그들이 제공하는 보상은 천국에 들어가게 해준다는 것과 영생을 보장해준다는 것이었다. 그 밖에 이와 같은 강력한 보상이 하나 더 있었는데, 그것은 목사와 대화를 나누거나 함께 시간을 보내는 것이었다. 일단 목사와 함께 시간을 보내고 나면, 그 사람은 더 이상 평범한 존재가 아니었다. 내부에 발을 들여놓고 배타성을 부여받은 존재가 되는 것이다. 그러고 나면 그 시점부터 그는 목사를 열렬히 신봉하는 신도가 되었다. 이것은 또한 지옥으로 치닫고 있다고 믿고 있던 세상으로부터 분리될 수 있음을 의미했다. 가용성 또한 매우 제한되었다. 늘 지금 당장 선택하지 않으면 내일은 너무 늦을 가능성이 높다고 강조했다.

당신은 고객이 몰려들어 신봉할 만한 대상으로 무엇을 제시할 수 있는가? 그것을 찾아서 그것을 원하는 고객을 끌어 모아라. 걱정하지 마라. 그 그룹은 저절로 성장할 것이다. 소속된 사람들이 '전도자' 가 되어 다른 사람들을 끌어들여 자기들처럼 만들 테니까. 게다가 당신은 일단 영향력과 신뢰성의 이양이 이뤄지고 나면 설득이라는 것이 얼마나 쉬워지는지 이미 잘 알고 있지 않은가.

CHAPTER 9 REVIEW

▶ 상대에게 배타성을 더 많이 느끼게 하면 할수록, 설득은 쉬워진다.

▶ 배타적 그룹이 포괄적 그룹보다 설득하기 쉽다.

▶ 배타성은 제품이든 브랜드든 숭배를 구축하는 열쇠다.

▶ 배타성은 아이덴티티와 밀접하게 결합되어 있다. 사람들의 아이덴티티와 배타성 간의 결합을 강화하면 사람들을 보다 신속하고 쉽게 당신의 관점으로 향하게 만들 수 있다.

SUCCESS QUESTIONS

▶ 나의 영향력이나 고객 기반, 혹은 잠재고객 기반의 영역에 들어와 있는 사람들 가운데 누구에게 배타성을 부여할 것인가?

▶ 나는 어떤 그룹을 창출해 사람들이 소속감을 느끼도록 할 수 있는가? (예컨대, 회보 열람 그룹이나 특별 한정판 수령 그룹 같은 것을 생각해볼 수 있다.)

▶ 내가 이미 소속된 배타적 그룹 가운데 내가 설득하고자 하는 사람을 가입시킬 수 있는 그룹이 있는가?

우리가 인간의 감정 가운데 가장 최초로 발견한 가장 단순한 것은 호기심이다.
_ 에드먼드 버크(Edmund Burke)

호기심이 고양이를 죽였다. 하지만 그 만족감이 그것을 되살렸다.
_ 유진 오닐(Eugene O' Neill)

●● 설득력 높은 감정으로 치면 호기심은 단연 최고이다. 판매와 설득을 다룬 책들은 대부분 고통과 기쁨이 핵심적인 감정이라고 주장하지만, 이것은 부분적으로만 옳은 얘기다. 먼저 호기심을 느끼지 않으면 어느 쪽으로도 나아갈 수 없기 때문이다. 호기심은 우리가 가장 먼저 배운 감정이며, 현재 지니고 있는 지식과 경험은 모두 호기심을 토대로 구축된 것이다. 호기심은 변화의 자극원이다.

사람들 대다수가 설득력을 갖지 못하는 이유는 호기심을 적절히 자극하지 못하기 때문이다. 사람들은 다른 선택권이 존재할지도 모르는 대상에 대해 호기심을 느끼기 전에는 그에 대한 기존 의견을 바꿔야 할 이유를 찾지 못한다. 질문은 호기심을 강하게 자극하는 최고의 도구 가운데 하나이다. 질문은 또한 상대를 당신이 원하는 결론에 이르도록 유도하는 데에도 도움이 된다.

상대를 완벽히 설득하고 싶다면 먼저 그가 무엇을 궁금해하는지를 파악해야 한다. 상대가 자신의 의견이 틀렸거나 효과적이지 않을 수도 있다고 생각하도록 만들려면 어떻게 해야 하는가? 그보다 더욱 중요한 것은 상대가 적절한 결정을 내렸을 때, 그것을 어떻게 알 수 있는가이다. 이 두 가지만 확실히 파악한다면 당신은 어떠한 경쟁에서든 우위를 점할 것이다.

나는 설득을 할 때 가장 먼저 다음과 같은 질문을 던진다.

"성공을 어떻게 정의하시겠습니까? 즉, 자신이 성공했음을 어떻게 알 수 있습니까?"

모든 사람들은 어떤 결정을 내리든 그에 따라 나름대로 반드시 도출해야 하는 결과를 규정해놓는다. 사람들 대다수가 섣불리 결정을 내리지 않는 것은, 자신이 성공을 달성했을 때 그것을 어떻게 알 수 있는지 모르기 때문이다. 이 질문과 관련하여 정말 흥미로운 사실은, 사람들은 이러한 질문에 대해 거의 생각해본 적이 없기 때문에 질문을 받으면 강한 호기심을 느낀다는 점이다. 그 동안 비워두었던 빈 공간에 생각을 채워넣어야 하는 상황에 처하면 호기심을 느낄 수밖에 없다. 사람들은 자신에게 질문을 던지고 그 해답을 모색해야 한다. 이렇게 되면 그들은 이미 호기심이 유발된 상태이므로, 당신은 새로운 아이디어를 제시할 수 있는 최적의 기회를 갖게 된다. 당신이 설득하는 모든 상대가 '그 시점'을 어떻게 알 수 있는지, 즉 어떤 기준으로 그것을 규정지을 수 있는지를 정의하도록 독려하는 것은 매우 중요하다. 이것은 아무리 강조해도 지나치지 않는다.

"어떻게 알 수 있는지"는 상대가 제품이나 서비스에 대해, 심지어는 자신의 아이디어에 대해 설정해놓은 기준의 핵심이 된다. 상대가 자신이 원하는 바를 정확하게 설명하도록 만들 수 있다면, 당신은 "특정한 시점을 어떻게 알 수 있는가"라는 사고 프로세스의 절반 지점에 도달한 셈이다. 이 프로세스의 나머지 절반은 상대가 자신의 결정이 옳았다는 것을 어떻게 알 수 있는지 당신에게 설명하도록 만드는 것이다. 당신은 상대에게 제시해야 할 해결책을 중심으로 설득을 하기 위해서, 반드시 어떻게 상대가 스스로 옳은 결정을 내렸는지를 알 수 있는지 그 기준을 파악해야 한다.

호기심을 조성하고 강화하는 방법에는 여러 가지가 있다. 상대가 질문을 던지도록 유도할 수 있는 진술 방식을 발전시켜 상대의 호기심을 자극하는 것도 그 한 방법이 될 수 있다. 이러한 진술에는 당신이 논하는 개념이나 제품, 서비스에 관한 놀라운 사실이나 가정(假定)을 포함시킬 수 있다. 이처럼 놀라운 진술을 발전시킴으로써 종종 상대가 당신의 주제에 관해 새로운 방식으로 사고하도록 유도할 수도 있다. 상대가 새로운 방식으로 사고하는 것을 돕는 데 없어서는 안 될 두 가지 요소는 바로 호기심과 질문이다. 질문을 유발시키는 진술 방식은 상대가 다시 좀더 많은 정보를 필요로 하게끔 만들며, 당신이 스스로를 적절히 포지셔닝했다면 그들이 필요로 하는 주요 정보원 역할을 하게 될 것이다.

세부적인 정보 또한 호기심을 강하게 자극할 수 있다. 우리는 이해할 수 없는 새로운 정보에 직면하면 반드시 조사를 하고 결정을 내려야 한다. 그러는 동안에는 개방적인 자세를 취하게 되며, 이렇게 되면 자신의 의견을 언제든 쉽게 바꿀 수 있는 상태가 된다. 바로 이 순간, 당신은 기존의 믿음과 새 해법에 대해 새로운 차원의 호기심을 자극해야 한다.

강한 호기심을 유발하는 가장 효과적인 기법은 어떤 가정이나 믿음에 대해 직설적인 질문을 던지는 것이다. 상대의 가정에 적절한 질문을 던지기 위해서는 어느 정도 요령을 발휘해야 한다. 무언가에 대해 질문을 던지는 것과 그것에 도전하는 것 사이에는 중요한 차이가 존재한다. 도전은 본질적으로 '대립'이라는 성격을 갖고 있기 때문에, 상대가 방어를 하도록 만드는 경향이 있다. 반면, 직설적인 질문을 던지면 상대는 자신의 아이디어나 믿음을 털어놓고 그것을 설명하게 된다. 이렇게 되면 당신은 상대에게 다시 한 번 생각해보도록 만드는, 어쩌면 스스로 자신의 입장에 의문을 제기하도록 만드는 보다 날카로운 질문을 던질 수 있는 기회를 얻는다. 사람들 대다수는 다소 직설적인 질문을 받으면 자신이 무언가를 왜 믿는지 정확히 알지 못한다는 사실을 인정할 것이다. 혹은 그저 부모님이나 배우자가 그렇게 생각하기 때문에 자신도 그렇게 확신하고 있다고 고백할 수도 있다. 설득에 활용할 귀중한 정보를 수집하는 동시에 상대에게 진정으로 알고자 하는 열망을 지녔다는 인상을 주기 위해서는 반드시 직설적인 질문을 던져야 한다. 또, 직설적인 질문을 통해서 상대를 당신의 관점으로, 혹은 의도한 결론으로 이끄는 기회를 얻을 수도 있다.

이야기 가운데 중요한 정보들을 생략한 채 약간 암시만 주는 것도 호기심을 자극하는 좋은 방법이다. 정보를 직접 언급하지 않고 넌지시 내비치기만 하거나 어느 정도 정보를 제공한 다음 그 밖에 또 다른 정보가 있음을 노골적으로 시사하는 방식은, 직접적으로 질문을 던지는 방식의 변형이라고 할 수 있다. 정보를 부분적으로만 제공하면 상대는 빈칸을 채워야 한다. 이런 방법을 활용할 때에는 반드시 상대가 빈칸을 정확히 채웠는지 시험해봐야 한다. 상대가 빈칸을 정확히 채우지 못했거나 호기심을 못 느껴서 더 이상 질문을 하지 않을 경우에는, 생략된 정보를 끝내 알지 못한 상태에서 대화가 종결되는 일이 없도록 다시 앞으로 돌아가서 정보를 제공해야 한다. 정보를 부분적으로 생략하는 것은 단지 상대가 호기심을 느끼고 그 부분을 좀더 깊이 숙고해보도록 만들기 위함이라는 점을 잊어선 안 된다. 5장 '스토리텔링'에서 내가 당신의 호기심을 강하게 자극하기 위해 사용한 기법도 바로 이것이었다.

빠른 시간 내에 상대의 호기심을 자극할 수 있는 특별한 암호를 소개한다. 간단히 상대에게 궁금한 점이 무엇인지 물어라. 반드시 '궁금한 점' 혹은 '호기심을 느끼는 점'이라는 말을 사용해야 한다. 이러한 표현은 상대가 궁금한 점이 무엇인지를 곰곰이 생각해야 할 경우, 빠른 시간 내에 궁금증을 느끼도록 요구하기 때문이다. 나는 종종 이렇게 묻는다.

"이 제품이나 서비스와 관련해서 정말 궁금한 점이 한 가지 있다면 무엇입니까?"

내가 지금 당신을 마주하고 있다면 나는 이렇게 물을 것이다.

"설득에 관해서 가장 궁금한 점은 무엇입니까?"

그런 다음 당신의 대답을 기다렸다가 대답이 돌아오면 그 밖에 다른 궁금증이 있는지 물을 것이다. 이처럼 간단한 질문 하나를 추가하면 당신은 또 다시 스스로에게 질문을 던지는 사고 프로세스에 들어가게 되므로, 여러 차례에 걸쳐 보다 많은 정보를 내놓을 것이다.

효과적인 숭배를 구축하는 한 가지 열쇠는 모든 답을 보유하는 것이다. 질문과 호기심을 통제할 수만 있으면 모든 답을 가지고 있는 것처럼 보이기는 매우 쉽다. 전문가의 지위를 구축하면 질문을 통제할 수 있는 훌륭한 기회를 얻게 된다. 당신의 제품이나 서비스를 통해서만 확실한 대답이 나올 수 있는 질문을 던질 수 있을 테니 말이다. 숭배의 경우, 이러한 질문은 대개 깊은 사고와 연구를 요하는 것들이다. 물론 질문을 통제할 수만 있다면 그에 대한 답변과, 답변을 모색할 수 있는 수단 또한 매우 쉽게 통제할 수 있다. 숭배 집단에서 설명이 불가능한 것들은 신앙으로 해결해야 한다.

비즈니스 관계나 개인적인 관계에서 설명이 불가능한 것들은 보다 많은 연구를 통해 해결해야 한다. 요구되는 연구가 많을수록 발견을 통제할 수 있는 기회를 보다 많이 얻을 수 있다. 이유는 간단하다. 사람들은 시간에 크게 제약을 받기 때문에 누군가가 이끌어주기를 바란다. 잠시 동안 호기심을 느끼는 것은 좋아하지만 그것이 즉시 충족되기를 바란다는 얘기다. 이렇게 호기심을 충족하고자 하는 열망 때문에, 사람들은 가장 처음에 바람직하다고 생각한 해법에 매달린다.

호기심의 역할을 파악하는 가장 좋은 방법 한 가지는 남녀 사이의 관계를 살펴보는 것이다. 누군가와 데이트를 하고 싶다면 그 사람의 호기심을 자극하라. 수수께끼를 지닌 듯한 사람을 보면 본능적으로 알고 싶은 욕구를 느끼는 법이다. 자신의 호기심이 충족될 수 있는지 알아보기 위해서라도 껍질을 벗겨보려 하지 않는 사람은 거의 없다. 상대가 발견 프로세스를 진행시키는 동안 그저 손을 놓고 있으면 상대는 자신이 결정을 내리는 데 필요한 요소만 발견할 것이다. 하지만 상대가 호기심을 느끼도록 만들면, 즉 단서를 제공해서 호기심을 어느 정도 충족시키는 동시에 그 충족감을 보다 큰 미스터리로 바꿔놓으면, 알고자 하는 욕구를 보다 많이 창출할 수 있다. 상대는 당신에게 (그리고 당신에 관해 숙고해보는 데) 보다 많은 시간을 투자할수록 당신을 더욱 친근하게 느낄 것이다. 당신을 단순히 자신을 설득하는 사람으로 생각하기보다는 스스로를 지식을 모색하는 사람이라고 생각하게 된다. 또한 호기심이 유발되면 쉽게 설득당할 수 있는 상태에 이르게 된다.

광신자들과 조작자들은 이 점을 알고 그것을 먹이로 삼는다. 그들은 진리를 쉽게 발견하도록 만드는데, 그 수단으로 언제나 당신을 자신의 통제력 속으로 점점 더 깊이 빨아들이는 프로세스를 사용한다. 그들은 처음에는 당신에게 질문을 허용하고 당신이 요구하는 답변을 제공한다. 그러면 결국 당신은 점점 더 편안함을 느끼면서 질문을 멈추고 관련성을 도출해내기 시작할 것이다. 바로 이 시점에서 광신자들과 조작자들은 정확히 자신이 열망하는 바를 성취하게 되는 것이다. 이런 상황에 직면하는 것을 피하려면 자신의 결정을 다시 한 번 평가해보고 강한 호기심이 일지 않는 한 질문 프로세스를 다시 시작하지 말아야 한다.

한 가지 반드시 기억해야 할 점은 호기심만을 위한 호기심은 결정을 지연시킬 수 있다는 사실이다. 호기심을 자극할 때에는 반드시 상대가 정보를 발견하고 그것으로부터 결정을 이끌어낼 수 있도록 적절한 계획을 세워야 한다. 설득가에게 호기심은 단단한 믿음의 껍데기를 깨는 역할과 사고의 과정 없이 진행되었던 기존의 설득 방식을 전환시키는 역할을 한다.

CHAPTER ❿ REVIEW

▶ 가능한 곳 어디에서든 호기심을 유발하라. 호기심은 변화의 바퀴를 추진시키는 윤활유와도 같다.

▶ 호기심을 자극하기 위해서는 적절한 질문을 던져라. 상대의 가정과 신념에 대해 직설적인 질문을 던져라.

▶ 호기심을 느낄 때 사람들은 자신의 믿음이나 의견을 변화시킨다는 점을 기억하라.

▶ 호기심은 당신이 새로운 정보의 발견 과정을 통제하여 상대가 당신이 의도한 결정을 내리도록 돕는 역할을 한다.

SUCCESS QUESTIONS

▶ 가망고객의 호기심을 강하게 자극하기 위해, 나는 어떤 질문을 던질 수 있는가?

▶ 가망고객 대다수가 제대로 이해하지 못해서 새로운 결론에 도달하지 못하도록 만드는 것은 무엇인가?

▶ 가망고객이 적절한 질문을 던지도록 유도할 수 있는 정보는 무엇인가?

▶ 내가 약간의 암시만 주면 가망고객이 빈칸을 채우는 데 필요한 정확한 결론을 도출해낼 수 있는 정보는 무엇인가?

11 | 관련성

RELEVANCY

당신이 나한테 무언가 선전을 하거나 당신의 아이디어를 납득시키려면,
그것과 나와의 즉각적인 관련성부터 제시하는 게 좋을 것이다.
그렇지 않으면 나는 냉담한 반응으로 당신을 무너뜨릴 테니까.

_ 데이브 라카니(Dave Lakhani)

●● 설득이 먹혀들지 않는 흔한 이유 가운데 하나는, 당신이 납득시키고자 하는 바가 상대와 관련성이 없거나 상대에게 적용되지 않는 그 무엇인 경우이다. 이메일 편지함을 한 번 훑어보기만 해도, 당신이 특정 기준을 충족하는 사람이라는 추정 하에 당신에게 보낸 갖가지 제안 메일이 넘쳐나는 것을 발견할 수 있다. 진짜 문제는 그 가운데 실질적으로 당신과 관련이 있는 내용을 담은 이메일은 거의 없다는 사실이다. 게다가 당신이 원치도 않는 '스팸 메일'이 매일 산더미같이 쌓이는 바람에 문제는 더욱 악화되고 있다.

관련성이란 상대방이 드러낸 필요와 욕구에 기초해 상대방이 지금 필요로 하는 정보를 제공할 때 생기는 것이다. 그리고 설득과 관련된 관련성은 이보다 훨씬 더 깊이 들어간다. 우리가 보내는 온갖 종류의 메시지에도 적용되기 때문이다. 상대와 관련이 있는 것이 무엇인지 알려면 먼저 상대가 스스로를 어떻게 보는지 생각해봐야 한다. 또한 상대에게 구체적으로 '어필'하기 위해, 직접적인 만남을 통해서든 광고물을 이용해서든 당신의 페르소나를 상대에 맞게 조정할 필요가 있다.

관련성은 또한 당신이 상대(개인이든 특정 그룹이든)에게 더 나은 서비스를 제공하기 위해 시간을 들여 상대를 알고자 노력했음을 의미한다. 상대를 안다는 것은 상대의 인생과 직업, 여가, 개인 생활에서 무엇이 중요한지 이해하는 것을 의미한다. 그것은 또한 상대에게 적합한 타이밍을 이해하고, 언제 당신의 제안이나 아이디어를 제시하는 게 적절한지 아는 것을 의미한다. 반드시 상대와 교류해야 하거나 친분을 쌓아야 한다는 의미는 아니다. 상대와 유사한 유형의 사람들을 연구함으로써 상대를 알 수도 있다. 정보를 제공하기에 앞서 많은 질문을 던져보고, 구체적으로 상대의 필요에 맞춘 정보를 제공하는 것이 중요하다는 의미다. 상대가 무엇을 필요로 하는지, 당신 같은 사람과의 관계에서 상대가 얻는 것은 무엇인지, 이런 것들을 거의 상대가 알고 있는 것만큼 알게 되면, 당신은 대략 상대의 마음을 읽을 수 있다. 그리고 이러한 상태가 되었을 때 비로소 당신은 상대와 관련이 있게 되는 것이고, 그러한 관련성과 상호 유익한 관계 사이에 매우 짧은 통로가 생기는 것이다.

양켈로비치 파트너스(Yankelovich Partners)에서 수행하고 워커 스미스(J. Walker Smith)가 전미 광고회사 협회(American Association of Advertising Agencies)에 보고한 연구 결과(2004년 4월 15일 플로리다 주 마이애미에서 개최된 총회에서 발표)에 따르면, 설문조사 응답자 가운데 59퍼센트가 "마케팅과 광고 대부분이 자신과 관련성이 거의 없다는 느낌이 든다"고 답했다 한다. 또한 응답자 가운데 33퍼센트는 "생활수준이 다소 떨어지더라도 마케팅과 광고가 없는 사회에서 사는 게 더 낫겠다"고 답했다.

상대가 관심도 안 가지는 것을 상대에게 설득할 수 있다고 생각하는 것은, 범죄라고 할 수는 없어도 미친 짓이다. 그러나 불행히도 우리는 그런 미친 짓을 일상적으로 행하고 있다. "세일즈와 설득은 숫자 게임"이라는 낡은 아이디어가 아직도 팽배해서 다량의 마케팅이 무관심한 귀에 쏟아지고 있다. 진짜 문제는 당신의 시도들이 무관심한 귀에 쏟아지는 데 있는 게 아니라, 오히려 사람들이 그러한 관련 없는 정보를 계속해서 듣는다는 데 있다. 그리하여 그것이 결국은 낙타의 등을 부러뜨리는 또 하나의 지푸라기 역할을 한다는 데 있다는 얘기다. 결과적으로 사람들은 방어적이 될 뿐 아니라 갈수록 냉담해지고 있다. 설득당하지 않는 최상의 방법은 무슨 얘기를 하든 냉담한 반응을 보이는 것이다. 냉담은 구축하는 데 오랜 시간이 걸리지만, 푸는 데는 훨씬 더 오랜 시간이 걸린다.

한 사람이든 다수든 누군가를 설득하고자 한다면, 반드시 상대의 필요나 욕구와 관련성이 있는 정보를 공유해야 한다. "상대의 필요나 욕구와 관련성이 있는"이라는 표현에 주의를 기울이기 바란다.

당신이 말을 건네야 하는 사람들은 각기 다른 필요와 욕구를 갖고 있게 마련이다. 따라서 말을 걸기 위해 그것들이 구체적으로 무엇인지 파악하는 것은 당신의 몫이다. 또한 당신은 지금 적절한 상대를 타깃으로 삼아 설득을 위한 메시지를 전하고 주장을 펼치는 것인지 확인할 필요가 있다. 다시 한 번 강조하지만, 상대가 관심을 가지지 않는 어떤 것을 상대에게 설득하려고 애쓰는 것은 아무런 가치가 없는 일이다. 모든 사람들에게 보편적으로 적용되는 제품이나 서비스, 논증은 사실상 존재하지 않는다. 설령 그런 것이 있다손 치더라도, 각각의 사람이나 그룹은 자기 나름의 특정한 필요와 욕구가 있기 때문에, 그것이 자신에게 적합하다고 느끼게 하려면 그에 걸맞은 설명을 해줄 필요가 있다.

당신이 스스로 물을 수 있는 최상의 질문은 이것이다.

"무엇이 이 사람을 나의 메시지에 걸맞은 상대로 만드는가?"

이 간단한 질문에 답함으로써 당신은 당신의 메시지에 적합한 사람 혹은 사람들을 발견할 확률을 높일 수 있다.

내 경험담 하나를 소개하겠다. 한번은 매우 규모가 큰 기술 전문 컨설팅 회사를 위해 일한 적이 있는데, 그 회사의 경영자는 내가 함께 일해본 사람 중에서 가장 불쾌한 사람이다. 그는 부정직하고 비윤리적인데다가 자기나 우리가 접촉하는 사실상 모든 사람들이 자기 회사로 거래처를 바꾸거나 그들의 거래명부를 우리에게 공개해야 한다고 생각했다. 그는 전문적으로 서로 공유할 게 없을 때조차도 오로지 자기 자신의 필요를 충족시키기 위해, 프레젠테이션을 하는 동안 그의 세일즈 팀에게 가망고객의 현재의 필요와는 아무런 관련이 없는 다른 서비스들을 제안하라고 했다. 그는 방안을 서성이다가 프레젠테이션 말미에 자리를 돌아다니며 참석한 모든 사람들을 붙들고 특정 사업부문과 관련해 거래처로 소개하거나 추천해줄 만한 데가 없는지 물었다. 타이밍도 끔찍한 데다가, 거기에 참석한 사람들 대부분은 아무런 관심도 없는, 자기 자신의 필요를 충족시키는 데에만 열중하는 행태를 보인 것이다. 그 사람들은 특정 의제를 염두에 두고 그 자리에 참석한 것이다. 그 의제에 거래처를 소개하는 것이 포함되어 있단 말인가? 이는 마치 병원을 찾았더니 의사가 진료를 마친 후, 자신이 부업으로 자동차 세일도 한다며 혹시 곧 차를 바꿀 계획이 있는 사람이 있으면 소개해달라고 요청하는 상황과 유사하다. 모든 신뢰가 무너지는 상황인 것이다. 이는 어떻게 관련성의 실패가 거래를 따낼 기회까지 무너뜨리는지를 보여주는 완벽한 사례라 하겠다.

그렇다고 오해는 하지 말길 바란다. 거래처 소개 요청을 절대로 해서는 안 된다는 얘기를 하고 있는 게 아니다. 그것에는 그에 걸맞은 시간과 장소가 있다는 얘기를 하는 것이다. 거래처 소개 요청 역시 세일즈 프로세스의 하나이다. 그것의 적절한 타이밍은 지금의 상대와 성공적으로 거래 계약을 체결한 이후이다. 또는 당신의 잘못이나 무능력과는 관계없이 상대의 특별한 사정으로 인해 상호 간의 거래가 성사되지 않거나 중단되었을 때, "그렇다면 혹시 우리의 제품이나 서비스를 이용할 만한 다른 업체를 알고 계신지요?"라는 요청을 할 수도 있다.

당신이 일단의 사람들을 설득해야 한다면, 먼저 다음과 같은 질문들을 스스로 물어보길 바란다.

- 이 사람들이 나의 제품이나 서비스에 대해 일정 수준의 필요나 욕구를 드러낸 바 있는가?
- 이 사람들은 내 제품이나 서비스가 필요한데, 그것을 인식하지 못하고 있는 건 아닌가? 혹시 문제의 존재를 모르고 있는 상태는 아닌가?
- 나의 제품이나 서비스가 그들의 필요나 욕구의 관점에서 관련성을 지니고 있는가? 재정적으로는 어떤 관련성이 있고, 경험적으로는 또 어떤 관련성이 있는가?
- 나는 지금 일단의 사람들과 관련성을 갖고자 애쓰고 있는데, 내가 적절한 사람들을 모으긴 한 건가? 적어도 과반수의 사람들이 나의 제품이나 서비스, 아이디어가 관련성을 가질 수 있는 지식이나 경험, 문제를 가지고 있는가?
- 나는 전화를 걸기 전에 가망고객의 목록을 면밀하게 뽑았는가? 일반적인 기준으로는 충분하지 않다. 예컨대 '40세 이상 남성, 연수입 7만 달러 이상, 스포츠카 보유자'와 같은 기준보다는, '35세에서 45세까지의 남성, 최소 10만 달러 이상의 수입, 포르셰 박스터나 BMW Z3를 모는 사람, 매월 한 번 이상 정장을 구입하는 사람'과 같이 보다 구체적인 기준을 잡아야 한다. 가망고객에 대해더 많은 것을 알면 알수록, 관련성을 도출할 가능성이 높아진다.

이런 과정을 거쳐 상대를 명확하게 파악하고 나면 상대와 관련성이 있는 프레젠테이션이나 아이디어를 짜낼 가능성이 높아진다. 마지막 단계는 당신 자신을 상대에게 관련성이 있는 존재로 만드는 것이다. 당신의 페르소나와 스타일이 상대가 신뢰하거나 귀를 기울이거나 구매하거나 관계를 맺을 사람으로 적합하지 않으면, 당신은 상대에게 관련성이 없는 사람이 된다. 그리고 일단 관련성이 없는 사람이 되고 나면, 두 번째 기회는 결코 다시 찾아오지 않는다.

설득에 나설 때 당신은 잠재적 클라이언트가 어떤 기대를 하고 있는지 이해해야 한다. 만약 그것을 모른다면 무엇을 기대하는지 상대에게 물어보라. 당신이 영향을 미치고자 하는 상대에게 보다 나은 질문을 던지는 것보다 관련성을 맺는 데 더 좋은 방법은 없다. 관련성은 관심과 함께 시작되는 것이다. 만약 상대가 자신과 자신의 필요에 대해 당신이 진정으로 관심을 쏟는다고 느끼면, 당신은 단지 "한번 만나서 이게 정말 필요한지 아닌지 들어보시죠"라고 조르는 사람보다 훨씬 더 관련성 있는 존재가 된다.

관련성을 느끼게 하라. 그렇지 않으면 상대는 가버리고 만다.

CHAPTER ⑪ REVIEW

▶ 자격을 갖추지 못하면, 당신이 설득하고자 하는 사람 가운데 절반 이상이 그 무엇이든 자기들과 관련성이 없다고 느낄 것이다.

▶ 관련성과 친근성은 밀접하게 연결되어 있다. 당신이 상대에 대해 관련성을 느끼면, 그것은 당신이 상대에 대해 뭔가를 알기 때문이고, 당신이 상대에 대해 더 많은 것을 알면 알수록 상대가 당신에게 느끼는 친근성은 높아진다.

▶ 설득할 대상이나 메시지를 보낼 대상을 결정할 때에는 시간을 들여 신중하게 선별하라. 이는 다음과 같은 목수들의 금언과도 일맥상통한다. "두 번 재면 한 번에 자를 수 있다."

CHAPTER ⓫ REVIEW

▶ 당신의 페르소나와 스타일, 그리고 프레젠테이션이 상대나 상대의 생활방식, 비즈니스, 인성 등에 어울리도록 준비하라. 그러면 당신의 관련성은 즉시 높아질 것이다.

SUCCESS QUESTIONS

▶ 나의 메시지를 적절한 사람이나 그룹에 전하기 위해 나는 지금 무엇을 하고 있는가?

▶ 청중이 직면한 가장 중요한 이슈는 무엇인가?

▶ 나는 어떻게 해야 내가 설득하고자 하는 사람들에 대해 더 많이 알 수 있는가?

▶ 현재 종사하는 분야에서 틈새 그룹(거래처나 고객)을 개발하기 위해 무엇을 할 수 있는가? 그리고 그들과 강력한 관련성을 맺으려면 무엇을 해야 하는가?

우리가 우리의 빛을 밝힐 때, 우리는 의도적으로 다른 사람들도 똑같이 하도록
허락하는 셈이다. 우리가 우리 자신의 공포로부터 해방될 때
우리의 존재는 실제로 다른 사람들을 해방시킨다.
_ 메리엔 윌리엄슨(Marianne Williamson)

●● 이 주제는 내가 여러 사람들을 상대로 설득을 할 때 종종 가장 많은 오해를 불러일으켰다. 내가 누군가에게 나와 거래해도 좋다는 허락을 해줄 수 있다고 믿는다면, 다소 독선적으로 비춰질 수도 있기 때문이다. 하지만 내가 호기심과 열망, 배타성, 희소성 등을 훌륭히 창출해냈다면, 사람들은 말없이 내게 허락을 요청할 것이다. 당신의 감정은 "날 들어가게 해주세요. 그 일부가 되고 싶어요"라고 외치고, 당신의 이성은 그러한 결정을 정당화할 방법을 찾을 것이다.

허락은 설득을 통해 자신에게 유리한 방향으로 논리적인 결론을 도출하는 것, 혹은 판매 체결을 또 다른 방식으로 표현한 말이다. 그러나 판매 체결과 판매 허락 사이에는 약간의 차이점이 존재한다. 판매를 '체결' 할 때에는 상대에게 거래를 요청해야 하며, 그렇게 되면 모든 결정권은 상대에게 넘어간다. 하지만 판매를 허락할 때에는 당신과 관계를 시작할 수 있는 시간을 제한하는 셈이다. 따라서 이 경우에는 당신이 결정권을 쥐게 된다. 허락은 주어진 이후에 철회될 수도 있다. 광신적 숭배 집단이라면 자신이 허락한 사람을 파문할 수도 있다. 하지만 고객을 해고하는 것은 그보다 훨씬 더 어렵다. 종교 집단에서 탈퇴한 사람들은 종종 회개를 하고 다시 집단의 일원이 되어 신의 은총을 받기 위해 아주 열심히 노력한다. 하지만 해고당한 사람들은 그렇지 않은 경우가 대부분이다.

나는 광신적 숭배 집단을 연구하면서 이것이 바로 나의 어머니가 그 집단을 탈퇴한 이후에도 그토록 오랫동안 자신의 결정에 대해 괴로워했던 이유 중의 하나라는 사실을 깨달았다. 어머니는 그 사이비 종교가 옳았을지도 모른다는 생각 때문에 고민하고 괴로워하셨다. 하지만 그보다 중요한 것은 그 종교가 안겨준 용인과 위안이었다. 어머니가 결코 그곳을 떠날 수 없었던 것은, 신앙심이 너무도 강했고 친한 사람들이 모두 그 집단에 소속되어 있었기 때문인지도 모른다. 문제는 그들이 어머니에게 다시 제자리로 돌아오게 만들 만한 호기심과 열망의 감정들을 아주 쉽게 불러일으킬 수 있었다는 점이다. 어머니는 그곳을 떠난 이후에도 오랫동안 자신을 피해간 해답들을 모색했으니 말이다. 어머니가 알고 지내며 친구라고 생각한 사람들 대다수는 여전히 어머니가 찾아낸 최고의 답변을 모색하며 그것을 실행하는 일에 매달려 있었다. 그 결과, 어머니는 머리로는 이미 바람직한 결정을 내리고 그 집단을 떠나 정상적인 삶을 살고 있다고 생각했지만, 아주 오랫동안 그곳으로 다시 돌아가고자 하는 열망에 시달렸다. 흥미롭게도 어머니는 그 사이비 종교(그들이 믿는 것이 전부 나쁜 것은 아니었다. 비록 대부분이 그렇긴 했지만 말이다)의 허락과 용인 없이는 그들과 뿌리를 같이 하는 정통 종교에 대해 적극적인 믿음을 가질 수 없다고 느꼈다.

허락의 중요성

허락은 당신을 영향력 있는 포지션으로 끌어올리는 일종의 '차별성'을 부여하므로, 반드시 이해하고 넘어갈 필요가 있다. 허락은 또한 관계가 당신에게 유리한 방향으로 기울도록 만든다. 우리가 어느 정도의 지위(권위자 지위)를 부여한, 권위 있는 사람만이 우리에게 허락을 해줄 수 있기 때문이다. 따라서 스스로를 누군가에게 허락을 해줄 수 있는 위치로 포지셔닝하는 것은, 스스로를 인정받는 조언가의 위치로 포지셔닝하는 것과 같다. 이렇게 해서 확립된 포지션은 쉽게 바뀌지 않는다. 가망고객이 당신을 완전히 다시 평가할 정도로 그릇되거나 부적절한 행위만 하지 않는다면 말이다. 간단히 말하면, 당신은 상대방의 인생에서 당신이 행하는 바와 관련된 어느 일부분에 막대한 영향을 끼칠 수 있는 포지션을 차지하게 되는 셈이다.

당신은 종종 사람들이 이끌어주길 갈망한다는 얘기를 들었을 것이다. 자신이 해야 할 바를 알려주기를 기다리고 있다는 얘기를 말이다. 설득에 관한 한 이것은 매우 일리 있는 얘기이다. 무언가를 구매하는 사람들 대다수는 당신이 자신에게 해야 할 바를 알려주기를, 그리고 자신이 옳은 결정을 내리고 있음을 다시 한 번 확인시켜주길 바란다. 그러고 나면 그들은 마지막으로 당신이 다 잘됐다고 말해주기를 요구한다. 비유적으로 말하면, 사람들은 눈을 감고 안전하게 당신의 품으로 쓰러지기 위해 다시 한 번 당신의 허락을 확인하는 셈이다. 당신은 단지 그 프로세스가 쉽게 돌아가도록 만들기만 하면 된다. 사람들은 이것이 자신이 원하는 바라고 확신할 것이다. 즉 그들이 원하는 것은 그저 당신이 그것을 해도 된다고 말해주는 것뿐이다. 당신이 사람들에게 당신과 함께 무언가를 하자고 말하면, 당신은 그것을 해도 좋다고 허락한 셈이다. 내가 당신을 우리 집에 초대해도 당신은 나의 허락을 얻은 셈이고, 당신에게 나의 측근이자 가장 믿을 만한 고객이 되라고 권유해도 당신은 나의 허락을 얻은 셈이다. 허락을 얻으면 커다란 만족감과 안도감을 느끼게 된다.

허락이 우리가 생각 없이 수용하고 따르는 여러 가지 개념들 가운데 하나인 데에는 수많은 심리적 이유가 존재한다. 여기서는 다음과 같은 방식으로 생각해보자. 어릴 때 당신은 식사 도중에 자리에서 일어나야 할 때나 학교 수업 시간에 화장실에 다녀와야 할 때 허락을 받아야만 했다. 하지만 그래도 되는지를 물은 다음에 허락을 받아내면 더 이상의 절차가 필요치 않았다. 자신보다 권위 있는 사람으로부터 허락을 얻어냈기 때문이다. 설득 행위자로서 당신이 상대에게 허락을 제공하면 상대는 '자신보다 권위 있는' 당신에게서 허락을 얻었으므로, 그와 관련해서 어떤 잘못을 저질러도 죄가 사해지는 일종의 사면권을 받은 셈이다.

허락에는 사람들이 의식하지 못하는 여러 가지 방법들이 존재한다. 그 가운데 가장 좋은 방법은 보증이다. 내가, 무언가가 효과가 있음을 혹은 어떤 행동이 일어날 것임을 보증하면, 설사 그렇지 않다고 해도 당신에게 잘못이 돌아가는 일은 없기 때문에, 당신은 내게서 행동을 취해도 좋다는 허락을 얻은 셈이다. 수업시간에 허락을 받고 화장실에 가다가 복도에서 선도부나 교장 선생님에게 걸린 경험이 있는가? 그럴 때 어떤 일이 벌어졌는가? 당신은 도전에 직면한 셈이었지만, 이미 거기에 가도 좋다는 허락을 받았으므로 그 도전을 헤쳐나갈 수 있었다. 이처럼 당신의 허락이 도전을 받았을 경우에는 허락을 해준 권위자에게 가서 당신의 입장을 입증해 보임으로써 문제를 해결할 수 있었다. 보증 역시 이것과 아주 유사한 방식으로 작용한다. 배우자나 상사가 당신의 결정에 도전하면 당신은 보증받았음을 입증함으로써 그 도전 위기에 응수할 수 있다. 당신이 어떤 결정을 내려도 좋다는 허락을 구하는 것은, 허락을 얻으면 설사 그 결정이 틀렸다고 해도 사면받을 수 있기 때문이다. 당신에게는 보증이 존재하니 말이다.

그 밖에 시운전이나 제품 시험도 은밀한 허락의 한 방법이 될 수 있다. 내가 당신에게 시운전이나 제품 시험의 기회를 제공하면, 당신은 제품을 받아서 그것이 정말 내가 말한 대로 작동하는지 확인할 수 있는 허락을 얻은 셈이다. 또한 내가 당신을 특정 집단에 소속시켰으므로, 당신은 그것을 구매해도 좋다는 허락을 얻은 셈이다. 당신은 이제

방마다 가죽 소파를 갖췄거나 특수 침대를 소유하거나 포르셰 박스터를 운전하는 집단의 일원이 된다. 이렇게 되면 당신은 당신과 같은 사람들 모두에게 그 집단에 합류해도 좋다는 허락을 얻은 셈이다. 운전을 하다가 신호에 걸려 어느 포르셰 옆에 차를 세웠을 때, 그 포르셰에 타고 있던 운전자가 알겠다는 표정으로 고개를 한 번 끄덕여주면 당신은 그 집단의 재보증을 (그리고 허락을) 얻은 셈이다. 그리고 누군가가 당신의 차에 관해 묻는 순간, 당신은 무슨 일이 있어도 바뀌지 않을 허락을 얻게 될 것이다. 그들이 당신은 특별하며 선망의 대상이라는 점을 보강해주었기 때문이다. 이것은 어떤 세일즈맨도 할 수 없는 일이다. 설사 그것이 단순한 시운전이라 해도 말이다.

좀더 노골적인 방식으로 허락을 해주려면 간단히 사람들에게 다음에는 무엇을 해야 하는지를 일러줘라. 사람들에게 앞으로 어떤 프로세스를 진행시켜야 하는지 일러준 다음, 해당 프로세스를 위한 길을 열어줘라. 그러고는 그저 그들이 무언가를 행할 것이며 이제 당신의 도움을 받아 행동을 취할 권한을 가졌다고 가정하라(세일즈 트레이닝에서 잠재고객의 구매를 가정하는 종결 방식과 유사하다). 어떤 프로세스의 길을 열어주는 일과 같은 아주 간단한 도움을 제공하고 그들의 권한을 인정해주는 행위만으로도 당신은 행동을 취해도 좋다는 허락을 해준 셈이다.

나는 심지어 사람들에게 농담 삼아 이렇게 말하기도 한다.

"이걸 하려면 저한테 허락을 받으셔야 합니다."

이 경우 절대 위협적인 태도를 취해서는 안 되며 반드시 우스갯소리라는 뉘앙스를 주어야 한다. 또, 이런 농담을 건네기 전에는 상대와 충분히 깊은 관계를 구축했는지 확인해야 한다. 이처럼 간단한 방식의 허락은 다소 노골적이라는 느낌을 줄 수도 있고 또 어떤 면에서는 우습게 들릴 수도 있지만, 상대의 잠재의식에 매우 효과적으로 작용한다. 이것은 초등학교 1학년 때 화장실에 다녀와도 좋다고 허락했던 스미스 선생님이 새로운 IT 프로젝트에 백만 달러를 써도 좋다고 허락하는 것과 다를 바 없다. 이러한 접근 방식은 상대방이 매우 난처한 입장일 때, 즉 정말 결정을 내리고 싶은데 섣불리 방아쇠를 당기지 못할 때 가장 효과적으로 활용할 수 있다.

협상이나 그 밖에 제품 판매 이외의 목적을 지닌 설득 상황에서는 상대에게 '시늉'을 해달라고 요청함으로써 허락을 해주는 것도 매우 효과적이다. 가장 쉽게 활용할 수 있는 방법은 상대에게 아주 잠깐 동안만 당신과 함께 창의적인 사고 프로세스를 경험해보지 않겠냐고 묻는 것이다. 먼저 이렇게 말한다.

"이게 바람직한 결정을 내리는 데는 정말 효과적인 방법인데요, 지금 저와 함께 한번 실행해보시죠."

그런 다음 이렇게 말한다.

"이미 이 결정을 내렸다고 가정해보십시오. 자, 그런 결정을 내리고 나니 어떤 결과가 나타났습니까? 무엇이 달라졌으며 무슨 일이 일어났습니까?"

상대를 정신적인 시운전 단계로 이동시키는 순간, 당신은 상대에게 행동을 취해도 좋다는 허락을 해준 셈이고 상대는 당신의 허락을 받아들인 셈이다. 그 이후 다시 한 번 당신이 허락을 해준다면 상대는 그것을 좀더 쉽게 받아들일 수 있다. 앞에서 몸으로 외적인 행동을 취하기 위해서는 먼저 머릿속으로 행동을 취해야 한다고 말한 것을 기억하는가? 잠깐 동안 '시늉'을 해봄으로써 상대는 이처럼 내적인 경험을 하게 되며, 곧 이어 사고 프로세스에 자신의 감정을 부여하고 그것을 이성적으로 정당화할 수 있게 된다. 또, 이미 머릿속으로나마 그것을 한 번 경험해봤기 때문에 좀더 쉽게 당신과 같은 결정을 내릴 수 있게 된다. 상대는 당신이 아직 드러내지 않은 난점이나 장애 요인까지 드러냈을 가능성이 높다. 이런 것들이 드러났다면 그것을 간단히 검토해준 다음, 그런 도전 요소들이 해결된 상태에서 다시 한 번 '시늉' 프로세스를 실행시켜보라고 요청하라.

집단 판매에서 우리는 종종 매우 노골적이면서도 은밀한 방식으로 허락을 활용한다. 즉 옆 사람이나 뒷사람을 돌아보며 사람들에게 "한 번 해보세요"라고 말하도록 하는 것이다. 이처럼 다른 사람으로부터 뭔가를 해도 좋다는 허락을 얻는 간단한 행위만으로도 (가령) X를 해보고 뒤쪽에 있는 제품 진열대로 가서 물건을 구입하는 사람들의 수는 극적으로 늘어난다. 내 경우에는, 판매 프로그램 초반에 모든 청중에게 주위에 앉은 한두 사람을 돌아보며 이렇게 말하라고 요청할 것이다.

"당신은 오늘 당신의 인생과 경력을 개선시키는 데 필요한 것이라면 무엇이든지 해도 좋다는 허락을 얻었습니다. 제가 그것을 지원하겠습니다."

청중의 규모가 좀더 작은 경우에는 프로세스를 약간만 변경하면 된다. 허락할 만한 권위를 지닌 사람에게 허락을 해달라고 요청함으로써 그 사람이 노골적으로 허락하도록 만드는 것이다. 예를 들면, 이렇게 말할 수 있다.

"블랙 씨, 이곳에 모인 모든 분들께 현재 회사를 위해 가장 현명한 결정을 내리도록 허락하시겠습니까?"

그는 거의 100퍼센트 "그렇다"고 대답할 것이고, 이렇게 되면 그곳에 모인 사람들에게 결정을 내릴 수 있는 권한이 부여된 셈이다. 나는 이런 프로세스를 활용할 때마다 블랙 씨가 이처럼 어떤 프로젝트를 지원하거나 사람들에게 필요한 행위를 하도록 허락하는 것은 처음 있는 일이라는 얘기를 듣는다. 나중에 그들이 어떤 난국을 타개하면 나는 그들에게 블랙 씨가 회사를 위해 적절한 결정을 내리도록 허락했음을 상기시킨다. 그런 다음 그 회사를 위한 최선의 해결책을 제시한다.

어떤 기업이 난처한 상황에 처했을 때에도 나는 똑같은 프로세스를 활용하여 어려움을 극복하도록 만든다. 즉 기업 내의 사람들끼리 서로에게 신속히 혹은 정해진 기한 내에 회사를 위해 최선의 결론을 도출해도 좋다는 허락을 해주도록 만드는 것이다. 이처럼 간단히 허락을 해줌으로써 그들은 정해진 기한 내에 어떤 행동을 취하겠다고, 혹은 해당 조직 및 회사에 최고의 이익을 안겨줄 결론에 도달하겠다고 동의한 셈이 된다.

이 장에서 마지막으로 설명할 은밀한 허락의 방식은 바로 재보증이다. 사람들에게 옳은 결정을 내리고 있으며 당신이 그들의 결정을 지원하겠다고 간단히 말하는 것만으로도 아주 훌륭한 허락이 될 수 있다. 사람들은 종종 허락과 재보증을 원한다. 그것은 단지 자신이 부적절한 결정을 내리고 있는지도 모른다는 불안감을 느끼기 때문이다. 허락과 재보증을 제공해서 상대가 당신이 의도한 결과에 이르도록 만드는 것은 오직 당신에게 달려 있다.

당신이 허락을 하고 상대가 그것을 받아들였다면 커튼을 젖히고 상대를 그 안으로 초대하라. 그들에게 추가적인 가치를 다시 한 번 제시하라. 당신이 허락을 해준 사람들이 당신이 약속했던 모든 혜택을 경험하도록 하라. 그 순간 그들은 그 어느 때보다도 열정적인 상태에 이를 것이다. 그때부터 당신은 상대가 보다 많은 것을 얻기 위해 끊임없이 다시 찾아올 수밖에 없는, 그리고 그것을 저버리면 영원히 '옳은 결정을 내린 걸까'라는 의문에 시달릴 정도로 강력한 관계와 경험을 제공해야 한다.

허락은 통제이다. 그것을 현명하게 활용하라.

CHAPTER ⑫ REVIEW

▶ 허락이라는 개념은 우리가 아주 어릴 때부터 습득해온 것이다. 허락을 해줌으로써 상대가 당신이 의도한 행동을 취하도록 만들 수 있다.
▶ 허락은 일종의 사면권을 부여한다.
▶ 제품 시험이나 시운전은 은밀하게 허락을 해주는 방식이다. 종종 그것을 당신에게 유리하게 활용하라.

SUCCESS QUESTIONS

▶ 변화를 꾀하거나 난국을 타개하기 위해 나는 어떤 방식의 허락을 활용할 수 있는가?
▶ 설득 프로세스 중에 어느 시점에서 허락을 해주어야 하는가?
▶ 나에게 의존하는 고객들을 일종의 광신도로 만들기 위해 허락을 어떻게 활용할 수 있는가?

13 | 빠른 설득을 위한 수단들
THE QUICK PERSUADERS

베푼 대가로 받는 선물은 너무도 막대해서 그것을 받는 것이 부당하게 느껴질 정도이다.
_ **로드 맥퀸(Rod Mckuen)**

●● 지금까지 제시한 여러 가지 주요 설득 기술들은 한 주제 당 한 장 (章) 전체를 할애해야 했다. 하지만 이 장은 약간 다르다. 그렇다고 중요도가 떨어진다는 얘기는 아니다. 오히려 그 반대라고 할 수 있다. 이 장에서 제시할 설득의 기술들은 빠르게 이해할 수 있으며, 많은 연습이나 기술을 투자하지 않고도 쉽게 적용할 수 있다. 이 주제를 비교적 뒤쪽에 배치한 것도 이런 이유에서이다. 복잡한 기술들은 자기 것으로 만드는 데 오랜 시간이 걸리니, 그것들을 먼저 터득하고 넘어가는 것이 좀더 효율적인 방법이 아니겠는가.

또한 여기서 제시하는 기술들은 설득의 기술 가운데 가장 명확한 것들이므로, 그 기술을 적용하고자 하는 상대도 간파할 확률이 높다. 그렇다고 그것들이 통하지 않는다는 의미는 아니다. 사람들 대다수는 자신이 간파한 것에는 넘어가지 않을 거라고 생각한다. 하지만 이 프로세스는 보다 깊은 차원에 적용되어 당신이 원하는 결과를 안겨줄 것이다. 빠른 설득을 위한 수단들은 보조 도구로서 가장 유용하게 활용된다. 즉 결코 중단할 수 없는 전략 수립을 위해 좀더 큰 '전술'들과 조화시켜 활용할 수 있다는 얘기다.

사회적 대등화

로버트 치알디니 박사는(Dr. Robert Cialdini)는 자신의 저서 『설득의 심리학(원제: Influence-Science and Practice)』에서 이것을 '사회적 증거(social proof)'라 일컫는다. 사회적 증거의 법칙에 따르면, 우리는 다른 사람들이 옳다고 생각하는 바를 모색함으로써 무엇이 옳은지를 결정한다. 상대가 무엇을 해야 할지 확신하지 못할 때 다른 사람들의 사례나 증거를 인용하여 관련 아이디어를 제시하는 방법은, 상대가 행동을 취하도록 만드는 데 매우 효과적이다.

내가 '사회적 증거'라는 표현 대신 '사회적 대등화'라는 표현을 선택한 까닭은, 그것이 좀더 심오한 원리를 토대로 한다고 생각했기 때문이다. 사람들은 특정한 니즈를 느끼면서도 그것이 아직 충족되지 못했을 때 끊임없이 자신과 똑같은 사람들을 찾는다. 사람들은 이렇게 사회적 대등화 대상을 갈구하며, 그것을 찾아내면 즉시 그 행동을 모방하는 조치를 취한다. 따라서 사회적 대등화 대상을 제시하는 것만으로도 당신은 유리한 입지를 구축할 수 있다. 이것은 단순히 누군가가 어떤 행동을 하고 있음을 보여주어 그것을 하는 것이 옳다는 생각을 갖게 만드는 것 이상의 의미를 지닌다. 당신은 그들을 조심스럽게 인도하여 해야 할 바를 알려준 다음, 똑같은 것을 행하는 사람을 보여주는 것이다.

사회적 증거의 사례를 살펴보면, 사회적 증거는 누구나 행하는 일이 아마 옳을 거라는 생각에서 출발한다. 이에 비해 사회적 대등화는, 사람들은 우선 자신이 독립적인 존재라는 느낌을 갖고 싶어하지만 자신과 똑같다고 생각되는 사람들을 따르는 것을 꺼려하지는 않는다는 생각에서 출발한다.

사회적 대등화를 설득에 활용하려면 상대와 비슷한 사람들을 최대한 많이 제시하되, 그들을 특별한 집단으로 차별화해야 한다. 이것만으로도 상대에게 지금까지 해본 적 없는 무언가를 할 수 있도록 용기를 북돋울 수 있다. '누구나 하는 것'이 아니라 '나와 같은 사람이면 누구나 하는 것'이라는 생각을 심어줘야 한다는 얘기다. 제품이 출시된 지 얼마 안 되어 그것을 구입하는 사람들은, 아직까지 그것을 사용하는 사람들이 극소수이며 그 점이 마음에 들기 때문에 사회적 대등화에 동요

되기가 매우 쉽다. 이런 사람들은 대개 자신이 최초이며 경쟁에서 승리했다는 생각을 중심으로 형성된 아이덴티티를 지닌다.

동의

동의는 사회적 대등화와 밀접한 관계를 지닌다. 동의란 간단히 설명해서 의견의 일치이다. 상대와 비슷한 사람이나 상대가 존경하는 사람이 당신의 의견을 공유한다는 사실을 제시하면 훨씬 더 빨리 상대의 의견을 움직일 수 있다.

설득을 준비할 때에는 자신이 가망고객과 공통적으로 견지하는 의견을 찾는 일에 시간을 투자하라. 그렇게 해서 찾아낸 공통 의견을 설득 프로세스의 출발점으로 삼아라. 그 의견의 수는 중요치 않다. 한 가지이든 여러 가지이든 의견을 공유하면 새로운 아이디어에 대한 합의점을 찾는 일이 훨씬 더 쉬워지게 마련이다. 신뢰는 동의에 내재된 요소이므로, 동의가 구축되면 신뢰도 자연스럽게 구축된다.

상대가 존경하는 대상이 공유하는 의견을 당신이 소개하면 영향력의 이양이 강화된다. 또한 그 대상이 같은 의견을 공유한다는 이유로 당신을 소개하면 영향력의 이양을 훨씬 더 강화할 수 있다.

설득 프로세스 내내 동의를 이끌어내면 청중은 훨씬 더 쉽게 당신이 의도한 결론을 도출해낼 것이다. 청중의 규모가 크면 효과를 더욱 높일 수 있다. 사회적 대등화, 즉 직접 관찰하고 참여하는 적극적인 활동이 이루어지기 때문이다. 당신에게 동의하고 당신의 의견을 공유하는 사람들이 많을수록, 당신이 소개하는 새로운 아이디어에 대해서도 당신의 의견에 동의할 확률이 더욱 높아진다. 또한 당신에 대한 호감도도 높아질 가능성이 커진다. 이 점에 관해서는 잠시 후에 좀더 자세히 언급하겠다.

공감

뒤쪽에서 좀더 살펴보겠지만, 알렉스 맨더시언(Alex Mandossian)은 자신의 유명한 원격세미나에서 다음과 같은 멋진 이야기로 공감과 동정의 차이점을 설명한다. 당신이 파도에 흔들리는 배에 타고 있다고 상상하라. 난간에 서 있던 친구가 뱃멀미를 하기 시작한다. 얼굴이 노랗게 변하더니 이윽고 뱃전에서 구토를 해댄다. 이때 당신이 그에게 다가가 등을 쓰다듬으며 안됐다고 얘기하면 그것은 동정이다. 그러나 친구가 있는 쪽으로 걸어가서 친구가 구토를 하는 장면을 보고 당신 역시 멀미가 나서 구토를 하기 시작한다면 그것은 공감이다. 이것은 (다소 도식적이기는 하지만) 복잡한 아이디어를 명쾌하게 이해시켜주는 훌륭한 이야기이다. 설득 행위자로서 당신은 상대가 진정으로 당신의 아이디어에 공감하기를 바란다. 당신의 상황과 느낌, 동기에 동화되어 그것들을 모두 이해하기를 바라는 것이다. 상대가 당신에게 공감한다면 대개의 경우 당신의 결론이 정확하다고 생각할 수밖에 없을 것이다.

다른 어떤 것과 달리, 감정은 공감을 형성한다. 상대가 감정을 바탕으로 결정을 내리도록 만들면, 당신과 당신의 아이디어에 보다 큰 관련성을 느끼고 보다 빠르게 공감하도록 만들 수 있을 것이다. 상대의 경우와 유사한, 다른 사람들의 경험을 제시하고 그들의 문제가 어떻게 해결되었는지를 보여준다면, 상대의 공감을 훨씬 더 많이 이끌어낼 수 있을 것이다.

공감을 활용할 때에는 상대가 동정심을 느끼도록 만들어서는 안 된다는 점을 반드시 기억해야 한다. 당신이 원하는 바는 상대가 당신과 (혹은 상대와 비슷한 누군가와) '똑같이' 느끼도록 만드는 것임을 명심하라. 당신의 의견을 공유하지 '않는' 것은 상상할 수도 없게 만들어야 한다.

단계별 설득 전략(사소한 것에서 중요한 것으로)

"천릿길도 한 걸음부터"라는 속담이 있다. 물론 설득에 관한 속담은 아니지만 설득에 관한 속담이 될 수도 있다.

누군가를 완전히 설득하는 것은 커다란 아이디어를 덩어리째 받아들이도록 만드는 과정이 아니다. 그보다는 오히려 커다란 아이디어를 상대가 받아들일 수 있는 크기로 잘게 썰어서 여러 개의 작은 아이디어들로 이해시키는 과정이라고 할 수 있다. 누구나 처음에는 소소한 아이디어와 작은 변화들을 받아들이는 것이 훨씬 더 쉬운 법이다. 한두 개의 작은 아이디어를 이해시키고 나면 다음 단계에서도 당신에게 동의하도록 만들기가 훨씬 쉬워진다.

그렇다고 해서 당신이 제시하는 소소한 아이디어에 모두 '그렇다'는 대답으로 일관하게끔 만들어, 진정으로 필요한 최후의 동의를 받아내라는 의미는 절대 아니다. 그것은 퀴즈 게임과 다를 바 없다. 이럴 경우 상대가 동의했다고는 해도 곧 마음을 바꿀 가능성이 매우 높다.

진정한 단계별 설득 전략은 상대가 작은 아이디어들에 동의하게 만들거나 당신이 의도한 결정과 부합하는 아이디어를 조금씩 수용하도록 만드는 것이다. 당신은 또한 처음부터 가장 영향력 있고 수용하기 쉬운 아이디어들을 공략하고 싶을 것이다. 영향력 있는 아이디어를 선택하면, 서서히 그리고 확실히 청중을 필연적인 최후의 결정으로 이끌 수 있는 동시에 청중에게 어렵지 않게 결정을 내렸다는 느낌을 줄 수 있다.

또한 단계별 설득 전략은 성취감에 관여하기 때문에 은밀한 설득 기술에 속한다. 몇 가지 문제들이 해소되고 또 몇 가지 사항들에 관해 합의를 도출하게 되면 기분이 좋아지게 마련이다. 당신이 추진력을 지녔으며, 당신과 청중이 서로를 이해하고 있다는 느낌을 주기 때문이다. 당신이 무언가를 공유하고 있기 때문에 호감도도 높아진다. 공유하던 문제가 해결됐을 때 느끼는 유대감은 관계와 교감을 다지는 데 매우 효과적이다.

사람들 대다수는 기존의 기반에 안주하고 싶어하는 경향이 있다. 몇 가지 문제점이나 하나의 커다란 문제점의 상당 부분이 해결되면 지금까지 함께해온 사람과 문제를 끝까지 해결하려 한다는 얘기다. 따라서 문제의 최종 마무리 시점을 눈앞에 두고 해당 프로세스를 새로운 누군가와 다시 시작할 가능성은 희박하다.

호감

상대를 설득하고 싶다면 호감도를 높이는 것 또한 반드시 연마해야 할 기술이다. 사람은 누구나 자신이 좋아하는 사람과 비즈니스를 하고 싶어한다. 전혀 관심이 없는 사람보다는 좋아하는 사람의 아이디어를 수용하기가 훨씬 더 쉬운 법이다.

호감도를 높이라는 말은 설득하고자 하는 모든 사람과 절친한 친구가 되라는 의미는 아니다. 그보다는 그저 함께 있을 때 유쾌하고 편안한 사람이 될 필요가 있다는 말이다. 상대에게 호감 가는 사람이 되기 위해서는 다음과 같은 특징을 갖춰야 한다.

- 공통된 경험
- 동일한 사회경제적 배경
- 비슷한 출신 지역
- 유쾌한 성격
- 남들로부터의 호평과 깔끔한 외모
- 가십이나 험담에 휘둘리지 않는 지조
- 식견과 기꺼이 정보를 공유하는 태도
- 대화에서 남의 말을 경청하는 자세
- 관계 구축을 촉진하는 데 필요하다면 자신에 관한 사항들을 기꺼이 공유하는 태도
- 적절한 유머를 사용하여 상황마다 활력을 더하는 자세
- 훌륭한 이야기꾼의 기질
- 자신감을 갖고 좋은 분위기를 만들어가는 능력

호감도를 높이는 일은 실제로 사람들 대부분에게 그리 어려운 일이 아니다. 그다지 호감이 가지 않는 사람도 쉽게 호감도를 높일 수 있다.

그러나 호감도를 높이는 일은 부단한 노력을 필요로 한다. 우리에게는 저마다 기분이 안 좋은 날도 있고 개인적으로 좋아하지 않는 사람들도 있게 마련이다. 당신이 만나는 사람들 대다수를 설득하고 싶다면, 상대가 당신의 마음에 들지 않더라도 당신은 상대의 마음에 들어야 한다. 상대가 당신을 욕보이거나 무례하게 대하도록 허용하라는 말이 아니다. 다만 때때로 자신의 감정을 억누르고 평소에 어울리지 않던 상대와도 어울릴 수 있는 상황을 만들 필요가 있다는 얘기다.

우리는 좋아하지 않거나 노골적으로 싫어하는 사람은 아무렇지도 않

게 거절할 수 있다. 이런 점을 감안하면 호감도를 높이는 일은 매우 중요한 요소라고 할 수 있다. 좋아하는 사람이 무언가를 요청해오면, 그 요청이 터무니없는 것이 아닌 이상 그를 돕지 않는 것은 거의 불가능하다. 좋아하는 것은 감정적 욕구에 기초한다. 우리는 사람들이 자신을 좋아해주길 요구하며 그것을 바란다. 자신이 좋아하는 사람 역시 자신을 좋아한다면 우리는 아주 기쁜 마음으로 보답하고 싶어한다. 또한 호감은 그 사람을 오래 기억하도록 만드는 데에도 큰 역할을 한다. 당신이 호감이 안 가는 사람을 도와주고 좋아해주었다면, 그 사람은 당신을 오래도록 기억할 것이다(출근 시간에 혼잡한 도로에서 당신 앞으로 끼어든 사람만큼이나 오래도록 말이다).

우리는 자신이 좋아하고 자신과 비슷한 사람을 선택하는 경향이 있다. 가령, 공급업자를 놓고 고민할 때에도 전혀 상관없는 사람보다는 좋아하는 사람을 선택할 확률이 높다.

우리는 또한 자신과 비슷한 사람을 좋아하는 경향이 있으므로, 다양한 사람들과 친밀도를 강화하기 위해서는 반드시 자신의 대중성을 강조해야 한다. 가능한 한 신속하게 도와줘라. 오직 당신만이 제공할 수 있는 충고나 정보를 제공하라. 상대의 취미나 열정을 파악하고 그것에 관해 얘기하라. 함께 논의했던 화제에 관한 뉴스 기사에 자신의 의견을 덧붙여 보내라.

잠시 후에 받기 위해 베푸는 법에 관해 좀더 자세히 살펴보겠지만, 우선 거의 알려진 바 없는 나만의 비법을 잠깐 소개하겠다. 나는 시연회에 참석할 때마다 유명인사의 서명이 담긴 무언가를 받아온다(때로는 두세 개씩 얻기도 하는데, 전혀 부끄럽게 생각하지 않는다). 사실 나는 유명인사의 서명 따위엔 전혀 관심이 없다. 내가 이런 것들을 받아오는 이유는, 내 캐비닛에 나를 믿을 수 없이 호감 가는 인물로 만들어줄 훌륭한 선물들을 가득 채워넣기 위해서이다.

어느 날 내가 당신에게 프로레슬링 선수 골드버그(Goldberg)의 열렬한 팬이라는 얘기를 듣고 2, 3일 후에 그의 서명이 들어간 8×10 컬러 사진을 보냈다고 상상해보라. 당신은 내게 호감을 느끼지 않겠는가. 분명히 적지 않은 호감을 느낄 것이다. 지금 내 수집품들 중에는 축구공과 야구공, 농구공, 미니풋볼, 운동선수의 셔츠, 크기와 종류가 다양한 사진들, 책, 잡지, 수건, 골프공, 맥주병, 화장품, 그 밖에 말 그대로 수십 가지의 잡다한 물건들이 포함되어 있다. 이 물건들에는 전부 실베스터 스탤론(Sylvester Stallone)에서 샌프란시스코의 포티나이너(49ers) 치어리더에 이르기까지 다양한 유명인사들의 서명이 담겨 있다. 이것들 가운데 내 사비를 들여 산 것은 하나도 없다. 이렇게 친밀감 있는 선물을 받고 나면 나를 멋진 사람이라고 생각하지 않겠는가.

받기 위해 베풀기

호감도를 높이는 일과 더불어 무언가를 베푸는 일 역시 가장 깊게 뿌리박힌 관념 가운데 하나를 자극한다. 우리는 타인에게 무언가를 받으면 보답을 해야 한다는 일종의 강박감을 느낀다. 치알디니는 이것을 '교환의 법칙(Law of Reciprocation)'이라고 일컫는다. 이 법칙은 받기 위해 베푸는 행위를 통해 그 작용 방식을 설명한다.

수많은 기업들이 '그 이름을 알리는' 수단으로 선물을 제공한다. 하지만 종종 그것을 받는 사람들은 그 품목으로 애용되는 펜이나 부착용 자석, 셔츠, 머그 등의 작은 선물들을 광고 전단지 이상으로 생각하지 않는다. 물론 나 역시 채 2달러도 안 드는 이 홍보용 물건들이 사람들 대다수에게 '받기 위해 베푸는' 행동의 강력한 동인(動因)이 될 만큼 독특하다고 생각하지 않는다. 그러나 독특하고 구하기 어려운 품목일수록 희귀성과 열망도가 높은 선물이 될 수 있다. 앞서 예로 들었던, 스타의 서명이 들어간 물건을 주는 것은 받기 위해 무언가를 베푸는 행위의 완벽한 사례라고 할 수 있다. 개인의 취향을 고려해서 준 선물이므로 제품에 대한 열망을 높일 수 있다는 얘기다.

일부 사람들은 지극히 평범한 선물을 받았을 때 그것을 제공한 사람에게 반응을 보이기도 하겠지만, 그런 사람들의 수는 점점 감소하는 것으로 나타나고 있다. 가령, 미국 상이군인회(Disabled American Veteran)로부터 공짜 우표를 받으면 소액이나마 기부금을 보내는 경우도 있지만, 사람들 대부분은 기부금을 보내는 대신 그것을 개인적인 용도로 사용하거나 그냥 버리기 일쑤다. 이처럼 그 효과가 반감된 이유는 오늘날 모든 사람들이 수많은 우편물을 받게 되면서 이 단체의 원래 의도가 퇴색했기 때문이다.

또, 오늘날에는 사람들 대다수가 교환의 법칙을 이해하고 있고 그것이 얼마나 효과가 있는지 알고 있기 때문에, 구매자나 직원들이 어떠한 선물도 받을 수 없도록 금하는 추세이다. 협상 및 구매 관련 프로그램의 대다수가 이러한 프로세스와 그것이 작용하는 방식, 그리고 그 프로세스를 전환해서 구매하는 사람들이 선물을 받는 대신 물건을 제공하는 사람들에게 선물을 주어야 하는 이유 등을 설명하는 수준에까지 이르고 있다.

받기 위해 베푸는 가장 효과적인 방법 한 가지는 바로 고객이 시험해 볼 수 있도록 제품이나 서비스의 견본을 제공하는 것이다. 나는 장기적으로 거래하고픈 업체의 세일즈맨과 함께 일할 때에는 무려 한 시간이라는 긴 시간을 내주기도 한다. 이처럼 단순히 우선권을 제공하는 행위만으로도 내게 보답하고픈 열망을 자극할 수 있다. 아주 흥미로운 사실 한 가지는 바로 오늘날 우리 사회에서는 견본을 의례히 기대한다는 점이다. 견본은 더 이상 선물의 의미를 갖지 못하며, 그것을 받는 사람들의 레이더망 아래로 말없이 사라지기 일쑤다.

양보 역시 받기 위해 베푸는 한 가지 방법이다. 어찌 보면 한 손으로 다른 손을 씻는 격으로, 설득의 초기 단계에서 몇 가지를 양보하면 수많은 보상을 얻을 수 있다. 설득 프로세스 시작 단계에서 문제가 될 만한 점들 가운데 쉽게 양보할 수 있는 사항들을 파악하고, 어느 정도 고민하는 시늉을 하다가 양보하라. 지나치게 많은 사항들을 양보해선 안 된다. 사람들, 특히 구매자들이 끊임없이 점점 더 많은 것들을 요구해 올 테니 말이다. 당신이 곧 보상받게 될 것들을 중심으로 한두 가지를 양보해서 프로세스를 진전시키는 것이 가장 이상적이다. 사람들은 일단 한 가지를 양보받으면 기존의 기반을 넘어 다른 사람과 처음부터 다시 시작할 가능성이 희박하다는 점을 기억하라. 설사 기존의 기반을 넘어서려는 사람이 있다 해도 당신이 제공한 것과 똑같은 양보를 얻어 내기는 어려울 것이며, 그렇게 되면 당신이 제공한 양보가 더욱 가치 있게 느껴질 것이다. 그러니 필요에 따라 적절히 베풀어라.

책임

사람들 대부분에게 감동을 주는 가장 중요한 교훈 가운데 하나는 바로 약속을 지키는 것이다. 책임감은 거의 모든 사람에게 매우 강력한 감정이다. 우리는 일단 하겠다고 동의한 것은 아무리 큰 어려움이 따라도 반드시 해야 한다고 느낀다. 따라서 훌륭한 설득가는 이러한 책임의 힘을 잘 알기에 청중에게 약속을 하도록 만든다.

책임감을 자극하는 가장 좋은 방법은 상대가 기한이 정해진 구체적인 다음 단계에 동의하도록 만드는 것이다. 사실상 설득을 통해 이뤄지는 거의 모든 거래에서 나는 약속의 수준에 관계없이 확고한 다음 행동 단계를 준비한다. 가장 중요한 것은 그런 다음에 청중에게 다음 단계들을 매우 중요하게 여기며 절대 잊지 말라고 주지시키는 것이다. 나는 또한 나 역시 책임감 있는 사람임을 보여주기 위해, 적어도 내가 취할 수 있는 다음 한두 가지 조치에 대해 스스로 약속을 지키려 노력한다. 이렇게 가능한 몇 가지 조치를 취함으로써, 나는 지금까지 일어난 일을 논하기 위해 상대에게 관여할 수 있는 권리를 갖게 된다.

내가 생계를 위해 여러 기업에서 판매를 하던 시절, 오직 이 아이디어 하나로 나는 어디에서든 가장 높은 실적을 올릴 수 있었다. 다른 세일즈맨들은 전화를 걸 때마다 상대가 받지 않거나 메모를 남겨도 다시 전화가 걸려오는 일이 드물었지만, 내 전화는 무시당하는 일이 없었다. 내가 다시 전화를 거는 사람들은 내 전화가 걸려올 것을 예상하고 있었고, 심지어는 그것을 요구하는 경우도 있었다. 그 이유는 내가 그들과 약속을 한 상태였기 때문이다.

설득을 위해 기울인 노력이 당신이 의도한 방향을 이탈하기 시작하면, 지금까지 해온 약속들을 상기시킴으로써 당신이 의도한 방향으로 다시 나아갈 수 있다. 이러한 조치는 특히 상대가 거래 완료 단계에서 비협조적인 태도를 보일 때 더욱 효과적으로 적용할 수 있다. 지극히 사무적인 어투로 다음과 같이 대화를 유도하라.

"제가 A를 이행하면 고객님은 B를 이행하기로 약속하셨죠. 저는 제 일을 모두 끝마쳤습니다만, 고객님께서 이행하시지 못한 일 가운데 제가 도울 만한 일이 있습니까?"

약속한 바를 이행해야 한다는 압박감이 곧바로 되살아날 것이다.

빠른 설득을 위한 수단들은 언제든 여러 가지 상황에서 유용하게 적용할 수 있을 것이다. 이 수단들을 보다 큰 전략을 뒷받침하는 설득의 '전술' 들 가운데 일부로 활용한다면 보다 나은 결과를 얻게 될 것이다. 이것을 조각가의 조각칼로 생각하고 방해 요인들을 깎아내라. 조각가처럼 마지막 한두 번의 손질이 설득을 위한 노력을 걸작으로 만들어줄 것이다.

CHAPTER 13 REVIEW

▶ 빠른 설득을 위한 수단들은 매우 효과적이지만 영향력을 미치거나 설득을 하기 위한 가장 잘 알려진 방법이기도 하다. 이 수단들은 보조 도구로서 전략 수립을 위해 좀더 큰 전술들과 조화시켜 활용할 때 가장 활용도가 높다.

▶ 받기 위해 베푸는 행위는 빠른 설득을 위한 수단들 중에서도 가장 분명한 수단이지만, 받는 사람 개개인의 특성을 고려해서 베풀 때 성공 가능성을 더욱 높일 수 있다. 이 부분에 노력의 초점을 맞춰라.

▶ 사람은 누구나 약속한 사항은 이행할 필요가 있다고 느낀다. 약속을 하고 그 약속에 책임을 지는 사람이 돼라. 상대가 자신의 약속을 지킬 필요성을 더욱 강하게 느끼도록 만들기 위해 자신의 약속을 충실히 이행하라.

SUCCESS QUESTIONS

▶ 빠른 설득을 위한 수단 중 내가 현재 진행 중인 프로젝트를 뒷받침할 수 있는 것은 무엇인가?

▶ 나 이외에 내가 책임을 져야 할 사람은 누구인가?

▶ 어떻게 하면 사람들이 나와의 공감대를 넓히도록 만들 수 있겠는가?

14 | 설득 방정식

THE PERSUASION EQUATION

포지션 + 프레젠테이션 × 영향력 = 설득

_ 데이브 라카니

●● 이 장은 설득 프로세스를 처음부터 끝까지 엮은 로드맵이기 때문에, 이 책에서 가장 중요한 부분이라고 할 수 있다. 설득 프로세스의 모든 요소를 다룬 책들은 이미 여러 권 출간된 바 있고, 설득이 일어나는 방식과 사람들을 움직이기 위해 혹은 마음을 변화시키기 위해 필요한 프로세스들을 입증하는 상세한 과학적 모형들도 제시된 바 있다. 물론 이러한 연구 결과들도 매우 중요하지만, (당신과 나 같은) 보통 사람들은 자신의 설득 상황에 상세한 과학적 모형들을 적용할 여유가 없다. 우리에게 필요한 것은 일련의 도구들과 그것들을 활용하기 위한 실질적인 계획이다.

지금까지 발표된 학술서적들 가운데 다음과 같이 말한 저자는 한 사람도 없었다.

"이게 바로 이런 상황에서 당신이 해야 할 바입니다. 이것은 이러해서 효과가 있습니다."

그 이유는 알 수 없지만 이 책을 쓰고 나니 어느 정도 짐작할 수 있을 것 같다. 그것은 독자에게 조작을 하라고 가르치는 듯한 느낌을 주기 때문이다. 만약 독자들이 의도한 바가 조작이라면 이 책과 다른 저자들이 설명한 원칙들로도 독자들은 충분히 조작 프로세스에 정통할 수 있을 것이다. 결국 그것은 의도의 문제라는 얘기다. 당신의 의도가 진정 윤리적이고 도덕적으로 누군가를 돕는 것이라면, 그 어느 때보다도 좋은 결과를 이끌어낼 수 있을 것이다. 당신의 의도가 어떻게 해서든 원하는 바를 얻는 것이라고 해도 결과는 마찬가지이다. 조작과 진정한 설득의 유일한 차이점이 있다면 장기적인 결과이다. 결국 조작자는 발각되어 증오의 대상이 되고, 많은 경우 처벌을 받는다. 반면에 탁월한 설득가는 상대의 입장에서 그 사람을 움직이고 거기에서 멋진 결과를 이끌어내기 때문에 존경과 사랑을 받는다.

앞에서 나는 설득에서 가장 중요한 수단들을 하나하나 설명하고 그것들을 언제 활용할 수 있는지 제시했다. 이제부터는 지금까지 배운 모든 기술들을 상보적으로 활용하여 누구든 설득할 수 있을 만한 종합적인 공격을 발전시키는 방법을 제시한다. 이것은 당신이 원하는 바를 얻는 비밀의 열쇠라고 할 수 있다. .

이 프로세스는 포지셔닝과 프레젠테이션, 감화, 즉 타인에게 영향 끼치기의 3단계로 아주 간단하게 구성되어 있다. 사실, 감화는 포지셔닝과 프레젠테이션 이 두 단계를 실행하는 동안 이미 완성되어 있거나 반드시 반성되어야 하기 때문에, 포지셔닝과 프레젠테이션의 두 단계로만 나눌 수도 있다.

효과적인 설득을 위한 3단계 프로세스
1단계: 포지셔닝

설득 방정식의 첫 번째 단계는 바로 자신과 청중을 적절히 포지셔닝하는 것이다. 포지셔닝에는 세 가지 요소가 포함된다.

1. 페르소나

설득을 시작하기에 앞서 자신의 페르소나가 적절히 발전되었는지 확인하라. 반드시 점검해야 할 핵심적인 사항은 이야기와 옷차림, 깔끔한 용의(容儀), 전문가의 지위, 그리고 프레젠테이션이다. 처음 만나는 순간부터 상대가 당신의 페르소나를 볼 수 있게 하라. 말 한 마디 하지 않고도 당신의 페르소나가 긍정적이고 믿을 만한 방식으로 작용하도록 해야 한다. 상대가 당신을 자신의 문제 해결을 도와줄 구세주로 인식하도록 만들어야 한다.

청중이 당신의 능력에 어울리는지 확인하라. 설득 행위자가 자신의 메시지에 부합하지 않는 청중을 잘못 선택해서, 혹은 사전에 적절히 청중을 조사하고 준비하지 못해서 설득 프로세스를 망치는 일은 너무도 자주 일어난다. 새로 습득한 수단들을 모두 활용하고자 한다면 청중을 파악하는 것이 필수적이다. 당신은 누구에게든 영향을 미칠 수 있지만, 필요한 결정을 내릴 권한이 없거나 결정권자에게 영향을 미칠 수 없는 상대라면 당신은 막대한 노력을 낭비하는 셈이다.

내가 만나는 성공하지 못한 세일즈맨들은 거의 모두 이러한 실수로 자신의 시간을 전부 낭비하는 사람들이다. 그들은 주로 영향을 끼치거나 설득하기 가장 쉬운 사람들을 상대로 설득을 한다. 하지만 이런 사람들에게는 위기에 봉착했을 때 어떤 조치나 행동을 취할 권한이 없다. 그 결과는 누구나 예측할 수 있을 것이다.

청중을 포지셔닝할 때에는 시기가 적절한지, 청중이 한 명이든 여러 명이든 당신의 메시지를 수용할 수 있는 상태인지 반드시 확인할 필요가 있다. 나 역시 세일즈맨들의 전화를 수없이 받곤 하는데(나는 그들이 판매를 얼마나 잘 하는지 파악하기 위해 걸려오는 전화를 전부 다 받는다), 그들 중 대부분은 내가 지금은 통화하기 곤란하다고 말해도 아랑곳하지 않고 자신의 제품을 밀어붙이는 데 여념이 없다. 이런 프로세스가 성취해낼 수 있는 것은 단 한 가지, 바로 완벽한 무관심뿐이다. 당신은 청중이 당신과 함께 시간을 보내야 하는 이유를 이해하고 받아들이길 바랄 것이다. 설사 청중이 적대적인 태도를 보이더라도, 당신이 공통의 기반으로 삼아야 할 것은 바로 문제 해법에 대한 갈망이다. 아무리

적대적인 사람이라도 해법을 원한다면 관심을 갖게 마련이다.

자신의 메시지를 미디어 광고 등 제3의 전달시스템을 통해 전달하려 한다면, 해당 메시지가 적절한 사람들을 향하고 있는지 확인하라. 당신이 퇴비 만드는 방법에 관한 책을 냈다고 가정하자. 물론 의약 잡지 《하이 타임스(High Times)》의 구독자 중에서도 당신의 책을 사볼 사람이 있겠지만, 그보다는 원예 잡지 《오가닉 가드닝(Organic Gardening)》이나 《마더 어스 뉴스(Mother Earth News)》에 광고를 내는 것이 훨씬 더 큰 효과를 안겨줄 것이다. 설득당하여 행동을 취할 가능성이 가장 높은 사람들에게 메시지를 보내라.

3. 이야기 가공하기

이제 당신의 이야기를 다양한 부류의 청중에게 맞도록 몇 개의 덩어리와 단편들로 구성한 다음, 구체적인 사례들과 각각의 사례를 위해 중요한 연결 장치들로 완성해야 한다. 이야기를 제시하기 전에 청중과 이야기를 다시 한 번 검토하여 설득력 높은 이야기를 전달하는 데 필요한 정보들이 모두 갖춰졌는지 확인하라.

2단계: 프레젠테이션

설득 방정식의 두 번째 단계는 확정된 청중에게 이야기를 효과적으로 제시하는 것이다. 이를 위해서는 두 가지 사항을 반드시 이행해야 한다.

처음부터 곧바로 관련성과 중요성을 구축하여 교감을 발전시켜야 한다. 프레젠테이션은 이야기와 페르소나로 구성된다. 따라서 청중 앞에 서는 순간부터 당신의 페르소나가 강력한 메시지를 전달하도록 해야 한다. 청중의 주의를 통제하고 싶다면 말이다.

이제 친근성을 발전시킬 최적의 기회가 왔다. 집단을 상대로 설득을 한다면, 해당 집단의 구성원들 가운데 자신의 영향력을 당신과 공유할 수 있는 신뢰받는 사람에게 당신을 소개하라고 요청하라. 그 효과를 최대한 이용하려면 반드시 당신이 직접 소개문을 작성하라. 당신을 소개하는 사람이 당신과 매우 친밀한 사이여서 개인적인 경험까지 소개할 수 있다면 더욱 이상적이다. 하지만 개인적으로 당신을 알지 못하는 사람이라면 당신이 영향력의 이양이 이뤄질 수 있는 방식으로 소개문을 작성하면 된다. 내가 소개문을 작성한다면 다음과 같은 말을 추가할 것이다.

"데이브는 설득 전문가로 알고 있는데, 이런 분을 제가 직접 소개할 수 있게 되어 기쁩니다. 저를 포함해서 여기 앉아 계신 분들 모두가 여러 가지 새로운 아이디어를 배울 수 있을 것입니다. 자, 그럼 데이브 라카니를 큰 박수로 맞아주시죠."

조심스러우면서도 보증의 메시지가 완벽히 들어가 있으며 소개하는 사람의 영향력까지 공유하고 있음을 파악할 수 있을 것이다. 사실과 다른 내용을 전혀 포함시키지 않고도, 신뢰받는 사람이 존경하고 신뢰하는 누군가를 직접 소개하도록 만듦으로써 모두가 귀를 기울이도록 만든 셈이다.

처음 만난 상대를 일대일로 마주앉아 설득을 한다면, 여러 가지 질문을 던져서 공통적인 경험을 찾아내고 상대가 자신에 관해 개방된 자세를 갖도록 만듦으로써 친근감을 발전시켜야 한다. 미디어에 게재할 광고 문구를 만든다면, 청자나 독자가 공통적으로 갖고 있을 법한, 그리고 당신의 제품이나 서비스가 해결해줄 만한 일반적인 문제나 열망을 공유해야 한다. 이미 당신의 해법을 경험해본 다른 사람들의 증언을 인용하면 효과가 배가될 것이다.

이 시점에서 또한 머릿속으로 재빨리 자신의 이야기를 다시 한 번 검토하고 조정해야 한다. 당신의 이야기를 '초두 효과(primacy effect)'와 '최신 효과(recency effect)'를 모두 활용할 수 있도록 발전시켜야 한다. 일련의 정보가 제공되면, 사람들은 중간에 들은 정보보다는 처음과 마지막에 들은 정보를 기억할 확률이 더 높다. 개인이나 집단을 상대로 프레젠테이션을 할 때에는 반드시 이 두 가지 효과를 모두 활용하라. 이것을 기억할 수 있는 최상의 방법은 다음과 같은 오래된 트레이닝 격언을 따르는 것이다.

"상대에게 말하려 했던 바를 말하고 또 말하라. 그런 다음 상대에게 말했던 바를 다시 말하라."

이야기의 단편들을 점검하고 그것이 상대에게 적합한지 확인하라. 이야기를 완벽하고 강력하게 만드는 데 필요한 정보라면 무엇이든 추가하라. 사전에 프레젠테이션을 꾸준히 연습해서 보다 세련되게, 부드럽고 리드미컬하게 전달하라. 그 감을 잡을 수 없다면 어린이 책을 큰 소리로 읽어보라. 이야기를 어떻게 구술해야 하는지 금방 감을 잡을 수 있을 것이다. 일정한 속도와 리듬을 갖춰야 한다. 어디서든 이야기를 할 수 있도록 준비하라.

청중이 제기할 반론과 문제가 될 만한 사항들을 파악하고 프레젠테이션에서 그것들을 다루어 극복하라. 도전을 기회로 바꾸고 사전에 잠재적인 훼방꾼을 피할 수 있도록 준비하라. 설득을 하게 될 장소에 문제가 있다면 프로세스를 시작하기 전에 시정하라. 장애물은 당신의 리듬을 깨고 상대의 관심이 다른 곳으로 향하도록 만들 것이다.

이 단계에서 이행할 두 번째 사항은 강력한 프레젠테이션이다. 강력한 이야기나 아이디어를 제시하고 청중이 공감할 수 있는 이야기로 이 것을 보강하라.

대조법을 활용하면 보다 큰 효과를 얻을 수 있다. 먼저 원하는 것보 다 많은 것을 요청한 다음, 실제로 원하는 바를 제시하라. 사람들 대다 수는 커다란 결정 사안에 직면했다가 상대적으로 작은 사안을 요청받 으면 작은 사안에 대해 행동을 취할 것이다.

설득을 하는 동안 청중이 행동을 취하도록 끌어들여라. 프레젠테이 션이 진행되는 내내 청중이 소소한 일에 열중하도록 만들어라. 청중이 동의할 수 있는 상황과 시나리오를 설정하는 일에서부터 청중이 공감 할 수 있는 이야기의 단편들을 구술하는 일에 이르기까지 여러 가지를 준비해서, 청중이 당신에게 완전히 몰입해서 당신에게 전념하고 당신 을 느끼도록 만들어라. 청중이 당신을 좋아하고 당신의 어려움을 친근 하게 느끼도록 만들어라.

도표나 팸플릿, 오디오, 그 밖에 당신의 요지를 입증하는 데 필요한 모든 소품들을 활용하라. 청중이 최대한 당신과 당신의 메시지에 집중 하도록 만들어라. 개인을 설득할 때에나 집단을 설득할 때에나 마찬가 지이다.

비언어적 커뮤니케이션 수단에 집중하라. 커뮤니케이션을 할 때 상 대의 진실성과 정직성을 판단하는 데 활용되는 단서의 50퍼센트 이상 이 얼굴에서 나온다. 강력한 설득가는 종종 자신의 모습을 비디오테이 프에 녹화해서 자신의 비언어적 커뮤니케이션이 청중에게 어떤 얘기 를 하는지 확인한다.

적절한 표정을 활용하라. 종종 미소를 지어라. 미소는 당신의 인상을 보다 개방적으로 바꿔주며 표정을 쉽게 변화시킬 수 있도록 만들어주고 자신감과 만족감, 열정 등을 투영한다. 미소는 또한 인간미가 넘치는 인상을 만들어, 상대가 보다 접근하기 쉽게 만든다. 나는 키가 193센티미터이며, 몸무게는 113킬로그램이다. 어떤 사람들은 내 커다란 흉곽과 상대적으로 가느다란 허리를 보고 위협을 느끼기도 한다. 문제는 내가 거울을 보면서 스스로 위협감을 느낀 적이 단 한 번도 없었다는 사실이다. 내가 처음으로 설득에 관한 강연을 할 때, 나는 연설에 너무 몰입한 나머지 말을 하면서 미소를 지어야 한다는 점을 까맣게 잊었고, 그 때문에 청중은 내가 냉담하며 접근하기 힘들고 공격적인 사람이라는 인상을 갖게 되었다. 내가 절대 원치 않던 결과가 나온 것이다. 스스로에게 적어도 1분에 한 번씩 미소를 지어야 한다고 상기시키는 간단한 조치만으로 나는 청중이 받은 인상을 완전히 바꿔놓을 수 있었다. 이제는 비교적 열성적인 사람들이 접근하거나 나와 얘기를 나눈 후에 나를 방문하는 일도 잦아졌다.

당신이 설득하는 사람들은 마음을 읽을 수 있는 사람들이 아니며, 그중에는 당신이 남기는 미묘한 힌트를 알아채지 못하는 사람들도 있다. 따라서 그들에게 원하는 바를 알려주거나 행동을 취하도록 명확히 요청해야 한다. 그들의 기대에 부합하며 당신의 프레젠테이션과도 일관되는 방식으로 요청하라. 요청할 때에는 자신감과 승낙하리라는 기대를 표현하라.

그물형 연상 고리를 각인시켜라. 그물형 연상 고리란 대화가 끝난 후 상대가 무언가를 보거나 겪을 때 당신과의 대화 내용이나 프레젠테이션을 상기시키도록 만드는 일종의 장치이다. 이처럼 연상 고리를 갖췄다면, 몇 가지 단편들을 엮어 어느 정도 시간이 지난 후에 상대를 일깨울 만한, 그리고 상대를 당신의 이야기에 포함된 아이디어와 감정으로 이끌 수 있는 이야기를 만들기만 하면 된다. 그물형 연상 고리는 또한 당신이 어떤 특정한 일에 관해 말한 것을 강화해주기도 한다. 가령, 장애인 올림픽의 기금 모금가는 다음과 같은 그물형 연상 고리를 각인시킬 수 있다.

"이제부터 휠체어에 탄 사람을 보면 이렇게 자문하십시오. 도전에 직면한 사람들이 특별한 기회를 얻도록 도우려면 당장 무엇을 할 수 있을까?"

당신이 원하는 상대의 행동이나 경험을 미래와 연관시켜라. 직접 대면해서든 글을 통해서든 상대를 가장 감정적인 상태로 만들었다면, 이제 상대가 당신이 제안하는 바를 행한 후 미래에 그들의 삶이나 감정, 생활이 어떻게 변할지를 경험할 수 있는 상태로 나아가도록 만들어라. 혹은 적절한 결정을 내렸거나 도움을 줬을 때 어떤 감정을 느낄지 상상해보게 하라. 설득을 할 때 던질 수 있는 적절한 질문은 다음과 같다.

"5년 후에 (혹은 적절한 시점에) 지금 당신이 내린 결정을 되돌아본다면 무엇이 달라졌으며, 지금 내린 이 결정 때문에 어떤 기분을 느낄 것 같습니까?"

벌어질 수 있는 상황은 두 가지이다. 결정을 내리지 않았을 때의 결과를 보거나 결정을 내렸을 때의 결과를 보는 것. 양쪽 모두 당신에게 꼭 필요한 기회를 제공한다. 만약 상대가 결정을 내렸다면 만족스러워할 것이고, 그렇게 되면 당신의 프로세스는 원활히 진행될 것이다. 반대로 결정을 내리지 않았다면 상대가 예상하는 상황을 먼저 알아보고 상대가 직접 설명한 불가피한 상황들을 피할 수 있는 방법을 제시해야 한다.

규모가 큰 집단을 상대로 설득을 하다가 프로세스를 마치고 개별적으로 설득을 하고 싶다면, 먼저 그 집단의 구성원들을 불러내야 한다. 감정에 호소하는 아주 매력적인 이야기를 하다가 이야기를 끝마치기 직전에 중단하라. 그런 다음, 시간이 다 됐으니 나머지 이야기를 듣고 싶은 사람은 강연장 뒤쪽으로 오라고 말하라. 이 방법은 음성메일을 사용할 때에도 매우 효과적이다. 이야기를 시작한 뒤 이렇게 말하기만 하면 된다. "시간이 다 된 것 같군요. 정말 관심이 있으시면 이 번호로 다시 전화 주십시오. 나머지 이야기를 해드리겠습니다."

3단계:감화

설득 방정식의 마지막 단계는 청중을 감화시키는 것, 즉 영향을 미치는 것이다. 앞에서 공부한 각각의 도구들을 최대한 자주 적용하는 것이 영향력을 강화하는 열쇠이다. 그 도구들을 신중하게 적용하면 당신은 유리한 입장으로 스스로를 포지셔닝할 수 있을 것이다. 설득 프로세스의 마지막 단계의 요소들은 실제로 이전의 모든 단계에 포함되는 것들이다. 막대한 영향력과 설득의 기회를 구축하기 위해서는, 청중과 상호작용하는 내내 매 단계별로 적절히 영향을 미칠 수 있는 원칙들을 모두 적용해야 한다.

기회가 될 때마다 받기 위해 베푸는 원칙을 적용하라. 청중에게 (물론 합법적이고 윤리적인 방식으로) 핵심 인물들의 정보를 제공하는 것도 효과적일 수 있다. 또한 창의적인 방식으로 당신의 명함집이나 네트워크에 접근할 수 있도록 하는 것도 매우 효과적이다. 영향을 미치고자 하는 상대에게 당신이 먼저 무언가를 줄 수 있다면, 그 기회를 활용하라. 한 가지 흥미로운 사실은 제공하는 품목이 고가품이 아니어도 상관없다는 점이다(물론 거기에 포함된 가치는 매우 높을 수도 있다). 단지 그것이 청중에게 관련성이 있는 품목이라면 효과를 발휘할 것이다.

암시적으로든 적극적으로든 가능할 때마다 영향력이나 신뢰성의 이양을 활용하라. 설득하고자 하는 상대에게 이미 영향력과 권위를 행사하고 있는 사람들을 만나거나 채용해서 어떤 방식으로든 당신을 보증하게 만들어라. 상대방 앞에서 당신을 직접 보증하거나 글을 통해 보증하는 노골적인 방식을 사용해도 좋고, 당신과 함께 있는 모습을 보여주거나 당신과 함께 사진을 찍도록 만들거나 당신의 프레젠테이션에 그 사람의 말을 인용하는 등의 암시적인 방식을 사용해도 좋다.

청중의 믿음과 믿고자 하는 열망을 활용하라. 오래된 믿음이나 기존의 믿음을 보강하라. 즉 당신의 믿음을 그들의 믿음과 통합하라는 얘기다. 상대의 기존 믿음을 조정하거나 상대가 적극적으로 당신과 관련된 새로운 믿음을 창조하도록 만들면, 당신은 더욱 유리한 입지를 구축할 수 있다. 특히 브랜드를 구축하는 일과 같이 설득을 위해 비교적 많은 노력이 필요한 경우에는 더욱 그러하다.

적절한 상호작용을 통해 당신이 가장 영향을 미치고 싶은 사람들에게 이로운 방식으로 당신의 권위나 전문가의 지위를 보강하라. 이제 개인의 추천서나 증명서, 당신이 작성한 기사, 그리고 당신을 다룬 미디어 자료 등을 모두 통합해야 한다. 이 시점에 이르면, 당신은 당신이 의도한 바에 관해 결정적인 진술을 하고 싶을 것이다. 질문에 대한 답변과 사전에 계획한 해결책을 제공하면서 단호하고 확신에 찬 자세로 프레젠테이션에 임할 필요가 있다. 이때 약점의 여지를 보이거나 자신 없는 태도를 취해서는 안 된다. 확실하지 않은 경우에는 쉬는 시간을 만들어 필요한 정보를 신속하게 수집하라.

청중의 호기심을 자극하고, 보다 세부적인 대화나 질문을 유도하라. 시나리오나 어려운 질문, 놀라운 의견 등을 제시하라. 창의적인 사고방식이 보다 큰 발전과 해법을 창출한다는 점을 보여주고, 보다 세부적인 양질의 질문을 던짐으로써 상대가 새로운 사고방식을 창조하는 일에 적극 참여하도록 만들어라. 그들의 답변에 의문을 제기하고 좀더 구체적인 답변을 유도할 수 있는 질문을 던져라. 질문을 통해 상대를 당신이 의도한 결론으로 이끌어라.

가용성을 활용하여 반드시 지금 행동을 취해야 하는 이유를 보강하라. 이 글을 쓰면서 나는 1,497달러짜리 최고급 트레이닝 프로그램을 판매하는 어느 기업의 영업사원으로부터 이메일로 통보를 받았다. 그 이메일에는 프로그램 모집 인원이 700명으로 한정되어 있으며 700명이 전부 모집되면 더 이상 받지 않겠다는 내용이 포함되어 있었다. 4시간쯤 후에 나는 이미 392명이 신청했으니 시간이 얼마 남지 않았다는 내용의 이메일을 또 한 통 받았다. 여기에는 그 이메일을 읽어볼 때쯤이면 신청을 해도 이미 인원을 초과해서 환불을 해줘야 할 거라는 내용이 포함되어 있었다. 고백하건대, 나는 그 두 번째 이메일을 읽고 나서 그 기업의 홈페이지에 들어가 그가 판매하는 프로그램을 오랫동안 살펴보았다. 혹시 나중에 후회할 만한 좋은 기회를 놓친 것은 아닌지 확인하고 싶은 마음에서였다. 이것은 가용성을 제한하고 시간적인 압력을 가함으로써 열망을 높이는 훌륭한 사례라고 할 수 있다.

앞의 사례에서 봤듯이 가용성을 효과적으로 활용하는 또 한 가지 방법은, 시간적인 압력을 가하는 것이다. 시간은 어느 정도의 혜택을 얻기 위해서 신속하게 무언가를 하도록 만드는 요소이다. 그렇지 않으면 원하는 바를 얻을 수 없거나 보다 비싼 비용을 들여야 한다(쿠폰에 사용기한이 찍혀 있는 것도 이런 이유에서이다). 시간은 또한 프로젝트와 관련해서도 제한적일 수 있다. 어느 시점까지 결정을 내리지 못하면 시간이 부족해서 그 프로젝트를 시작하지 못하거나 정해진 기한 내에 끝마치지 못하게 될 테니 말이다. 비용도 시간과 함께 증가할 수도 있다. 기다렸다가 사는 것보다는 지금 구입하는 것이 저렴할 수도 있고, 반드시 지금 구입해야만 특정한 보상을 받을 수 있는 경우도 있다.

단계별 설득 전략을 활용하여 보다 큰 행동으로 이끄는 소소한 행동들을 상대가 취하도록 만들어라. 우리 어머니가 사이비 종교에 입단했을 때, 어머니에게 저축을 그만두고 남자에게 복종하고 친구들을 버리라고 요구한 사람은 아무도 없었다. 그 종파 사람들은 그저 어머니를 저녁식사에 초대하여 사람들과 어울리도록 만들었을 뿐이다. 그것은 절대 나쁠 것이 없었다. 그들은 어머니를 예배에 초대했고, 이것 역시 나쁠 것이 없었다. 목사는 어머니를 다시 한 번 초대했다. 이것은 그다지 큰 책임을 요하는 것이 아니었기에 어머니는 초대에 응했다. 그 다음 예배에서 목사는 어머니를 제단으로 불러서 예수 그리스도를 자신의 구원자로 받아들이도록 만들었다. 그것은 분명 커다란 변화였지만, 상황 전개상 지극히 논리적이었다. 그렇게 작은 하나하나의 단계가 다음 단계로 이어진 것이다. 당신도 클라이언트에게 똑같이 할 수 있다. 당신이 취할 일련의 다른 단계들에 대해 동의를 이끌어내는 것은, 그리 어려운 일이 아니다. 거래 상황에서는 당신이 취할 행동들을 가능한 한 신속하게 취하고 그것을 상대에게 보고하라. 상대에게 그가 동의한 단계별 행동들을 취하도록 요청함으로써 그들이 책임감을 갖도록 만들어라. 당신이 약속을 이행할 것이며 나중에 상대가 약속을 이행했는지 확인할 거라는 사실을 상대가 알게 되면 약속을 지킬 확률이 높다. 당신에게 친근감과 호감을 느낀 상대라면 당신을 실망시키고 싶지 않을 테니 말이다.

사람들은 큰 결과보다는 작은 결과에 대해 기꺼이 책임을 질 확률이 높기 때문에, 책임감은 단계별 설득 전략과 밀접하게 연관된다.

이제 설득력을 높이기 위한 여러 가지 도구들을 반드시 갖춰야 하는 이유를 파악했을 것이다. 이쯤 되면 당신의 설득 프로세스는 당신이 원하는 결과와 요구되는 설득의 도구에 따라 몇 분이 걸릴 수도 있고, 며칠이 걸릴 수도 있다. 다음 장부터는 판매 프로세스 및 협상 프로세스를 비롯하여 강력한 광고를 만들고 설득력 높은 광고 문구와 편지를 작성하는 과정에까지 설득 방정식을 적용할 것이다. 우리는 단계적으로 이야기와 청중을 포지셔닝하고, 신중하게 선정된 청중에게 강력하게 메시지를 전달하고, 설득력 높은 전술들을 하나하나 활용하여 불가피한 방해 요인들을 효율적으로 제거하고, 수용 및 열망의 감정들을 강화하고, 마지막으로 우리가 의도한 결과대로 청중이 결정을 내리도록 유도해야 한다.

설득 방정식은 일대일 대면이나 서신, 웹, 텔레비전과 라디오를 통한 설득 이외에도 타인에게 영향을 끼칠 만한 기회를 얻을 수 있는 곳이면 어디에서든 적용할 수 있다는 점을 명심하라.

조작은 훨씬 더 간단하다. 하지만 조작은 약탈을 목적으로 하며 그 효과 또한 오래 가지 못한다. 설득 방정식은 처음에는 어려워 보일 수 있지만, 사실은 그렇지 않다. 조금만 연습하면 음식을 먹고 호흡하는 일과 똑같이 당신의 정체성과 행동 방식의 일부가 될 것이다. 무의식적으로 능숙하게 사용하되, 의식적으로 그 결과를 자각할 수 있는 일종의 기술이 될 것이다. 설득 방정식은 널리 적용할 수 있으며 믿을 수 없을 만큼 효과적으로 설득할 수 있는 기회를 제공한다. 그것은 당신을 차별화시키고 당신에게 평생토록 이익을 가져다줄 기술이다.

CHAPTER ⑭ REVIEW

▶ 설득 방정식을 기억하라. 포지션 + 프레젠테이션 × 영향력 = 설득
▶ 당신이 열망하는 결과와 전달하고자 하는 메시지를 명확히 정하라.
▶ 프레젠테이션에 앞서 청중을 명확히 정하라.
▶ 효과를 강화하기 위해서는 메시지 전체에 적절하게 설득의 요소들을 활용하라.
▶ 설득 방정식을 무의식적으로 모든 상황에서 적용할 수 있게 될 때까지, 그리고 그것이 당신의 정체성의 일부가 될 때까지 연습하라. 이것은 설득 전문가가 반드시 갖춰야 할 요소이다.

SUCCESS QUESTIONS

▶ 현재 설득 방정식을 적용하여 강화할 수 있는 상황은 무엇인가?
▶ 내가 시간을 낭비하고 있는 상대는 누구이며, 그들 대신 어떤 사람들을 청중으로 선택해야 하는가?
▶ 현재 나에게 주어진 기회들을 평가할 때, 나의 프로세스에 활용해야 할 설득의 요소들은 무엇인가?
▶ 거래가 실패한 경우를 돌이켜 생각할 때, 그 당시 설득에 성공하기 위해서는 어떤 점들을 변화시켜야 했겠는가?

15 | 설득력 높은 판매

PERSUASIVE SELLING

모든 사람들은 뭔가를 '팔아서' 살아간다.

_ 로버트 루이 스티븐슨(Robert Louis Stevenson)

●● 몇몇 사람들은 설득에 관한 책 속에 판매에 관한 장이 따로 있다는 사실을 의아하게 생각할지도 모른다. 그러나 당신이 이미 배운 바와 같이, 설득은 단순히 특징과 이점을 제시하고 상대가 그것을 받아들이길 바라는 것 이상의 행위이다. 설득력 높은 판매는 구매자가 최선의 결정을 내릴 수 있는 환경을 신중하게 조성하는 것이다.

나는 이 장에서 판매 프로세스를 아주 단도직입적으로 설명하여 어느 누구든지 쉽게 기억할 수 있고 성공적으로 적용할 수 있도록 할 것이다. 또한 지금까지 소개한 전략들을 활용해 판매 프로세스를 보다 효과적으로 만드는 방법에 대해서도 설명할 것이다. 당신이 누구에게 무엇을 설득하려 하든, 결국 그것은 '판매' 활동이라는 점을 기억하길 바란다. 삶은 세일즈다. 예외는 없다.

다년간에 걸쳐 판매에 대해 가르치고 세일즈 팀을 관리하며 관찰한 결과, 판매를 잘 하지 못하는 데에는 다음과 같은 네 가지 이유가 있다는 것을 발견할 수 있었다.

1. 판매 행위를 좋아하지 않는다.
2. 판매 행위 자체를 이해하지 못하고 있다.
3. 자신의 조직에 속한 세일즈맨들을 좋아하지 않고, 해당 세일즈맨들도 그 사실을 안다.
4. 가망고객이 원하는 구매 방식으로 판매하지 않는다.

"사람들은 구매하도록 설득당하는 것을 좋아하지 않는다"는 옛말이 있는데, 그것은 사실이다. 그러나 모든 사람들이 현명한 결정을 내리는 데 필요한 정보가 주어지는 것은 좋아한다. 동의하지 않는가? 궁극적으로 그것이 바로 판매이다. 즉 판매란 여러 가지 유용한 정보를 충분히 제공함으로써 확실히 알고 있는 상태에서 분명한 결정을 하게 만드는 것이다. 거래를 성사시키는 것은 의사 결정 과정을 논리적 결론에 이르게 하는 것일 뿐이다. 이 책의 어디에서도 고객에게 구매하도록 압력을 가하거나, 집요하게 몰아붙여 무조건 계약을 맺게 하거나, 흥정을 하거나, 그 밖에 당신이 어디선가 혹은 누군가로부터 잘 통하는 방식이라고 들었을 모종의 방법을 이용하라고 언급한 적이 없다는 사실에 주목하라.

여기에 당신의 비즈니스가 직면하는 냉혹한 현실이 있다. 만일 사업을 하려 하거나 사업을 확장하고 싶다면, 판매라는 것을 편하게 받아들여야 한다. 그것도 빨리! 왜냐하면 모든 비즈니스는 결국 일정 수준의 판매이기 때문이다. 물론 당신이 꼭 직접 밖으로 나가 발로 뛰며 거래를 성사시키는 것을 즐겨야 한다는 말은 아니다. 그러나 적어도 판매를 하기 위해선 무엇이 필요한지, 그리고 판매 상황은 어떻게 분석하는 것인지 정도는 알고 있어야 하며, 세일즈맨을 고용한다면 당신이 싫어하는 일을 직접 하는 그 사람들을 존중해줘야 한다.

마케팅을 효과적으로 하고자 한다면, 판매에 대해 뭔가 배우는 것은 필수다. 사람들이 힘들여 번 돈을 당신에게 쓰게끔 만드는 프로세스를 알아야 한다는 것이다. 사람들은 일정 부분 돈을 쓸 준비가 되어 있다. 그 돈을 당신에게 쓰게 하려면 무엇이 필요한지 이해하는 것은 바로 당신의 몫이다.

만약 당신이 사업 운영 혹은 제품이나 서비스의 조달 및 인도에 깊이 관여하고 있어, 판매 프로세스를 직접 진행하거나 총괄할 시간이 없다면, 그것을 대신할 수 있는 세일즈맨을 고용하라. 당신 대신 판매에 나

설 사람을 뽑을 때는 훌륭한 경력을 보유한 사람을 골라야 한다. 주목할 만한 판매 경험이 있는 자, 판매에 관한 특별 교육 과정을 이수한 자, 해당 분야의 경험이 있는 자는 당신 사업의 주요 고객을 즉각적으로 이해할 수 있을 것이다. 그 다음은 당신이 선발한 사람들이 제대로 된 설득의 방법을 이해하도록 만드는 것이다. 가장 좋은 방법은 그들에게 이 책을 주고 첫 주 동안 읽도록 시키는 것이다(유능한 세일즈맨이라면 이미 이 책을 읽었을 가능성이 높지만). 그리고 만약 기존의 판매 교육 과정을 이수한 경험이 없다면, 기술적 방법론을 완전히 익히도록 해당 프로그램에 참가하게 만들어라.

우리 회사는 판매 교육을 할 때, 정보를 수집하는 시작 단계에서부터 판매가 종료된 후 서비스를 하는 마지막 단계에 이르기까지 전 과정을 체계적으로 가르친다. 여기에 흥미로운 것이 하나 있는데, 그것은 먼저 설득의 기법을 가르치고 교육 과정 말미에 이르러서야 비로소 판매 프로세스를 가르친다는 점이다. 그렇게 함으로써 이미 배운 설득의 기법들을 판매 프로세스 각 단계에 덧붙일 수 있게끔 만드는 것이다. 우리는 기업체를 상대로 사내 연수를 할 때 반드시 마케팅 부서원들도 교육에 참가할 것을 요구한다. 너무도 많은 기업들이 부분적으로든 전체적으로든 세일즈와 마케팅을 분리해서 생각하는데, 그 두 분야 모두 고객 설득과 깊이 연관되어 있다는 점을 감안하면 이것은 분명 큰 실수이다.

여기서는 풀코스의 세일즈 강의를 하기보다는 고객과의 거래를 성사시키기 위해 고객이 원하는 방식으로 대화를 하는 방법에 대해 간단히 설명하도록 하겠다. 그리고 거기에 덧붙여 판매 프로세스의 각 단계별로 적용할 수 있는 설득의 전술을 보여줄 것이다.

당신의 고객이 원하는 것

당신의 고객은 특정한 몇 가지를 원한다.

- 고객에게 니즈가 있음을 알려주거나 니즈를 확인시켜주는 것
- 문제에 대한 해결책
- 질문에 대한 답
- 현명한 선택을 위한 구체적 정보
- 자신이 원하던 것을 얻고 또 그것이 최선의 선택이라는 확신
- 지금 바로 결정을 내리는 것에 대한 당신의 허락

판매에는 사실 별다른 비결이 없다. 만일 당신이 위의 모든 사항을 다 충족시킬 수만 있다면 당신은 매번 거래를 성사시킬 수 있다. 고객은 단지 그들에게 필요한 것을 제공받길 원한다. 관련성을 갖추고, 그들의 질문에 답하고, 가치를 보여주기만 하면, 당신은 고객의 구매 기준을 설정할 수 있을 뿐 아니라, 거래를 당신에게 유리하게 이끌 수 있다.

실제로 판매는 이처럼 간단한 것이다. 판매 과정을 더 복잡하게 만들면, 앞서 말한 고객이 원하는 정보를 주는 데 걸리는 시간만 더 길어지고 결과적으로 거래 성사는 늦춰진다. 나는 설득력 높은 판매에 대한 이해를 돕기 위해 'I SELL' 이라는 두문자어를 이용한다. 'I SELL' 프로세스는 다음과 같다.

I – 구매력 있는 가망고객을 찾아라(Identify qualified prospects)

S – 이야기를 시작하라(Start your story)

E – 정보를 주고, 대답하고, 구매 의욕을 북돋워라(Educate, answer, and encourage)

L – 최선의 결정을 하도록 이끌어라(Lead them to their best decision)

L – 구매하게 하라(Let them buy)

구매력 있는 가망고객을 찾아라

설득력 높은 판매의 첫 단계는 당신의 목표와 관련 있는 고객을 찾는 것이다. 우선 당신의 제품이나 서비스를 받고자 하는 욕구와 받을 능력이 있는 고객을 찾아야 한다. 신참 세일즈맨이든 노련한 세일즈맨이든 간에 그들이 저지르는 중대한 실수 중 하나는, 바로 조금이라도 자신에게 관심을 보이는 고객이라면 무조건 이야기를 시작해 자신의 시간을 낭비하는 것이다. 만일 이 고객이 구매 가능성이 있는 고객인지 모르겠다면, 이야기를 시작해 3분 안에 판단을 내리는 것이 좋다. 그렇지 않으면 결국 당신의 유용한 시간을 깎아 먹기만 할 뿐이다.

세일즈 매니저가 부하 직원을 돕기 위해 가르치는 오래된 교훈 중 하나는, 바로 시간의 가치에 대해 알게 하는 것이다. 세일즈맨 대부분은 시간의 가치를 이해하기 위한 노력을 하지 않을 것이며, 설사 한다 하더라도 일상의 삶에 그것을 적용할 만큼 제대로 그 가치를 알지 못할 것이다. 반면에 상위 5퍼센트 안에 드는 세일즈맨들은 자신이 얼마만큼의 성과를 올려야 하는지, 그리고 그것을 이루기 위한 시간은 얼마나 남았는지 등에 관련된 수치를 아주 중요하게 생각한다. 시간관념이 얼마나 중요한 것인지를 당신에게 일깨우기 위해 질문 하나를 던지겠다. 당신이 사랑하는 사람의 생명을 구하기 위해 30일 안에 1만 달러를 벌어야 한다면, 당신은 과연 이틀에 한 번씩 친구와 낚시를 가겠는가?

물론 아닐 것이다. 그 목표점에 도달하기 전까지 당신은 집중적으로 노력을 할 것이다.

이런 훈련을 해본 적이 없다면 바로 지금 해볼 것을 권한다. 간단히 내년에 당신이 올리고 싶은 수입액을 적어라. 통상적인 연간 근무 시간인 2,080(40시간×52주)으로 그 금액을 나눠라. 바로 그 수치가 바로 당신이 소비하는 매 시간의 가치다. 그 수를 다시 한 번 10분 단위, 즉 6으로 나눠보라. 고객을 상대하기 전에 정확히 얼마만큼의 시간 가치를 투자할 것인지 알 수 있을 것이다. 유능한 설득 행위자가 기본적으로 벌게 되는 연 소득 10만 달러가 당신 목표라 치자. 시간 가치에 대한 방정식은 이렇게 계산될 것이다. 100,000달러÷2,080=48.07달러, 48.07달러÷6=8.01달러.

매 10분마다 당신은 8.01달러의 가치를 투자하는 셈이다. 모든 활동은 시간의 가치를 투자하는 것이다. 적합하지 않은 고객을 상대로 시간을 소비하는 것보다 더 큰 낭비는 없다. 왜냐하면 가능성 없는 고객이나 쓸모없는 일로 당신이 버리는 시간은, 10만 달러를 벌기 위해 할당된 시간을 깎아 먹기 때문이다. 아니면 당신은 그렇게 낭비한 시간을 벌충하기 위해 추가적으로 시간을 따로 내야 한다(밤, 주말, 휴일, 휴가 기간 동안에 말이다). 이 셈을 제대로 하고 당신이 얼마나 많은 시간의 가치를 낭비하는지 솔직히 인정한다면, 적합한 고객만을 상대로 말하는 것이 얼마나 중요한 일인지 알 수 있을 것이다.

빠르고 효과적으로 고객의 적격 여부를 판단하기 위해 다음과 같은 질문을 던져보라.

■ 이 고객에게 내가 해결할 수 있는 급박한 요구 사항이 있는가?

- 이 고객은 내가 도움을 줄 수 있을 만한 프로젝트를 진행하고 있는가?
- 이 고객은 의사결정 권한을 가지고 있는가? 또는 실질적으로 의사결정권자에게 영향력을 미칠 수 있는 사람인가?
- 이 고객을 상대하기 전에 최종 결정권자와 이야기를 할 수 있을까?
- 이 고객 혹은 회사가 나와 거래할 정도의 재정적 능력을 갖추고 있는가?(겉만 보고 판단해서는 안 된다. 실제적으로 확실히 알아봐야 한다.)
- 내 제품이나 서비스를 이용할 수 있는 기술적 요건이 고객에게 갖추어져 있는가?
- 고객이 내 제품이나 서비스를 이용하는 데 꼭 필요한 경험을 가지고 있는가?
- 그 밖에 이 고객이 거래를 하는 데 부적합한 대상이 될 만한 다른 사항들은 없는가?

이야기를 시작하라

일단 가망고객을 확보했다면, 당신의 이야기를 시작할 차례이다. 이야기 시작 전에 고객의 말을 먼저 듣도록 하라. 당신이 말을 시작할 때 고객이 들을 자세가 되어 있는지 확인하라. 들을 준비가 된 고객이야 말로 이미 구매할 자세가 되어 있는 사람이다.

당신은 이미 페르소나를 갖춘 상태이어야 하고, 직접적으로든 전화 상으로든 언제나 말할 준비가 되어 있어야 한다. 만약에 준비가 되어 있지 않다면 가능한 한 휴식 시간을 만들어 설득력 높은 페르소나를 준비할 수 있도록 한다. 만일 전화상으로 설득을 한다면, 당신의 목소리는 명확하고 또렷해야 한다. 이에 관해 그레이트 보이스 사(The Great Voice Company)의 CEO 수전 버클리(Susan Berkley)는 다음과 같은 조언을 해준다.

"전화 통화 중 목을 가다듬지 마십시오. 대신 물을 마시세요. 어느 누구도 당신의 목 가다듬는 소리는 듣고 싶어하지 않습니다. 직접 상대방과 이야기한다면 의상이 흠잡을 데 없도록 하고 목소리, 자세, 프레젠테이션은 완벽히 준비된 상태가 되도록 하십시오."

가망고객이 꺼낸 중요한 이슈를 재차 거론하는 방식으로 이야기를 시작하라. 일단 고객의 이야기를 경청했음을 보인 다음에 당신의 이야기를 시작하라. 이야기를 잘 갈고닦았다면, 거기에는 다양한 설득 기법과 확인 질문 등이 포함되어 있을 것이다.

설득 중에 영향력 이양의 원칙을 사용하는 것은 아주 중요하다. 당신의 요지를 강조하기 위해 연구 사례나 사람들의 증언을 이용하도록 하라. 그 예들은 두말할 나위 없이 가망고객이 가진 이슈와 관련된 것이어야 한다.

정보를 주고, 대답하고, 구매 의욕을 북돋워라

설득을 전개해나가면서 호기심을 끊임없이 유발시켜라. 고객이 질문을 함으로써 결과적으로 설득에 더 깊이 관여하게 만들어라. 이야기 속에서 정보를 제공하고 질문에 대답을 하는 과정이 적절히 진행되면 당신은 구체적으로 왜 당신과 당신의 해결책이 최선인지 고객에게 가르치는 셈이 된다. 그런 식으로 신뢰감을 조성하고 영향력과 신뢰성의 이양을 적절히 사용하고 나면, 고객은 더 많은 질문을 던지게 된다.

이제 고객을 더 깊이 끌어들일 기회가 생긴 것이다. 고객이 보다 많은 시간을 당신에게 투자할수록 당신의 경쟁자에게 쓸 시간은 적어지는 것이고, 결국 당신의 설득이 성공할 확률은 더욱 높아진다. 정보를 주고, 대답하고, 구매 의욕을 북돋우는 과정을 통해, 고객이 자신의 정보를 당신에게 점점 더 많이 제공하게끔 만들어라. 당신은 그러한 정보를 설득의 단계를 높이고 고객의 구매 기준을 설정하는 데 이용할 수 있다. 고객에게 더 많은 정보를 제공할수록 당신은 전문가가 되고, 고객은 당신에게 의지할 수 있음을 알게 된다. 고객이 당신에게 더욱 더 의지할수록, 다른 경쟁자에게 의지할 확률은 줄어든다.

정보의 질 또한 성공적인 판매 프로세스를 이끄는 요인이다. 고객의 질문에 대한 면밀하고 확실한 대답은 상황을 당신에게 유리하게 만들어준다. 대답이 구체적인 문제의 해결 방안과 긴밀한 관련성을 갖도록 하는 것은 기본이다. 또한 당신이 제안한 해결책에 이의를 제기하거나 질문을 하게 유도함으로써 고객의 마음 깊은 곳에 숨겨진 진짜 관심사를 알 수도 있다. 고객이 원하는 정보를 다 얻을 때까지 정보를 주고, 대답하고, 구매 의욕을 북돋워라.

최선의 결정을 하도록 이끌어라

바로 이때가 당신이 수입을 올릴 수 있는 시점이다. 이야기를 계속 진행해나가면서 이제부터는 고객이 여러 가지 작은 결정을 내리고 사소한 것에 대해 동의하도록 이끌기 시작하라. 최종적인 결정을 하도록 준비시키는 것이다.

이 단계에서 작은 결정을 더 자주 내리게 할수록, 마지막 단계에서 당신과 거래를 하기 위한 결정을 내리기는 더 쉬워진다. 만일 당신이 승용차를 판매한다면, 이 시점에서 고객으로 하여금 차의 색깔이나 추가적인 부속물 따위에 대한 결정을 내리게 할 수 있다. 만일 기술을 판매한다면, 시험 장소를 어디로 할 것인지, 누굴 그 작업에 관여시킬 것인지 등에 대해 결정하도록 유도할 수 있다. 고객의 마음을 이러한 작은 행동들을 취하도록 적극적으로 유도하면, 고객이 자신의 일에 당신과 당신의 제품을 반드시 포함시켜야 하는 상태가 될 수밖에 없다.

이 단계에서 당신은 곧바로 계약 체결에 들어갈 것인지 아니면 몇 단계를 더 밟을 것인지 최종적으로 결정할 수 있는 무대를 마련해야 한다. 만약 모든 질문과 대답이 오갔고 고객이 구매할 준비가 되었으면 다음 단계, 즉 구매하게 하는 단계로 옮겨가라. 그러나 하루 안에 계약 체결까지 이루어지는 거래보다는 그렇지 않은 거래가 더 많다. 어쨌든 끝까지 설득 프로세스를 주도적으로 제어하려면 다음 일어날 일까지 제어하는 상태를 유지해야 한다. 그러므로 이 단계에서 당신은 다음에 일어날 일이 무엇인지 분명하게 결정할 필요가 있다. 다음 단계들을 위한 기한과 관련하여 고객의 동의를 이끌어내라. 누가 어떤 일을 담당하고 있는지 파악하고 '책임감 기법'을 구사하라. 자신에 대한 누군가의 기대를 인식한다면, 사람들은 대부분 자신이 한 약속을 지키려고 할 것이다.

만약 이때까지 고객이 구매 결정을 하지 못했다면, 당신은 그때까지 자신이 약속한 사항들을 부지런히 이행해야 한다는 사실을 명심해야 한다. 가망고객은 당신의 일 처리 능력을 보고 판단을 내릴 것이다. 그들은 앞으로 어떠한 종류의 고객이 될 것인지 많은 암시를 줄 것이다. 그러니 각별한 주의를 기울여라. 이들은 과연 자신이 정한 기한을 지킬 것인가? 약속을 지키기는 할 것인가? 혹시 다른 누군가에게 의존하고 있지는 않은가? 만일 그렇다면 그 이유는 무엇인가? 이 시점에서 모으는 하나하나의 정보는 당신의 장기적 성공에 중대한 영향을 미친다. 다시 한 번 말하지만, 많은 정보를 가진 자가 프로세스를 제어하고 이기게 되어 있다. 필요하다면 목적과 기한을 재확인하며 약속을 재차 숙지시켜라. 바로 이때가 선물하기 좋은 때이다. 고객 회사에 그들이 당장 유용하게 활용할 수 있는 정보를 제공하라. 실현 가능하고 윤리적인 호의를 베풀어라. 선물이나 무료 견본을 제공하라. 누차 강조하지만, 선물은 윤리적이고 도덕적인 범주 내에서, 그리고 서로가 속한 집단이 허용하는 범위 내에서 제공해야 한다.

이러한 과정을 결정이 내려지는 순간까지 지속하라. 상대가 생각하는 것보다 일찍 결정을 하게 만들 필요가 있다면, 배타성과 희소성을 활용하라. 결정을 미루면 납품 스케줄에 차질이 생김을 설명함으로써 희소성을 이용할 수 있다. 주문량이 밀려 있다거나 다른 고객이 먼저 주문을 하게 되는 상황을 말할 수도 있다. 상실이나 지체의 두려움은 설득 프로세스에서 강력한 동인이 된다. 배타성을 보여주는 것 역시 욕구를 증가시킨다. 이때 조기 구매자나 특정 일자 이내에 구매하는 고객에게만 돌아가는 혜택들을 알려주면 좋다. 지금 결정을 내리면 배타성을 지니는 특별한 그룹이나 이벤트에 참여할 수 있다는 점을 알려라.

구매하게 하라

'I SELL' 과정의 마지막 단계는 바로 고객으로 하여금 구매하게 하는 것이다. 이 단계에 이르러서도 판매 체결과 관계없는 이야기만을 계속 늘어놓는 세일즈맨들을 나는 너무나 많이 목격했다. 그들은 계속 이야기하고 설득하고 확신을 줘야 할 필요성을 느끼는데, 그것은 고객으로 하여금 혼란과 망설임만 가중시킨다. 당신의 가망고객이 구매할 준비가 되었다면 당장 팔아라.

이쯤 되면 고객은 자신이 옳은 결정을 하고 있다고 확신한 상태가 된다. 즉각적인 구매라는 역학적 프로세스에 깊숙이 참여시켜야 할 시점이다. 그것이 계약을 하는 것이라면, 빨리 계약을 맺고 계약 이행의 첫 번째 단계에 들어가도록 하라. 또는 그것이 간단하게 현금을 받는 것이라면, 가급적 그 자리에서 돈을 내게 하라. 일단 이 과정에 들어섰다면 다른 것을 덧붙여 팔기 좋은 시점이라는 것도 잊지 마라. 당신이 소매상이라면 이윤이 더 많은 관련 제품을 권해보라. 값비싼 품목을 취급하는 사람이라면 거기에 따르는 부속물이나 수리 서비스, 보험 등 거래의 규모를 키울 수 있는 무엇이든 권해보라. 그들이 구매 행위에 적극적으로 관여하고 있을 때만큼 다른 것을 사도록 권하기에 좋은 타이밍은 없다.

처음으로 그 고객에게 물건을 팔았으면, 당신이 지속적으로 관리하는 그룹에 속하게 하여 서로의 관계를 더 강화시키고 그를 충성 고객이 되게 만들어라. 이는 말할 것도 없이 나중에 더 많은 판매의 기회로 이어진다.

제대로 된 맥락에서 이해하기 시작하면, 판매라는 것이 정말 재미있는 것임을 알게 될 것이다. 그리고 고객에게 최상의 정보를 제공하는, 당신 사업의 일부임을 깨닫게 될 것이다. 판매 계약이 고객 관계의 일부라면, 나머지는 납품이다. 판매 후에 당신이 행하는 모든 행위는, 고객들로 하여금 처음으로 현명한 선택을 했다는 사실을 계속해서 상기시켜야 한다. 그리고 그것은 또한 앞으로 구매하는 것 역시 그러할 것이라는 점을 상기시키는 역할을 해야 한다. 그들은 이미 당신으로부터 최고의 서비스를 받고 있기 때문에, 다시는 다른 광고에 관심을 보이지 않을 것이다.

기억하라. 판매는 예측 가능한 결과를 도출해내기 위해 당신의 이야기를 지원하는 적절한 기법들을 하나하나 축적해가는 과정일 뿐이다. 'I SELL' 프로세스는 설득력 높은 판매를 보장할 수 있는 내가 아는 가장 쉬운 방법이다.

CHAPTER ⑮ REVIEW

▶ 'I SELL' 프로세스의 의미를 이해하라. 구매력 있는 가망고객을 찾아라. 이야기를 시작하라. 정보를 주고, 대답하고, 구매 의욕을 북돋워라. 최선의 결정을 하도록 이끌어라. 구매하게 하라.

▶ 전 과정에 걸쳐 적절한 설득 기법을 활용하라.

▶ 당신의 이야기를 통해 지속적으로 고객의 호기심을 자극하고 구매 욕구가 생기게 하라.

▶ 구매하게 하라. 고객이 구매를 결정했다면 이야기를 중단하고 판매 체결 절차를 밟아라.

SUCCESS QUESTIONS

▶ 오늘 내가 상대하는 고객은 구매할 가능성이 있는 고객인가?

▶ 해마다 내가 가망고객이 아닌 사람을 설득하려 함으로써 낭비한 시간의 가치는 얼마인가?

▶ 'I SELL' 프로세스를 확실하게 머릿속에 집어넣었는가?

16 | 설득력 높은 광고
PERSUASIVE ADVERTISING

당신의 자그마한 회사에 100만 달러의 돈이 묶여 있다고 가정해보자.
그런데 어느 날 갑자기 회사의 광고 전략이 실패하여 판매량이 감소하기 시작한다.
모든 것이 그 사업에 달려 있다. 당신의 미래, 당신 가족의 미래,
심지어 다른 사람들과 그 가족들의 미래마저도 말이다!……
자, 그렇다면 이제 내가 무엇을 해주길 바라는가? 좋은 광고 문구?
아니면 망할 놈의 판매량이 그만 곤두박질치고 이제 좀 올라가게 만드는 것?
_ 로저 리브스(Rosser Reeves), 『광고의 실체(Reality in Advertising)』 중에서

●● 다음 단락에서 제시할 내용은 많은 사람들을 화나게 할 것이며, 그래야 마땅하다. 그것은 또한 깊이 생각하도록 만들어서 좀더 많은 돈을 벌 수 있도록 도와줄 것이다. 그리고 특별한 일이 없는 한 다음 광고를 만들 때 제대로 된 결정을 내리도록 도와줄 것이다.

오늘날 무엇이 훌륭한 광고를 만드는지에 대해 제대로 이해하고 있는 사람은 거의 없다. 그리고 어떤 광고가 많은 이득을 가져다주는지를 알고 있는 경영주는 그보다도 훨씬 더 적다. 광고 문구를 고안하고 광고를 만드는 사람들 대부분은 어떻게 해야 광고로 사람들을 설득시킬 수 있는지 전혀 모르고 있다. 대규모 광고 회사에서 일하는 사람들을 말하는 것이 아니다(물론 그들 대부분도 이해를 못한다는 점에서는 매한가지지만). 여기서 내가 말하는 사람들이란 바로 당신의 광고를 제작하는 사람들이다. 당신 회사의 광고를 다른 회사의 것들과 함께 뭉뚱그려 내보내는 신문사나 잡지사 사람들, 방송과 방송 사이의 쉬는 시간을 활용하여 당신의 광고 문구를 만드는 라디오 방송 진행자, 대형 광고 회사나 케이블 방송사의 욕구불만에 가득 찬 관리자, 접수원에서 승진한 마케팅 매니저, 그리고 학술적인 글을 쓰다가 단지 글을 쓸 줄 안다는 이유로 카피라이터가 된 사람 등, 이들이 바로 형편없는 광고를 만드는 사람들이다. 그리고 이 모든 일은 당신의 잘못이다. 당신이 그들을 고용했으니 말이다.

이쯤 되면 화가 머리끝까지 났으리라. 그러나 아직 희망은 있다. 이들 중 나쁜 의도를 품은 사람은 아무도 없다. 오히려 그 반대일 것이다. 그들은 당신에게 돈을 벌어다 주고 싶어한다. 그러니 이제 그들에게 그 방법을 알려주도록 하자. 이번 장에서 나는 성공적인 광고를 만드는 공식을 보여줄 것이다. 설득력 있고 높은 이윤을 가져다주는 광고를 만들기 위해서는 두 가지 단계를 거쳐야 한다.

유익하고 설득력 높은 광고를 만드는 방법

1. 사람들의 이목을 끌며 설득력 높은 이야기를 들려주는 광고를 만들어라.
2. 그 효과를 측정하라.

나는 당신의 상품을 잘 팔리게 만들어줄 완벽한 광고 문구 작성법이나 길고 긴 어휘 목록을 건네주기보다는, 그보다 더 도움이 될 만한 것을 들려주고 싶다. 이 장에서 나는 당신이 지금 당장이라도 광고 제작에 적용할 수 있는, 세상에서 가장 설득력 높고 강력한 광고 문구 원칙을 설명할 것이다. 또한 효과적인 광고를 만드는 데 필수적인 정보를 얻을 수 있는 방법에 대해서도 이야기할 것이다. 이 원칙은 출판물, 라디오, 텔레비전, 인터넷, 간판, 현수막, 우편물, 심지어 전화 대기 메시지 등 모든 형태의 광고에 적용할 수 있다. 만일 이 원칙들을 가슴 깊이 새기고 광고와 마케팅 모델에 적용한다면, 당신은 경쟁자들보다 훨씬 빠르게, 더욱 훌륭하게, 그리고 보다 적은 비용으로 시장에서 우위를 차지할 수 있을 것이다.

다른 것들을 설명하기에 앞서, 먼저 왜 당신의 광고를 전적으로 광고회사에 맡기면 안 되는지에 대해 알아보겠다. 광고회사 사람들이 얼마나 많은 양의 광고를 매일같이 제작해야 하는지 상상해보라. 그들은 한 해에만도 수백 개의 광고를 만들어야 하는데, 그 중의 상당수가 당신의 경쟁사의 광고이다.

광고업체에 위탁을 하면 다음과 같은 순서로 일이 진행된다. 제일 먼저 광고 책임자나 카피라이터가 당신의 광고에서 반드시 강조하고 싶은 부분이 무엇인지 묻는다. 그러면 대부분은 자신의 제품, 서비스, 이용 가능 시간, 장소 등을 중요하게 언급해달라고 대답한다. 고객의 구매 의욕을 자아내기 위해 특별 할인 행사를 제안하는 카피라이터들도 있다. 그런 다음 그들은 작업에 착수한다.

그들의 입장이 되어 생각해보라. 하루에도 수십 개씩 만들어야 하는 광고 문구, 그 중 일부는 당신 경쟁사의 광고이며, 또 일부는 엄청난 양의 노력과 심사숙고를 필요로 한다. 그 가운데는 아이디어를 얻을 수 있는 것들도 있지만, 아무리 노력해도 도무지 생각을 이끌어낼 수 없는 것들도 있다. 이제 무슨 일이 벌어질까? 그렇다. 물론 처음 몇 분간은 아주 골똘히 아이디어를 떠올리려 노력할 것이다. 그러나 얼마 안 가서 이미 어디선가 사용했던 문구나 아이디어가 떠오르기 시작하고, 결국 기존의 좋은 문구나 생각들을 억지로 꺼내 한데 모아 당신의 광고에 이리저리 끼워 맞춘다. 이것이 진정 당신이 바라는 것인가?

이런 식으로 만들어진 광고는 참신한 맛이 없고 진부하며 설득력도 전혀 발휘하지 못한다. 대신 당신의 광고는 경쟁사의 광고와 비슷해지고, 그에 따른 결과는 둘 중 하나이다. 다른 비슷한 광고들과 섞여 완전히 묻혀버리거나, 경쟁사의 광고가 더 자주 지속적으로 노출되어 오히려 당신의 광고가 그들의 메시지를 부각시키는 역효과를 부르는 것이다.

사람들이 경쟁사의 광고를 베끼거나 광고를 하는 장소들을 그대로 답습함으로써 광고의 효과를 훔칠 수 있다고 생각하는 것 역시 그와 같은 발상에서 비롯된다. 하지만 현실은 다르다. 만일 경쟁사의 광고를 따라한다면 그들의 메시지를 더욱 강조하는 결과만 가져올 뿐이다.

광고를 제작할 때 가장 중요한 것은 자신만의 메시지를 만들고 그것이 고객의 뇌리에 각인되도록 만드는 것이다. 오직 당신만이 들려줄 수 있는 이야기를 전달해야 한다. 그런 메시지라면 경쟁사는 당신이 들려주는 이야기를 결코 모방할 수 없음을 알게 된다. 모방이 지니는 또 다른 문제점은 경쟁사의 광고가 좋은 반응을 불러일으키고 있는 상황에서 당신이 그들과 비슷한 수준의 예산이나 목표를 갖고 있지 않다면, 당신의 광고는 결국 역효과만을 초래하고 만다는 사실이다.

내가 말하는 바를 제대로 이해하고 좋은 광고를 만드는 것이 얼마나 쉬운지 알아보려면 다음과 같은 연습을 해보기 바란다. 오늘 하루만이라도 당신의 광고를 다른 필터를 통해 살펴보라. 잠시만이라도 훌륭한 광고와 그렇지 못한 광고에 대한 선입관을 버리고, 방금 설명한 원리들을 자신이 만든 광고에 적용시켜보라. 그러면 이 원칙이 얼마나 강력한지 깨닫게 될 것이다. 당신의 광고가 보다 향상될 수 있음을 알게 되는 순간, 당신은 사업을 더욱 발전시킬 수 있는 길에 들어선 셈이다. 만약 광고를 더 이상 향상시킬 수 없다면 축하의 박수를 보내주겠다. 성공의 가도에서 한 발짝 멀어진 셈이니 말이다. 혹은 사업상 엄청난 손실을 입을 수 있는 가능성에 한 발짝 더 가까이 다가갔다고 표현해야 할지도 모르겠다.

자, 그럼 연습을 시작해보자. 출판물, 텔레비전, 웹 사이트, 우편물, 전화번호부, 라디오 등에 소개된 당신의 모든 광고들을 한데 모아라. 그런 다음 잠시 이 연습에 전념할 수 있도록 광고들을 잘 정리하라.

이제 광고에 나와 있는 당신의 회사명이나 로고를 경쟁사의 이름으로 바꾼 다음 자문한다. "이렇게 광고에 나타난 로고나 회사명을 바꿔도 고객이 우리를 알아볼 수 있을까?", "경쟁사들도 이 점에 대해 우리와 같은 생각을 하고 있을까?"

혹시 자신의 대답에 놀랐는가? 만약 사람들 대부분이 어떤 분야에서 기본적으로 같은 말을(정확하고 객관적으로) 한다면, 잠재고객이 구매를 결정하기는 얼마나 힘든가? 고객이 당신이 제공한 정보에 근거해 경쟁사 대신 당신을 선택해야 하는 이유는 무엇인가?

포기하고 싶은가? 그렇다면 고객도 마찬가지이다. 고객은 가장 먼저 전화를 받거나, 질문에 대한 해결책을 제시하거나, 또는 가장 싼 가격을 제시하는 회사를 선택하게 마련이다.

이제야 왜 이리도 경쟁이 심한지, 왜 가격 경쟁을 벌여야 하는지 알겠는가? 반면에 가격이 아닌 가치와 질로 승부하고, 자신을 차별화하면 그 경쟁이 얼마나 쉬워질지도 알겠는가?

좋은 광고를 이루는 요소를 설명하기 전에, 미국에서 가장 뛰어난 광고업자인 로저 리브스의 충고를 귀담아들을 필요가 있다.

"광고만 남다르게 만드는 게 아니라, '제품'까지도 독특하게 만들어야 한다. 그것이 바로 오늘날 미국의 수많은 카피라이터들이 깨닫지 못하고 있는 점이다."(『광고의 실체』, Knopf, 1961)

여기서 그가 강조하고 있는 단어는 바로 '제품'이다. 고객은 당신이 누구인지, 당신이 얼마나 훌륭하며 당신의 회사가 얼마나 대단한지, 그리고 당신의 특출한 직원들과 거래를 한다는 것이 얼마나 행운인지 등에 대해 알고 싶어하는 것이 아니다. 그들이 원하는 것은 당신의 제품이 그들의 욕구를 만족시켜줄 수 있고, 당신이 현명한 의사 결정을 하는 데 필요한 정보를 줄 수 있다는 확신이다. 일단 이 점을 확신한다면, 고객은 당신의 가게로 들어와 그들이 기대했던 바를 확인할 것이며, 그제서야 비로소 품질, 서비스, 직원들의 우수성 등에 대한 그 동안의 이야기들을 믿을 것이다.

발견(discovery), 폭로(uncovery), 당신의 현실(the reality of you) 등은 결국 모두 같은 의미이다. 당신이 어떤 점에서 경쟁자들과 다른지, 그리고 무엇이 고객으로 하여금 당신의 제품을 선택하게 하는지(혹은 선택하게 '할' 것인지) 알고 싶다면, 깊이 연구하여 그 답을 찾아내야 한다. 당신의 사업, 제품, 고객, 역사, 그리고 당신 자신에 대해 구체적인 질문을 던져야 한다. 그런 후에야 비로소 당신은 자신의 고유성이나 독특한 판매 계획을 확립할 수 있다. 그러면 그것을 중심으로 당신의 모든 이야기가 형성되고 사방으로 전파될 것이다.

예를 하나 들어보겠다. 내 클라이언트 중에 피도기어(Fidogear, www.fidogear.com)라는 회사가 있는데, 그 회사는 목걸이, 코트, 신발, 사슬 등 개와 관련된 제품들을 만든다. 이것만으로는 그다지 특이하지 않다. 그렇지 않은가?

그런데 만일 이 회사가, 개를 사랑하는 70세 할머니가 은퇴 후에 그저 무언가를 하기 위해서가 아니라, 개에게 도움을 주고 싶어 설립한 것이라면 어떨까? 하나하나의 제품이 모두 당신이 보낸 치수에 따라 각각의 고객에게 꼭 맞게 수공예로 제작된다면? 게다가 그 가격이 일반 대형매장에서 팔리는 제품과 동일하다면? 애완동물을 사랑하는 사람으로서 이 회사의 제품을 사고자 하는 이유가 하나씩 쌓여서 최고점에 이르지 않겠는가? 독특함은 당신의 정체성을 표현하고, 몰개성이 판치는 이 세상에서 고객을 당신에게 이끌어주는 힘이다.

그럼 여기서 당신의 독특함을 찾도록 도와줄 질문들에 답해보자.

■ 당신에 관해 이야기해보라. 어떻게 사업을 시작하게 되었으며, 왜

하필 이 사업을 선택했는가?

- 당신 사업의 어떤 부분이 당신을 열정적으로 만드는가?
- 이 사업은 당신에게 개인적으로 어떻게 기여하고 있는가?
- 이 제품을 선택하게 된 이유는 무엇인가?
- 당신의 사업에는 고객이 알면 깜짝 놀랄 만한 점이 존재하는가?
- 경쟁사들이 모방하려고 애쓰는 당신만의 특성은 무엇인가?
- 고객을 놀라운 방식으로 끊임없이 만족시키기 위해 무엇을 하고 있는가?
- 왜 그렇게 하는가?
- 고객을 위해 어떠한 문제점을 해결해주는가?
- 당신의 제품이나 서비스를 구매할 때, 고객은 어떤 점을 불만족스럽게 생각하는가?
- 당신의 제품과 서비스에 경쟁사는 하지 않을, 혹은 하지 못할 어떤 특별한 방식을 통해 부가가치를 불어넣는가?
- 그것을 어떻게 알 수 있는가?
- 경쟁사의 제품을 마지막으로 구매해본 것이 언제인가?
- 당신의 배경에 대한 이야기를 해보라. 왜 자신이 이 사업의 전문가라고 생각하는가?
- 만일 자신이 전문가가 아니라면 그렇게 되기 위해 무엇을 해야 하는가?
- 당신의 제품에 관해 세 가지 사항을 들려주고 그것을 기초로 하여 고객이 구매하도록 만들어야 한다면, 그 세 가지는 무엇이겠는가? 또한 그 내용이 경쟁사와는 어떻게 다르겠는가?
- 어째서 고객은 특별히 그 세 가지 기준에 근거하여 현명한 선택을

내리겠는가?

- 판매 시 당신이 고객에게 반드시 들려주는 이야기는 무엇인가?
- 구매 시 고객이 당신에게 가장 자주 던지는 세 가지 질문은 무엇인가?
- 당신의 최대 경쟁자는 누구이며, 그 이유는 무엇인가?
- 당신의 제품이나 서비스에 관해 고객이 그저 이해해주기를 바라는 점이 있는가? 그것이 왜 그렇게 중요한가?

당신과 당신의 직원들에 대해 세부적인 발견을 할 때마다 당신은 중요한 정보를 얻을 수 있다. 이번에는 단골 고객으로 구성된 그룹을 대상으로 같은 질문을 해보자. 앞에서 언급한 질문들과 더불어 고객에게 다음과 같은 질문을 던져본다.

- 고객님은 우리의 단골입니다. 그리고 우리는 고객님과 같은 고객을 좀더 많이 확보하고 싶습니다. 그렇다면 우리 회사의 X(당신 회사의 제품명과 서비스명을 삽입하라)를 선택한 이유는 무엇입니까?
- 이 분야에서 우리가 다른 회사에 비해 잘하는 점이 있다면 무엇입니까?
- 그 점이 왜 고객님께 그렇게 중요합니까?
- 혹시라도 다른 회사의 제품을 구매할 의향이 있습니까? 만약 그렇다면 좀더 자세히 설명해주십시오. 만약 아니라면 그 이유는 무엇입니까?
- 우리 회사를 선택하게 된 경로는 무엇입니까?

- 우리가 고객님을 끊임없이 감동시키는 부분은 무엇입니까?
- 고객님의 어떠한 독특한 점이 우리 회사와 잘 맞는다고 생각하십니까?
- 현재 상황에서 고객님이 가장 기억에 남는 최고의 구매 경험을 할 수 있도록 저희가 할 수 있는 일은 무엇입니까?

이제 당신은 가장 설득력 있는 광고를 만들 수 있는 유용한 정보를 한 단계 더 쌓은 셈이다. 하지만 그 전에 진정 필요로 하는 모든 정보를 확보했는지 다시 한 번 신중히 확인해보자. 한때 당신의 단골 고객이었지만 현재는 당신의 제품을 이용하지 않는 사람들에게 다음과 같이 질문한다.

- 거래 회사를 변경한 이유는 무엇입니까?
- 더 좋은 서비스를 위해 우리가 할 수 있었던 것은 무엇입니까?
- 우리가 고객님의 어떠한 독특한 욕구를 만족시키는 데 실패했습니까?
- 고객님을 다시 우리 고객으로 만들기 위해 우리가 할 수 있는 일이 있습니까?
- 어떠한 경로를 통해 현재의 거래 회사를 선택하게 되었습니까?
- 현재의 거래 회사가 충족시키지 못하는 것 가운데 저희 회사가 만족시켰던 사항이 있다면 무엇입니까?
- 거래 회사를 바꾸기로 결정하는 데 얼마나 많은 시간이 걸렸습니까?
- 고객님을 좀더 만족시키기 위해 현재의 거래 회사가 해주었으면 하는 것이 있습니까?

■ 만일 현재의 공급자로부터 저희 회사가 아닌 다른 회사로 거래 대상을 바꾼다면, 가장 큰 이유는 무엇입니까?

이런 질문에 대한 대답을 통해 당신은 훌륭한 정보들을 수집할 수 있으며, 그로부터 당신의 독특함과, 사람들의 관심을 사로잡을 수 있는 광고의 근간이 되는 놀랍고도 강력한 아이디어와 정보, 그리고 이야기들을 이끌어낼 수 있다. 더불어 서비스의 질을 개선시키는 데 도움이 되는 정보들 또한 얻을 수 있을 것이다.

사람들의 이목을 끌며 설득력 높은 이야기를 들려주는 광고를 만들어라

좋은 광고가 갖춰야 할 요건은 무엇인가? 광고(또는 설득적인 메시지)를 만드는 데 있어 기억해야 할 가장 중요한 점은, 당신이 고객의 관심을 끌고 권유하고 설득해서 고객이 행동을 취하도록 만드는 '이야기'를 들려주고 있다는 사실이다.

어떤 매체를 이용하든 좋은 광고에는 헤드라인이 있다. 헤드라인의 목적은 주의를 환기시키고, 관심을 집중시키고, 바로 다음 문장이나 아이디어에서 물건을 사게 만드는 데 있다. 그러므로 그것은 우리를 완전히 끌어들일 수 있는 것이어야만 한다. 텔레비전과 라디오, 신문, 잡지 등을 접할 때마다 우리를 완전히 매혹시키는 것이야말로 헤드라인의 목표인 것이다. 헤드라인은 지금 우리에게 중요한 것이 무엇인지 귀에 대고 속삭여주거나, 다음 문장을 읽도록 시선을 잡아끈다.

설득력 높은 광고는 광고를 만드는 당신이 아니라, 바로 고객에게 초점을 맞춘다. 고객의 관심을 사기 위해서는 당신이 무엇을 가지고 있는지 설명해야 한다. 당신의 광고가 왜 내가 당신의 상품을 사지 않는지 스스로에게 질문을 던질 정도로 바로 그 순간에 경쟁사와의 차이점을 보여주지 못한다면, 그 광고는 통하지 않을 것이다. 훌륭한 광고는 당신이 설득하고자 하는 당사자에게 직접적으로 호소한다. 일대일 대화를 가능하게 하고, 질문에 대답하며, 내가 당신의 제품에 대해 더 알고 싶어하도록, 아니면 구매 행위를 하도록 만든다.

좋은 광고는 대부분 고객과 관련된 질문을 던지고, 그에 대한 해결책을 제시한다. 성공에 관한 확실한 증거, 신뢰성, 경험 등을 포함시키되, "우리 제품이 다른 어느 것보다 우수합니다"와 같은 근거 없는 발언은 삼가도록 한다. 고객이 당신을 믿길 원한다면, 고객이 신뢰하는 사람 혹은 고객과 비슷한 사람으로부터 영향력과 신뢰성을 이양받도록 하라.

비범한 광고는 고객이 당신을 믿을 수 있는 진짜 이유를 제공한다. 당신의 말을 증명하려면 제3자의 증언이나 추천을 이용하라. 당신의 제품을 최초로 사용하고 싶어하는 사람은 없다. 우리는 모두 다른 사람들이 이미 제품을 사용하고 만족했음을 확인하고 싶어한다.

효과적인 광고는 우리도 그 일부로 포함되어 있는 동적이고 아름다운 그림을 상상하게 만든다. 그것들은 전혀 다른 차원에서 우리에게 말을 건다. 시각, 촉각, 청각은 물론 감정까지 모든 것을 동원하도록 만든다. 사람들의 기억을 불러일으키고 싶다면, 어떤 특정한 냄새를 떠올리게 하면 된다. 새 차에서 나는 냄새를 상상해보라. 머릿속에 어떤 차가 떠오르는가? 내가 만일 당신에게 할머니네 집에서 나는 냄새를 떠올려보라고 하면, 당신은 분명 어린 시절의 그 집으로 되돌아갈 수 있을 것이다. 세탁 후 제대로 건조시키지 않아 아기 기저귀 같은 냄새를 풍기는 카펫을 상상하면, 아까와는 전혀 다른 풍경이 떠오를 것이다. 후각과 같은 이런 감각들이 얼마나 쉽게 당신을 자극하고 깊이 몰입하도록 만드는지 알겠는가?

완벽한 광고는 모든 경쟁사에게도 적용되는 고객의 판단 기준을 만드는 동시에, 당신만이 유일하게 만족시킬 수 있는 기준을 세운다. 훌륭한 광고는 당신 회사와 경쟁사들을 명확히 구분하도록 만든다. 당신 회사의 광고에 다른 회사의 이름이나 로고를 넣었을 때 고객이 그 광고를 인정하지 않는다면, 그 광고는 성공 확률이 높은 것이다.

당신의 제품을 사용하지 않았을 경우 발생하거나 발생할지도 모르는 두려운 상황을 고객에게 보여주고, 거기에 자신을 대입하게 만드는 단어, 이미지, 구절을 사용하는 것도 필수적이다. 좋은 광고는 간결 명확하며, 대다수가 이해하지 못하는 어려운 단어를 피한다. 그리고 이 모든 아이디어들이 일관성 있게 연결되는 특성을 지닌다. 또한 고객의 마음에도 깊이 와 닿아 무엇을 보고 듣고 느끼고 있는지 제대로 인식하게 해준다. 이러한 광고야말로 역사 깊은 명품 브랜드를 창조하는 것이다.

어느 매체를 이용하든 새로운 광고를 도입하기 전까지는 단 하나의 아이디어만을 반복해 고객의 머릿속에 각인시키는 것 또한 좋은 광고의 요건이다. 광고의 목적은 한 번에 한 명의 고객에게 물건을 파는 것이라는 사실을 항상 기억하라.

마지막으로 좋은 광고는 한 번에 한 가지 제품이나 아이디어에만 초점을 맞춘다. 열 가지 제품을 광고하고 싶다면 열 개의 서로 다른 광고를 만들어라. 반드시 각각의 광고가 고객을 구매하도록 유혹하는 고유의 기술을 지니도록 만들어라.

완벽한 광고를 위해 문구를 작성하고, 수정하고, 많은 연구를 하는 데 시간을 투자하라. 하지만 광고를 만들고 수정하는 것만으로는 부족하다. 당신의 광고가 새로운 고객과 수입을 창출할 수 있을 정도로 효과적인지 확인할 수 있어야 한다. 만약 그렇지 않다면 당장 그 광고를 버리고 새로운 것을 만들어라. 수입이 늘지 않는다면 그 광고는 효력이 없다는 의미이다.

마지막으로, 효과적인 광고를 만드는 데 유용한 비결들을 제시하겠다. 광고에 일정한 리듬을 지닌 노래나 시를 끼워넣어라. 사람들의 마음을 사로잡고 저도 모르게 박자에 맞춰 흥얼거리게 만드는 리듬감을 창조하라. 나는 광고 문구를 만들 때마다 흥겨운 리듬과 속도감이 느껴지는 음악을 듣는 것이 얼마나 많은 도움을 주는지 실감한다. 시각 매체의 경우, 언어는 화면에 리듬감을 제공하고, 그 화면은 당신이 전달하고자 하는 메시지와 조화를 이루어 결국은 아주 강력한 인상을 남기게 된다. 이러한 리듬과 느낌을 깨닫고 그것들을 어떻게 당신의 광고에 이용할 수 있는지 알아보기 위해 수많은 광고들을 눈여겨볼 것을 권한다.

이제까지 한 번도 광고를 제작해본 적이 없다면, 여기 내가 추천하는 책들을 읽어보라. 직접 광고를 만들거나, 혹은 다른 사람들이 만든 광고를 평가하는 데 많은 도움이 될 것이다.

데이비드 오길비(David Ogilvy), 『광고 불변의 법칙(Ogilvy on Advertising)』(New York: Crown, 1983)

데니스 히긴스(Dennis Higgins), 『광고 글쓰기의 기술(The Art of Writing Advertising)』(New York: McGraw-Hill, 2003)

데이비드 모렐(David Morrell), 『글쟁이로서의 삶에서 배운 교훈

(Lessons from a Lifetime of Writing)』(Cincinnati, OH: Writers Digest Books, 2003)

명심하라. 저렴한 비용으로도 훌륭한 광고를 제작할 수 있으며, 거금을 들인다고 모든 광고가 훌륭해지는 것은 아니다. 자신이 전문 그래픽 아티스트나 광고 제작자가 아니라면 최고의 광고를 만들기 위해 전문가의 도움을 받아라. 사람들의 마음을 끄는 광고를 만듦으로써, 당신은 당신의 지갑이나 은행 계좌에 기분 좋게 들어갈 6인치 크기의 벤저민 프랭클린(미국의 100달러를 의미한다)을 모을 걱정만 하면 된다.

어떠한 광고가 효과를 발휘할지에 대한 해답을 얻기 어렵다면, 그러한 광고를 만들 수 있는 사람을 고용하라. 그 어느 때보다도 고객의 이목을 더욱 잘, 더욱 많이 집중시키는 광고를 통해 당신이 투자한 돈을 금세 회수할 수 있을 것이다.

광고의 효과를 측정하라

광고 효과를 측정하기 위한 최고의 방법은 작년 대비 금년의 수입을 비교해보는 것이다. 그러나 여기에는 또한 이용 가능한, 그리고 이용해야 하는 다른 기준들도 있다. 수입을 비교할 때는 하루, 일주일, 한 달, 그리고 일 년 단위로 측정하라. 이런 방법을 사용하면 트렌드를 예측할 수 있을 뿐만 아니라, 어떤 특정한 시기에 당신의 광고가 효과적이며 또 그렇지 않은지 알 수 있다. 나아가 더욱 설득력 높은 광고를 제작하는 데 필요한 피드백을 얻을 수도 있다.

가게에 걸려오는 전화나 찾아오는 방문객들은 사람들이 당신의 광고에 얼마나 반응하고 있는가를 보여주는 좋은 척도이다. 매년 방문객의 규모를 체크하는 것은 다음 상품을 홍보할 경우 어떠한 반응이 나타날지 예상할 수 있는 가장 단순한 방법이라 할 수 있다.

특정 상품이나 서비스의 판매량 증가를 기록하는 것 또한 광고의 효과를 알 수 있는 좋은 방법이다. 단 하나의 상품이나 서비스에 광고의 초점을 맞출 때에는 광고비를 제외하고도 이윤을 남길 수 있도록 수익성이 큰 상품을 선택해야 한다. 아니면 부가 판매를 유도하여 총 판매액을 증가시킴으로써 광고 비용을 상쇄시킬 수 있어야 한다.

광고의 효율성이 높아지면 많은 경우 판매량도 급격히 증가한다는 것을 알 수 있는데, 여기에는 몇 가지 이유가 있다. 당신의 물건을 사고자 했던 고객이 마침내 그것을 행동으로 옮겨 물건을 구매했거나, 그동안 마음을 정하지 못하고 있던 고객이 광고가 제공하는 정보에 솔깃해 당신의 제품을 선택했기 때문이다.

소스 추적을 위해 광고마다 특정한 전화번호를 게재하거나, 웹 사이트마다 특정 랜딩페이지를 링크시키거나, 매체의 종류에 따라 특별 행사를 하는 것 또한 어떤 매체의 광고 효과가 높은지를 확인할 수 있는 좋은 방법이다. 물론 소량의 자본만으로는 실천하기 힘든 일이지만, 그렇다고 불가능하지는 않다. 예를 들어, 라디오에 일련의 광고를 꾸준히 내보내고 그 기간 동안 발생한 광고 효과를 측정한다. 그런 다음 다른 매체에 광고를 내보내고 또 그 결과를 측정한다. 이런 종류의 테스트에는 본질적인 문제가 따르게 마련인데, 어떤 매체는 즉각적으로 고객의 구매를 유도하는 데 반해, 다른 매체는 시간이 경과해야 비로소 고객에게 커다란 영향을 미치게 되기 때문이다. 또 다른 문제는 특정 매체가 다른 매체보다 고객의 타깃화 효과가 뛰어나다는 점이다. 그러나 즉각적이고 일시적인 구매 효과를 확인하는 것이 당신의 목적이라면, 이는 아주 효과적인 측정 방법이 될 수 있다. 광고의 장기적 효과를 확인하고 싶다면, 다른 매체로 옮겨가기 전에 적어도 한 분기 동안은 그 광고를 지속적으로 유지해야 한다.

고객의 반응을 살피기 위해 설문을 하는 것만큼 보편적이면서도 정확성이 떨어지는 수단도 없다. 여기에는 몇 가지 이유가 있는데, 먼저 사람들 대부분은 당신의 회사를 어떠한 경로를 통해 알게 되었는지 기억하지 못한다. 텔레비전에 광고를 한 번도 내본 적이 없는데도, 텔레비전에서 당신의 회사를 처음으로 접했다고 대답하는 일도 비일비재할 것이다. 사람들은 당신에게 도움이 되고자 하는 마음으로 그냥 추측을 하는 경우가 잦다. 설문을 하려거든 구체적인 질문을 던져라. "어느 채널을 통해 우리 회사를 알게 되었습니까?" "어떤 전화번호부를 사용하십니까?" "주로 어떤 라디오 채널을 들으십니까?" 설문 방식은 질문을 던질 수 있고 광고에 나타난 특정 사항을 이용해 어떤 광고가 그런 반응을 이끌어냈는지 확인할 수 있는 서면 설문 쪽이 보다 효과적이다.

광고 효과를 추적하는 데 있어 가장 중요한 것은 바로 실천에 옮기는 것이다. 광고 효과의 지속적인 측정은 사업을 성장시키고 설득력 높은 광고를 만드는 데 아주 중요한 요소이다. 훌륭한 결정을 내리는 데 좋은 정보를 대신할 만한 것은 없다. 이런 방식으로 광고를 평가하고 있지 않다면, 지금 당장 시작하라. 그 즉시 더 큰 이익이라는 효과를 맛보게 될 것이다.

이 장을 통해, 당신은 설득력 높은 광고를 만드는 법은 물론, 그 광고의 효과를 측정하는 법을 배웠다. 당신이 공들여 만든 광고의 결과를 다시 한 번 되짚어봄으로써, 좀더 설득력 높은 광고를 만드는 동시에 당신이 보내는 메시지에 금전적인 가치를 더할 수 있을 것이다.

CHAPTER 16 REVIEW

▶ 설득력 높은 광고란 도덕적인 방식으로 고객의 구매를 유발하는, 잘 다듬어진 이야기이다.

▶ 설득력 높은 광고는 한 번에 하나의 상품만을 다루며, 한꺼번에 너무 많은 정보를 쑤셔넣지 않는다. 설득력 높은 광고는 말하고자 하는 바가 분명하고 고객의 머릿속 깊이 각인된다.

▶ 설득력 높은 광고는 당신이 이 책에서 배운 설득 기법을 거의 모두 활용한다.

SUCCESS QUESTIONS

▶ 경쟁사가 따라하지 못하는 우리 회사 고유의 장점은 무엇인가?

▶ 내 고객은 누구이며 그들에게 가장 해주고 싶은 이야기는 무엇인가?

▶ 이전에 만든 광고들을 검토해봤을 때, 더욱 효과적인 광고를 만들기 위해서는 무엇을 달리 해야 하는가?

▶ 현재 우리 회사가 전달하고자 하는 메시지가 적합한 사람들의 손에 의해 창조되고 있는가?

17 | 설득력 높은 협상
PERSUASIVE NEGOTIATING

비즈니스에서 당신은 당신에게 합당한 것을 얻는 것이 아니라,
당신이 협상한 것을 얻게 된다.
_ 체스터 L. 카라스(Chester L. Karrass)

●● 많은 비즈니스맨들은 그들이 감당해야 할 과업 중에서 협상이 가장 어려운 것이라고 잘못 생각하고 있다. 협상이라는 단어를 떠올리기만 해도 사람들은 한 가지 두려움에 사로잡힌다. 바로 협상에서 질지도 모른다는 생각이다. 제대로 이루어진 협상은 어느 누구도 패배자로 만들지 않는다. 협상을 한 후에는 모든 당사자가 자신이 원하는 바가 충족되었거나 옳은 일을 행했다고 느껴야 마땅하다. 내 경험에 비춰볼 때 기분이 썩 좋지 않았던 협상은, 상대방이 협상을 하나의 이용 수단으로 삼고 있다고 느끼게 만드는(그러한 추측이 맞는 것이든 틀린 것이든) 협상이었다.

협상 시 많은 사람들이 자신의 편견에 사로잡혀서 현명한 결정보다는 비합리적이고 감정적인 결정을 내린다. 많은 경우, 사람들은 자신 내부에 존재하는 비합리적인 사고 때문에 그러한 결정이 이뤄진다는 사실을 알지 못한다.

인터넷 사이트 www.implicit.harvard.edu에 들어가면 인종, 성적(性的) 경향, 몸무게, 장애 등 많은 사항들에 대한 당신의 편견을 진단해볼 수 있는 훌륭한 시스템이 마련돼 있다. 어떤 대상에 관해 자신이 의식적으로 믿는 것과 무의식적으로 믿는 것을 확인해보는 것은 퍽 흥미로운 일이다. 우리가 원하는 것을 얻는 데 방해가 되는 것은 대개 무의식적인 편견이다. 편견이 겉으로 보이지 않기 때문에, 우리는 성공을 방해하는 장애물을 발견하기조차 힘든 것이다.

설득력 높은 협상가가 되기 위해서는 스스로에 대해 일관성을 갖춰야 하며, 수용할 수 있는 적절한 결과가 무엇인지에 대한 분명한 생각도 갖고 있어야 한다. 그런데 비현실적이거나 실현 불가능한 목표를 갖고 협상을 시작하는 사람들이 너무도 많다. 그런 경우, 어떠한 설득으로도 성공적인 협상을 이끌어낼 수 없다. 오히려 그 반대 결과를 초래할 뿐이다. 갈등이 더욱 증폭되고 쌍방이 더욱 감정적인 상태에 이른다는 얘기다. 이렇게 되면 결국 양측 모두 자신의 불합리한 입장을 방어하는 데만 급급해서 어느 누구도 원하는 결과를 얻지 못한다.

협상이 결과적으로 윈윈(win-win) 게임이 되어야 한다는 점에는 누구나 수긍할 것이다. 하지만 현실에선 그렇지 못한 경우가 많다. 협상 테이블에 앉는 모든 이들은 한 가지 목표, 즉 가능한 한 최대의 이익을 얻겠다는 목표를 갖고 협상에 임한다. 이런 점을 감안할 때, 유능한 설득가라면 상대방이 그 결과에 대해 부정적인 감정을 가질 수도 있다는 점을 이해해야 한다. 물론 협상의 마지막에 상대방이 정확하게 바라는 결과를 얻었다고, 또는 적어도 수용할 만한 결과를 얻었다고 느끼게 하는 데만 초점을 맞출 수도 있을 것이다. 양측 모두가 원하는 바를 이루는 것이 진정한 성공이니 말이다.

그러나 때로는 한쪽이 승자처럼 당당히 자리를 떠나고 다른 쪽은 원하던 것을 얻지 못했다고 느끼는 경우도 발생하게 마련이다. 그럴 때는 원하는 바를 얻지 못한 자가 결론이 그렇게 나온 이유를 이해하고 거기에 동의할 수 있어야 한다. 그렇지 않으면 그가 합의 사항을 파기하는 일이 발생하기도 하고, 모든 과정을 처음부터 다시 시작하거나 아예 다른 차원에서 상황을 진행시켜야 할 수도 있다. 로버트 이스터브룩(Robert Estabrook)은 협상이라는 행위를 두고 이렇게 말했다.

"상대가 충분히 납득할 수 있게 하면서 반대 의견을 제시할 줄 아는 사람은, 외교의 가장 값진 비밀을 아는 사람이다."

당신이 이 책의 앞부분에서 배운 모든 설득의 기법들은 협상에도 적용된다. 상대의 합의를 이끌어내기 위해 당신이 가장 중요하게 생각해야 하는 것은 "이 거래에서 내가 제공해야 하는 것은 무엇인가?" 하는 점이다. 만약 당신이 제공할 것이 아무것도 없다면 협상은 성립되지 않는다. 그것은 단순히 판매 활동에 불과하며, 그렇다면 그에 걸맞은 접근 방식을 취해야 한다. 협상이란 근본적으로 '기브 앤 테이크(give and take)'의 행위다. 당신은 무엇을 얻어내기 위해 무엇을 양보할 준비가 되어 있는지 알아야 한다. 설득 전문가라면 판매 상황에도 어느 정도의 협상을 적용할 것이다. 이런저런 조건이나 마진, 심지어는 세일즈맨이 얻게 될 수수료까지 판매를 마무리하기 위한 협상 테이블에서 논의할 수 있다.

협상을 설득력 있게 진행하기 위해서는 영향력과 신뢰성을 충분히 갖춘 상태에서 프로세스를 시작해야 한다. 이는 곧 충분한 정보를 갖고 있어야 한다는 의미다. 발생해도 괜찮은 상황과 절대 발생해선 안 되는 상황을 정확히 파악해야 한다. 융통성 있게 조정할 수 있는 항목과 조정의 여지가 없는 항목이 각각 무엇인지 알아야 하며, 선불로 지불하는 대신 제품 보증 기간을 연장해주는 것처럼 거래의 여지가 있는 사항들도 숙지해야 한다. 일단 당신의 최종 협상 라인을 정했다면, 테이블 맞은편에 앉은 상대방의 기준선도 파악해야 한다.

협상 전의 준비 기간이 얼마 안 된다면, 상대나 상대 회사와 과거에 협상을 해본 적이 있는 사람들, 혹은 업체 관계자와 이야기를 나눠보는 것도 좋은 방법이 될 수 있다. 당신의 상대가 어떤 스타일의 협상을 하는지, 얼마나 융통성을 갖고 있는지, 얼마만큼의 양보를 했었는지 알아보라. 그러면 어떻게 주장을 해야 하며 어떠한 결과를 기대할 수 있을지 감이 잡힐 것이다. 이 단계에서 보다 많은 준비를 할수록 상대방의 허세나 과장에 넘어가는 일이 줄어든다.

일단 프로세스가 시작되면, 열린 자세와 정직함을 유지하는 것이 교감과 신뢰를 발전시키는 중요한 열쇠가 된다. 당신의 페르소나가 반드시 함께 일하는 사람의 페르소나, 나아가 협상을 하게 될 상대의 페르소나와 반드시 조화를 이루도록 해야 한다.

예를 들어, 당신이 함께 일해오던 기업 부동산관리 담당 매니저와 협상을 해야 할 시점에 이르러 그의 변호사와 이야기를 나누게 된다면, 당신의 페르소나를 그에 맞게 조정하라. 그 사람과 똑같은 수준의 옷차림을 갖추고 사전에 당신이 논의할 기대치와 아이디어를 목록으로 작성하라.

협상은 반드시 해당 사안에 대해 결정권을 가진 두 사람에 의해 진행되어야 한다. 의사결정권자를 만나지 못했다면 만날 때까지 기다리는 것이 좋다. 협상 테이블에 결정권자가 나타나지 않는 것은 시간을 벌기 위한 전술에 불과하다.

협상을 시작할 때는 항상 당신이 가장 갈망하는 결과부터 제안하라. 원하는 바를 구체적으로 요청해야 한다. 기대치를 미리 제안해놓기만 해도 상대는 그것을 자신이 반드시 도출해야 할 결과로 받아들이고 거기에 맞춰 협상을 진행시킬 것이다. 너무 낮은 기대치에서 출발하면, 나중에 당신의 몫을 높여서 요구하기가 매우 힘들어지고 또 한 발짝 물러설 여지도 없어진다. 협상에서도 '받기 위해 베푸는 전술'이 상대를 효과적으로 설득하는 데 도움이 된다. 당신이 먼저 한 발짝 물러서서 양보하면 상대 또한 양보할 확률이 매우 높아진다. 조금만 주의를 기울이면, 당신이 먼저 양보함으로써 상대가 자신도 인정 많은 사람임을 보여주기 위해 더 큰 양보를 하게 만들 수도 있다.

당신이 스스로를 전문가의 지위로 적절히 포지셔닝했다면, 대다수의 경우 그 지위 자체가 다음 협상에 힘을 실어줄 수 있다. 이는 특히 첫 협상에서 동의를 이끌어내지 못한 사람과 다시 협상을 할 때 중요하다. 이럴 때는 당신이 동의를 이끌어낸 사람을 협상 자리에 동반하는 것이 바람직하다. 이유는 간단하다. 그는 이미 당신과 약속을 했으므로, 그 약속을 깨는 데 큰 심적 부담을 느낄 것이다. 또한 이미 당신과 무언가를 약속했다는 사실에 책임감을 느끼고 있기 때문에 협상 결과에 큰 영향을 미칠 수 있다. 이러한 방식은 또한 다른 전문가들이 협상에 임할 때 시도할 수도 있는 속임수와 견제 행동을 방지하는 데에도 도움이 된다. 특정 사안에 대해 합의가 있었다면, 그와 관련된 문제들은 합의를 한 당사자에게 질문을 던짐으로써 해결할 수 있다.

또한 협상은 수많은 질문을 동반하는 인내력 게임이다. 상대가 기대하는 결과나 협상 방식에 대해 갖고 있는 생각에 관한 정보를 많이 확보할수록, 합의 가능한 결과를 얻게 될 확률이 높아진다.

가급적이면 협상 상대의 마음을 움직이는 데 호감도나 친근성을 활용하라. 날씨와 같은 단순하고 쉬운 화젯거리를 택해 그들의 입을 열게 하라. 날씨가 좋거나 지독하게 나쁘다는 데 의견이 일치하면 서로 공통점을 가진 셈이 되고, 그것을 출발점으로 삼아 논지를 펼쳐나가면 된다. 너무 단순화시키는 것인지도 모르겠지만, 종교 집단의 광신자들을 생각해보라. 그들은 사람들 대부분이 갖고 있는 핵심적인 믿음, 즉 구세주와 구원이라는 개념을 출발점으로 삼는다. 그리고 그 다음부터는 그 공통된 믿음을 토대로 진행해가는 것이다.

협상 프로세스는 일곱 가지 단계로 구성된다. 설득력 높은 협상가가 되고 싶다면 다음을 숙지하길 바란다.

1. 가능하다면 상대가 먼저 제안 사항을 말하도록 하라. 당신이 예상했던 것보다 수용 가능한 조건을 더 많이 제시할 수도 있기 때문이다. 그렇다면 협상은 그것으로 끝난다. 만일 그렇지 않다 해도, 당신의 패를 보이기 전에 상대의 입장을 먼저 파악할 수 있다. 그렇게 하면 본격적으로 협상을 시작하기 전에 당신의 설득 내용을 조정할 기회를 얻게 된다.

2. 무엇이 협상 가능하고 무엇이 가능하지 않은지 알기 위해 상대의 말에 반문해보라. 상대가 "우리는 항상 ~를 합니다"라고 말했다면 질문을 던져라. 지금까지 그렇게 하지 않은 적이 있는지 물어보라. 그것이 절대 바뀔 수 없는 룰인지, 아니면 바뀔 여지가 있는지 파악하라. 바뀔 수도 있다고 대답한다면 그것이 절대적인 룰은 아니라는 의미다.

3. 한 가지를 파악했다면 일단 그것은 잠시 뒤로 미뤄둬라. 그런 후 다른 이슈를 먼저 다루고 싶다는 의사를 표현하고, 여러 사소한 사항에 관해 동의를 이끌어내라. 당신이 먼저 동의할 수 있는 것들을 다뤄라. 상대방을 동의하는 데 익숙하게 만들수록, 당신과 상대방 모두에게 이익이 되는 해결책을 도출할 가능성이 높아진다.

4. 감정적인 문제에는 민감하게 대응하지 마라. 거의 모든 협상에는 다루기 힘든 상대가 있게 마련이다. 흔히 일어나는 상황이려니 생각하고 협상을 원래대로 진행하라. 만일 상대가 계속 까다롭게 압박을 가해온다면, 해당 문제와 그의 태도를 직접적으로 언급하라. 전문가나 권위자라면 아무것도 증명할 필요가 없다. 이런 사람들은 그저 상대의 태도를 지적하고, 상대가 정말 비이성적으로 나올 때는 협상 테이블을 떠난다. 어떤 협상에서든 한쪽이 동의하지 못

하고 자리를 떠나는 경우가 얼마든지 발생할 수 있다. 적절하다고 판단되는 상황에서 자리를 떠나는 것을 두려워하지 마라. 오히려 그러한 행동은 나중에 당신에게 보다 큰 영향력을 실어줄 수 있다.

5. 당신의 패를 펼쳐 보여라. 무엇을 하고 안 하고를 결정하기 전에 서로의 카드를 펼쳐 보여야 한다. 때로는 그렇게 함으로써 교착 상태가 타개된다. 예컨대 이렇게 말하라. "제 생각에 당신은 제 조건에 동의하지 못할 것 같습니다. 그렇게 하면 당신은 곧 파산 위기에 처할 테니까요. 당신이 이 프로젝트를 맡는 것은 의미가 없을 것 같습니다. 다른 방법을 찾아보는 게 좋겠습니다."

6. 양측이 실행해야 하는 바를 구두로 재확인한 뒤, 문서화하여 협상을 종결시켜라. 그 다음, 정해진 단계를 밟아나가면 된다. 양측이 협상 결과를 제대로 이해하고 있는지 다시 한 번 확인하라.

7. 합의 사항을 확실하게 하기 위한 마지막 설득 과정이 남아 있다. 가능하다면 저녁식사를 함께 하거나 협상 상대자에게 선물을 보내라. 이렇게 하는 데는 여러 이점이 있다. 첫째, '받기 위해 베푸는' 아이디어에 착안하여, 무엇인가를 선사함으로써 협의 사항에 대한 그들의 헌신도를 유지시킬 수 있다. 둘째, 서로 파트너 관계를 맺고 있고 상호 신뢰와 관심을 갖고 있다는 생각을 강화할 수 있다. 물론 언제나 그러한 방식을 택할 수는 없을 것이다. 특히 일련의 껄끄러운 상황 속에서 협상이 이루어진 경우에는 더욱 그렇다. 하지만 그렇다 할지라도 상대를 나름대로 의미 있는 방법으로 인정할 줄 알아야 한다. 비록 "이러한 선에서 협상이 이루어질 수밖에 없어 유감입니다. 그럼에도 불구하고 합의점을 찾아주신 데 대해 감사드립니다"라고 말하는 데서 그친다 하더라도 말이다. 이

때는 협상을 끝낸 것을 자랑스러워해야 할 것이 아니라, 서로가 한 약속이 잘 지켜지도록 다시 한 번 확인해야 한다.

다른 모든 설득 상황에서와 마찬가지로, 유연한 사고를 지닌 사람이 가장 높은 설득력을 발휘한다는 점을 명심하라. 일정 수준의 교감을 형성하고 그것을 유지하라. 큰 그림에 초점을 맞추되 작은 사항에도 신경을 써라. 받기 위해 베푼 것들을 기억하고 꼭 필요할 때 그것을 활용하라. 많은 것을 양보했다면, 당신도 무엇인가를 받아야 할 때라는 점을 상대에게 주지시켜라.

협상이 좋은 결과를 냈을 때는 기뻐하라. 협상은 아주 흥미로운 것일 수 있다. 그것은 마치 각자 맡은 바에 최선을 다하는 말들이 참여하는 체스 게임과 같다. 협상이 끝나면, 어떻게 했다면 좀더 설득력 높은 협상이 될 수 있었을지 다시 한 번 생각해보라. 당신 앞에는 숱한 협상 상황들이 기다리고 있을 테니 말이다. 보다 많은 것을 깨달을수록, 다음번에 당신은 더 훌륭한 협상가가 될 것이다.

CHAPTER 17 REVIEW

▶ 협상에서 승자와 패자가 있을 수 있지만, 제대로 이루어진 협상이라면 어느 누구도 패배자로 만들지 않는다. 협상은 결과적으로 윈윈 게임이 되어야 한다.

▶ 이 책에서 배운 모든 설득 기법을 협상 과정에도 적용해야 한다.

▶ 서로의 약속을 충실히 이행하도록 만들려면 협상 종료 후에도 설득 과정이 이어져야 한다.

▶ 협상이 교착 상태에 빠졌거나 서로 감정이 아주 격해졌다면 진정 기간을 확보하라. 머리를 식혀 좀더 이성적인 사고가 자리 잡게 하고, 자신을 재정비할 시간을 가져라.

SUCCESS QUESTIONS

▶ 나의 목표를 달성하기 위해 모든 협상에서 이겨야 하는가? 그렇다면 설사 내가 이상적으로 생각하던 결과를 얻지 못했다 할지라도 협상에서 이겼다는 사실을 기쁘게 받아들일 수 있는가?

▶ 상대가 감정적으로 협상에 임할 때라도 나는 이성을 유지하며 협상을 전개시킬 수 있는가?

▶ 내가 바라는 바를 얻을 수 없다면 협상 테이블을 떠날 용기가 있는가?

▶ 나는 항상 결정권자와 직접, 또는 결정권자가 참석한 자리에서 협상을 하는가?

18 | 온라인을 이용한 대중 설득

PERSUADING THE MASSES ELECTRONICALLY

내가 취임했을 때만 해도 '월드 와이드 웹(the Woorld Wide Web)'이라는 말을
들어본 사람들은 고에너지 물리학자들뿐이었다. ……
지금은 내 고양이도 자기 홈페이지를 갖고 있다.

_ 빌 클린턴(Bill Clinton)

●● 효과적으로 설득하고 싶다면 온라인을 이용하여 설득하는 법을 배워야 한다. 온라인을 이용하라는 말은 텔레비전이나 라디오와 같은 방송 미디어를 통해 설득하라는 의미가 아니라, 인터넷 테크놀로지를 활용하여 설득하는 방법을 배우라는 뜻이다.

수많은 사람들이 인터넷 이용 방법에 관해 설명해왔지만, 인터넷을 설득 행위에 활용하는 법을 깊이 연구한 사람은 극소수였다. 인터넷을 이용한 설득 방식에는 다행히 기존의 미디어를 이용한 설득 방식과 동일한 규칙들이 적용되지만, 반드시 알아두어야 할 명확하고 중요한 차이점이 몇 가지 존재한다.

결론적으로 내가 말하고 싶은 바는 한 가지이다. 바로 청중이 한 명이든 백만 명이든 오늘날 인터넷을 이용한 설득은 필수라는 사실이다. 인터넷은 우리 모두의 삶을 매우 강력하게 지배하고 있다. 우리는 인터넷을 통해 과거에 며칠씩, 심지어 몇 주씩 투자해야만 찾을 수 있었던 정보에 즉시 접근할 수 있다.

이러한 접근성을 감안할 때, 사람들이 당신이 제공한 정보의 진위 여부를 판단하거나 사전에 당신을 먼저 찾아보기 위해 이용하게 될 인터넷이라는 매체를 통해 설득할 수 있는 능력을 반드시 갖춰야 한다.

최고의 설득 전문가들은 자신의 홈페이지를 통해 메시지를 전달할 때 몇 가지 기술을 활용한다. 첫 번째 기술은 홈페이지 그 자체이다. 당신의 홈페이지는 당신의 페르소나 및 당신 기업의 이미지에 부합하는 이미지를 제시할 필요가 있다. 나는 훌륭한 외모에 훌륭한 말솜씨, 그리고 강력한 메시지를 보유한 인상적인 사람들을 수없이 많이 만나왔다. 이런 사람들을 만나고 나면, 나는 좀더 세부적인 정보를 찾아보기 위해 그들의 홈페이지에 들어가 보는데, 대개는 그래픽 디자인이나 글, 그 밖에 자신의 설득 능력을 암시하는 요소가 전혀 없이 매우 허술하게 꾸며져 있었다. 그 순간 내가 그 사람을 처음 봤을 때 받은 인상이 홈페이지에 대한 인상과 충돌을 일으켰고, 곧 이어 그 사람이 첫인상 그대로 유능하고 식견 있는 사람이 아닐지도 모른다는 의문이 들기 시작했다. 사람들은 당신의 홈페이지로 당신을 판단한다.

나는 웹 디자이너도 아니고 그래픽 아티스트도 아니지만, 홈페이지의 설득력을 높이는 몇 가지 요소들을 알고 있다. 첫째, 로딩이 빨라야 하며 둘러보기에 쉬워야 한다. 방문자가 두세 번의 클릭만으로 원하는 어떤 정보라도 찾을 수 있어야 한다. 둘째, 그래픽적인 측면을 만족시켜야 한다. 읽고 싶은 생각이 들도록 배치해야 한다는 얘기다. 산만하게 깜박이는 불빛이나 파격적인 글씨체, 검색을 어렵게 만드는 배치는 피해야 한다. 셋째, 방문자가 가진 의문에 답변이 될 만큼 충분한 정보를 포함해야 하며, 방문자가 더 많은 정보를 필요로 하는 경우에는 당신에게 쉽게 접근할 수 있도록 통로를 제공해야 한다. 당신으로부터 정보를 듣고 관계를 발전시킬 수 있도록 뉴스레터나 그 밖에 정기적인 커뮤니케이션 수단을 갖춰야 한다. 누구든 곧바로 가입을 하고 정보를 받을 수 있도록 자동응답 기능이 설정되어 있어야 한다. 이것은 또한 당신의 홈페이지를 즐겨 찾는 사람들, 즉 이상적인 설득 후보자가 될 사람들의 목록을 만드는 데에도 도움이 된다. 좀더 이상적인 방법은 홈페이지의 각 페이지마다 당신의 전화번호가 두드러져 보이도록 배치하는 것이다. 넷째, 중요한 분야에 관해서는 음성과 영상, 즉 오디오와 비디오가 모두 갖춰져 있어야 한다. 자신이 원하는 방식으로 원하는 커뮤니케이션 경험을 얻을 수 있는 것 또한 인터넷의 커다란 장점이다. 자신의 기호와 편의에 따라 읽을 수도 있고 들을 수도 있고 볼 수도 있어야 한다.

오디오와 비디오는 온라인을 이용한 설득 행위에서 가장 중요한 두 가지 무기라고 할 수 있다. 이 책을 위해 조사를 하는 동안, 나는 오늘날 의심의 여지없이 미국 내 최고의 온라인 설득 세미나로 명성을 구축한 더 빅 세미나(The Big Seminar)의 창립자 아맨드 모린(Armand Morin)을 방문할 기회가 있었다. 그는 알렉스 맨더시언(Alex Mandossian), 릭 래더즈(Rick Raddatz)와 함께 오디오 제너레이터(Audio Generator), 인스턴트 비디오 제너레이터(Instant Video Generator)를 공동으로 창립하기도 했다. 아맨드는 자신의 홈페이지에 오디오를 추가하는 조치만으로 설득에 기여하는 반응을 300퍼센트 이상 향상시킨 방식에 관해 설명해주었다. 아맨드 모린에 따르면, 홈페이지 방문자에게 음성으로 구체적으로 해야 할 바를 들려주면, 사이트의 효율성이 크게 증가한다. 아맨드 모린의 사례에서 설득에 기여하는 반응을 300퍼센트 이상 향상시켜준 것은 바로 "다음으로 넘어가기 전에 오른쪽에 있는 빈칸에 자신의 이름과 자주 사용하는 이메일 주소를 적어주시면, X에 관한 유용한 정보를 보내드리겠습니다"라는 작은 음성 파일이었다. 이것은 무엇을 해야 할지 알고는 싶지만 그것을 알아내는 데 많은 시간을 투자하려 들지는 않는 사람들의 성향을 잘 보여주는 사례이다.

홈페이지에도 다른 광고처럼 헤드라인이 있어야 한다. 헤드라인에는 방문자가 거기에서 찾을 수 있는 정보의 종류와 그것이 자신에게 중요한 이유, 혹은 방문자가 답변을 찾기 위해 좀더 꼼꼼하게 홈페이지를 살펴볼 만큼 눈길을 끄는 질문이 함축되어 있어야 한다. 자신의 홈페이지가 사람들의 흥미를 자극하도록, 그리고 정보로 가득 차 있도록 만들어라. 사람들은 여전히 웹의 1차적인 용도는 정보 검색이며, 상업적 수단은 부차적인 용도라고 생각한다. 당신의 사이트가 적절히 정보를 제공하고 방문자를 설득한다면, 당신은 승자가 될 수 있을 것이다.

홈페이지와 밀접한 연관을 갖는 것은 바로 블로그이다. 블로그는 편집이 매우 용이한 웹상의 기록 일지이다. 워드프로세서를 사용할 줄 아는 사람이라면 누구든 블로그를 활용할 수 있다. 블로그의 개념을 모르는 사람들을 위해 덧붙이면, 블로그는 특정 주제에 관한 자신의 생각을 매일 혹은 매주 단위로 업데이트하는 일종의 일지라고 할 수 있다.

이 책을 읽을 무렵이면 블로그를 접해보지는 못했더라도 적어도 한 번쯤은 들어봤으리라고 생각한다. 2004년 대선 기간 동안, 그리고 이라크전이 발발한 이후로 모든 관심이 블로그에 집중되었으니 말이다. 블로그는 여러 가지 이유로 영향력 있는 수단이지만, 그 중에서도 가장 중요한 이유는, 키워드와의 관련성이 높고 시의(時宜)에 적합한 내용이 많이 포함되어 있기 때문에, 주요 검색 엔진의 검색 결과에서 다른 웹 페이지에 비해 비교적 높은 순위를 차지한다는 점이다. 나는 컨설팅 실습을 위해 블로그를 활용하는데(www.boldapproach.com으로 들어가서 로고만 클릭하면 바로 읽을 수 있다), 내 블로그는 '광고'나 '마케팅'과 같은 키워드 검색 결과에서 주요 경쟁자들에 비해 훨씬 더 상단에 배치된다. 블로그를 이용하지 않고 이 정도의 순위를 얻으려면, 구글 같은 검색 엔진에서 사람들이 한 번 누를 때마다 5~10달러를 지불하는 서비스를 이용해야 할지도 모른다.

블로그는 또한 당신의 아이디어를 배출할 수 있는 수단과 사람들이 그것을 읽을 수 있고 그에 대한 논평을 달 수 있는 장소를 제공한다는 점에서도 매우 효율적이다. 블로그는 이제 막 실용적인 미디어 매체로 인식되기 시작했기 때문에, 블로그를 이용해서 정보와 각 주제에 관해 인터뷰할 수 있는 전문가들을 찾는 미디어는 점점 늘고 있는 추세이다. RSS(Really Simple Syndication: 사이트에 새로 올라온 글을 쉽게 구독할 수 있도록 하는 일종의 규칙으로, 사이트에서 새 글을 RSS에 따라 제공하면 이용자는 RSS 리더를 통해 그 내용을 받아올 수 있다 – 옮긴이)로 알려진 테크놀로지, 즉 간단히 말해서 신디케이션을 활용하면 사람들은 당신의 블로그를 신청해서 새로운 포스트가 올라올 때마다 (혹은 이용자가 정해놓은 일정한 주기에 따라) 자신의 컴퓨터로 전송받고, 당신이 제공하는 최근의 생각을 공유할 수 있다. 이러한 웹 테크놀로지는 두 가지 측면에서 유용한 역할을 한다. 즉 당신을 좋아하는 사람들을 중심으로 추종자를 구축해주는 동시에, 일정한 형식으로 당신에게 접근할 수 있는 배타적인 접근 통로를 제공한다.

전화 한 통화로 대중을 설득하는 방법

원격세미나와 원격트레이닝은 일일이 찾아다니지 않고도 여러 사람을 '일대일로' 설득할 수 있는 가장 손쉬운 방법이다. 원격세미나는 그 참가자들이 당신의 책이나 뉴스레터, 홈페이지, 블로그, 그 밖의 여러 매체를 통해 당신에게 관심을 갖게 된 사람들로 구성된다는 점에서 기존의 다자간 전화회의와는 다르다. 따라서 원격세미나 참가자들은 당신의 말을 듣고자 하는 열망을 지니고 있다. 즉 당신의 추종자로서 당신에게 접근하고 싶어하는 사람들이라는 얘기다.

알렉스 맨더시언은 미국 내 최고의 원격세미나 전문가로서 원격세미나를 통해 매년 100만 달러 자릿수의 수입을 올리고 있으며, '애스크 데이터베이스(Ask Database)'라는 독특한 설득 기법을 발전시킨 바 있다. 친절하게도 알렉스는 전화 통화나 원격세미나를 통해 설득 행위를 할 때 유의해야 할 중요한 문제들을 공유할 수 있게 해주었다. 그리 놀라운 일은 아니지만, 그는 이 책에서 당신이 배운 다른 설득 기법들을 약간씩 독특하게 변형시켜 활용하고 있었다.

알렉스는 원격세미나를 통해 효과적으로 커뮤니케이션을 하고 상대가 모종의 행동을 취하도록 설득하기 위해서는 그림을 보듯이 설명해야 한다고 말한다. 상대가 흥미를 잃지 않도록 하려면 행동에 관여하도록 만들어야 한다. 전화상으로는 서로를 볼 수 없기 때문에 다른 일을 동시에 하거나 주의가 흐트러지기 매우 쉽다. 따라서 60~90분 동안 사람들을 집중하도록 만들기가 매우 어렵다고 생각할 것이다. 알렉스는 기존의 아이디어에 약간의 변형을 가했다. 즉 참가자들에게 대화시트를 나눠주고 자신이 세미나를 이끄는 동안 그것을 채우도록 하는 것이다. 알렉스는 다음과 같이 말했다.

"나는 사람들이 내게 집중하기를 원하죠. 내가 세미나의 내용을 적도록 만들면 사람들은 다른 곳에 주의를 돌릴 수가 없습니다. 내가 주의를 집중시키는 일에 적극적일수록 상대가 내 의도대로 행동을 취할 확률이 높아집니다."

비유적인 표현이나 행동을 묘사하는 어휘를 사용하면, 전화나 일대일 대면을 통해 설득 행위를 할 때 상대를 쉽게 끌어들일 수 있다. 반드시 장면이나 액션을 묘사하는 어휘를 사용하여 당신의 의도하는 행동을 설명하라. 그 장면에 관중을 보다 깊이 끌어들일수록 상대가 결국 설득당할 확률이 높아진다.

반드시 순식간에 사람들을 집중시킬 수 있는 강력한 '미끼'를 사용하라. 60분짜리 다자간 전화회의의 경우, 청중들 대다수는 처음 20분

동안만 귀를 기울인다. 당신이 무언가를 판매하고 있어서 상대가 구매하도록 유도하고 싶다면, 통화가 시작되고 20분쯤 후에 처음으로 행동을 요청해야 한다. 이러한 포맷이 다소 익숙하게 들리는가? 소비자의 이익을 위한 정보 광고를 본 적이 있다면 아마 그럴 것이다. 정보 광고의 경우, 총 광고 시간의 3분의 1 시점에 이르러서야 행동을 요청한다. 그런 다음 다시 20분 동안 설명을 하고 이후에 어느 정도 질문할 수 있는 시간을 준 다음, 마지막 10분은 가장 설득력 높은 메시지를 활용하여 상대가 행동을 취하고 당장 구매를 하도록 만드는 데 투자한다.

원격회의를 진행 중인 판매 프로세스의 일부로 단지 청중을 교육시킬 목적으로 활용하고 있다면, 처음부터 끝까지 교육의 내용에 초점을 맞춰야 한다. 나는 개인적으로 20분 가량 그 전화 내용에 관해 질문하는 시간을 주고 나머지 40분 동안 설명을 하는 방식을 선호한다. 다자간회의에서는 질문이 매우 큰 힘을 발휘한다. 한 사람이 질문을 던지면 많은 사람들이 그 답변을 궁금해하고, 이렇게 되면 당신은 청중 모두에게 적절한 답변을 주는 기회를 얻는 셈이기 때문이다.

당신의 원격세미나를 일일이 모두 녹음하라. 녹음을 하면 그것을 당신의 홈페이지의 정보 라이브러리에 추가할 수 있다. 그것들을 이용하여 영향을 미치고자 하는 사람들에게 선물로 제공할 오디오북이나 보고서를 만들 수도 있다. 선물을 제공할 때에는 그것이 반드시 금전적 가치와 연관되도록 하라. 요즘 비즈니스 관련 오디오북의 가격은 최소 24.95달러이다. 당신의 오디오북 역시 그 정도의 가치를 보유해야 한다. 사람들은 여전히 웹을 훌륭한 정보원으로 생각한다는 점을 기억하라. 잠재고객에게 제공할 수 있는 정보가 많아질수록 그들이 설득당할 확률도 높아진다. 당신의 정보를 많이 읽고 많이 살펴볼수록 당신을 신뢰하고 추종할 가능성도 높아진다.

자신만의 라디오 프로그램을 갖춰라

지금까지 자신의 라디오 프로그램을 만드는 방법은 두 가지뿐이었다. 방송을 전공해서 방송국에 취직을 하는 방법과 방송 시간대를 구입해서 자신의 프로그램을 만드는 방법이 그것이었다. 다수를 상대로 자신의 사고방식을 납득시키고자 한다면, 두 번째 방법은 여전히 매우 실용적이고 바람직한 수단이 될 수 있다. 미국 내 어디서나 주 사용료 100달러 미만으로 한 시간씩 방송을 할 수 있다. 당신에게 동의하는 청중을 형성하는 방법치고는 매우 적은 금액이라고 할 수 있다.

하지만 이제는 포드캐스팅(podcasting: 기존의 블로그를 사용해 포드캐스트 전용 RSS 리더 프로그램을 설치한 후 좋아하는 포드캐스트 블로그를 등록해두면 새로운 방송이 추가되었을 때 자동으로 PC에 음성파일을 다운로드하여 즐기는 방법 – 옮긴이)이라는 새로운 방법을 이용하여 당신의 라디오 프로그램을 만들 수 있게 되었다. 디지털 음악 장치의 출현이 이처럼 혁명적인 아이디어로 이어진 것이다. 약 200달러를 투자하여 녹음 장비를 갖추기만 하면, 누구나 개인 컴퓨터로 라디오 프로그램을 만들 수 있다. 이 프로그램은 주로 소개와 음악, 그리고 당신의 이야기가 포함된다. 이러한 프로그램은 라디오 방송에서 듣는 토크쇼와 똑같은 방식으로 구성되지만, '방송되는' 것이 아니라, '포드캐스트되는' 것이다. 즉 프로그램이 한 곳으로 전송되어 거기에서 직접 청중의 이메일 함으로 보내지는 것이다. 전(前) MTV의 VJ였던 애덤 커리(Adam Curry)가 최초로 포드캐스팅 소프트웨어와 인터넷 상의 집적 사이트인 www.ipodder.org를 구축하는 일에 참여한 바 있다. 블로그와 마찬가지로 사람들은 자신이 원하는 프로그램을 찾아서 (대개 무료로) 신청할 수 있으며, 당신이 새 프로그램을 만들 때마다 그것을 곧바로 접할 수 있다.

포드캐스팅은 특정 분야의 사람들을 깊이 설득하는 데 매우 효과적이다. 나는 포드캐스팅을 효과적으로 활용하여 세일즈맨과 사업주를 공략한 바 있다. 유능한 세일즈맨과 사업가는 자신의 차나 비행기를 타고 이동하는 시간이 길며, 그 중 대다수가 디지털 음악 장치를 갖고 있다는 점에 착안하여, 단순히 음악만 듣는 것보다는 그보다 훨씬 더 많은 것들을 배우도록 만든 것이다. 나는 기존의 라디오 프로그램 포맷으로 나의 포드캐스팅을 구성하여 심지어 나의 제품과 나 자신을 판촉하는 '광고'까지 포함시켰다. 이것을 통해 나는 그들을 설득하는 동시에 나 자신의 전문가 지위를 굳히고 있으며, 뿐만 아니라 내 프로그램을 요청하는 호의적인 청중을 대상으로 내 제품과 서비스를 판매하기도 한다. 라디오의 경우는 '누가', '언제' 방송을 청취할 것인지와 관련하여 변수가 매우 많지만, 포드캐스팅의 경우는 청취자가 당신을 찾을 때에는 대개 매우 특화된 정보를 찾고 있는 경우이기 때문에, 청취자의 특성에 꼭 맞게 초점을 맞출 수 있다. 포드캐스팅을 완전히 숙지하여 그것을 판매에 활용하는 법을 알고 싶다면 웹 사이트 www.howtopodcastforprofit.com을 방문하라.

당신의 설득을 도와줄 최신 기술들을 꾸준히 주시하는 것이 중요하다. 나는 현재 독자들에게 최신 설득 기술들을 꾸준히 제공할 수 있도록 이 책을 뒷받침할 웹 사이트(www.howtopersuade.com)를 만들고 있다. 자신의 설득력을 높이고 싶다면 종종 내 홈페이지에 들러서 이용 가능한 모든 것들을 반드시 습득하길 바란다.

CHAPTER ⑱ REVIEW

▶ 지속적으로 설득을 하려면 인상적인 홈페이지를 갖춰야 한다. 사람들은 당신에 관해 보다 많은 것들을 찾아볼 수 있는 통로를 필요로 한다.

▶ 홈페이지의 설득력을 높이기 위해서는 오디오와 비디오를 포함시켜야 한다.

▶ 블로그나 포드캐스팅을 비롯하여 전문가의 지위를 보강해주고 당신을 가장 좋아하는 사람, 그리고 설득하기에 가장 쉬운 사람들을 파악하도록 도와주는 도구들은 수없이 많다.

▶ 원격세미나는 일일이 찾아다니지 않고도 다수의 사람들을 설득할 수 있는 가장 비용 효율적인 방식이다.

SUCCESS QUESTIONS

▶ 청중을 보다 효과적으로 설득하기 위해 당장 이용할 수 있는 기술은 무엇인가?

▶ 내 홈페이지를 나의 페르소나 및 나의 비즈니스 이미지와 부합하도록 만들려면 어떻게 변화시켜야 하는가?

▶ 내 홈페이지를 보다 사용하기 쉽게, 그리고 정보로 가득하게 만들려면 어떻게 변화시켜야 하는가?

직관을 훈련시켜라. 당신이 정확히 어떤 말을 해야 하는지,
그리고 어떤 결정을 내려야 하는지를 알려주는 내면의 작은 목소리를 신뢰해야 한다.
_ 잉그리드 버그만(Ingrid Bergman)

●● 다른 기술과 마찬가지로 설득은 연습과 적용을 통해 정복할 수 있다. 가장 높은 수준의 설득 능력을 갖추고 싶다면 끊임없이 배우는 자세가 필요하다. 설득을 정복하기 위해서는 특히 성공적이었던 상황과 잊혀지지 않는 실패의 경험을 잘 기록해두어야 한다. 그런 다음 성공한 경험과 실패한 경험들을 각각 해체하고 분석해서 성공적인 설득의 단서를 얻어야 한다. 이처럼 깊은 분석이 의식적인 사고를 훈련시켜 어떤 기술을 적용해야 하는지, 그것을 언제 적용해야 하는지를 정확히 판단할 수 있도록 만드는 것이다. 더욱 중요한 것은 그러한 분석이 잠재의식적인 정신을 단련시키고 직관을 훈련시키는 데 도움이 된다는 점이다. 그것은 주변 세상을 해석하고, 현재 자신이 하는 일에 대해 미묘한 단서나 경고, 확언 등을 제공하는 당신의 한 부분이라고 할 수 있다.

설득은 사실 자신이 원하는 바를 얻는 기술이다. 우리 대부분은 평생토록 자신이 꿈꾸는 수준의 성공에 도달하지 못하는데, 그것은 우리가 실현 불가능한 꿈을 꾸기 때문이 아니다. 실현 가능한 목표인데도 불구하고 그것을 달성하지 못하는 것은, 바로 그것을 달성하도록 도울 수 있는 사람들을 설득하지 못했기 때문이다. 그리고 그들이 당신을 돕지 않은 가장 큰 이유는, 도움을 요청하지 않았기 때문이다. 스스로 성공의 꿈이 존재하는지조차 모른다면 누구도 그것을 달성하는 데 도움을 줄 수 없다. 지그 지글러(Zig Ziglar)의 말처럼 "다른 사람들이 원하는 바를 얻도록 충분히 도우면 자신도 인생에서 원하는 바를 모두 얻을 수 있다"(『판매를 체결하는 비결(Secret of Closing the Sale)』, Berkley Publishing, 1985)는 사실을 명심하라. 설득의 기술은 상대가 원하는 바를 파악하여 그것을 달성하도록 돕는 것이다.

지난 몇 년 동안 설득의 기술은 나에게 매우 도움이 되었다. 처음에는 무언가가 잘못되는 방식을 이해해야 한다는 강박관념에서 시작했지만, 나중에는 이것을 통해 어떻게 하면 모든 일이 제대로 되도록 만들 수 있는지를 이해하게 되었다. 흥미롭게도 나는 자신을 설득하는 일이 타인을 설득하는 일과 별 차이가 없다는 점을 발견했다. 나 역시 무슨 일이든 스스로에게 그것을 해야 한다고 납득시키기 위해서는 그것으로부터 무언가를 얻어야만 했던 것이다. 결과가 만족스러우면 내 생각과 행동이 일치하게 되고, 그 결과 스스로를 설득할 수 있었다. 하지만 결과가 만족스럽지 않으면 나는 지워버리거나 고치고 싶은 행동을 계속 반복했다. 때때로 나는 스스로 새로운 행동을 취할 수 있는지 알아보기 위해 '시늉'을 해본다. 당신도 마치 탁월한 설득가인 것처럼 '시늉'을 해보라. 설사 그것이 정말 자신이 원하는 바인지 확신이 서지 않는다고 해도 말이다. 일주일 동안 시늉을 해보면서 그것이 당신에게 어떻게 작용하는지 알아보라. 그것이 생각만큼 어렵지 않다는 것을 깨달을 것이다.

설득을 위한 노력의 효과를 언제나 극적으로 개선시켜줄 여섯 가지 원리를 제시하겠다. 이것을 설득을 위한 노력을 구축하는 기본 골격의 일부로 생각하라.

설득의 6계명
1. 결과를 지향하라

효과적으로 설득하기 위해서는 당신이 어떤 목적으로 상대를 설득하는지, 그 목적이 명확해야 한다. 당신이 영향을 미치는 사람이 단 하나의 명확한 최선의 결정을 내릴 수 있도록 당신의 목적을 효과적으로 제시해야 한다. 그렇게 되면 상대를 지속적으로 명확하게 파악하고 이끌어서 '당신의' 결론을 도출하도록 만들 수 있을 것이다.

2. 최선의 이익에 초점을 맞춰라

상대의 최선의 이익은 매우 중요하다. 따라서 그것을 항상 설득 프로세스의 일부로 여겨야 한다. 자신의 이익에만 초점을 맞추면, 설득은 장기적으로 효과를 발휘하지 못한다. 설득하고자 하는 상대의 입장에서 그들이 얻을 최선의 이익을 염두에 두어야 한다. 상대의 이익을 잊는다면 당신의 설득 능력은 일시적으로만 효력을 발휘하는 데 그칠 것이다. 또 당신의 의도가 설득이 아닌 조작이라면 당신과 상대방 모두가 해를 입을 가능성이 매우 높다.

앞에서 제시한 사이비 종교 집단에서 내가 겪은 경험을 떠올려보자. 그 종교 집단은 비록 지속적으로 신자들을 모으기 위해 여러 가지 방법을 바꿔야 하긴 했지만, 여전히 많은 신자들을 보유하고 있다. 내가 개인적으로 알고 지냈던 사람들 대다수는 그곳을 떠났다. 하지만 그들 중 적지 않은 사람들이 계속해서 마약 중독이나 자살, 반복되는 실패 등의 문제를 겪었다. 이것이 바로 조작의 결과이다. 내가 속해 있던 그 종교 집단에서 조작과 기만에 대해 가장 책임이 큰 사람들도 현재 문제에 직면해 있다. 그들은 신뢰를 완전히 잃었고, 이제 어느 누구도 그들을 믿으려 들지 않을 것이다. 그들은 자신들이 구축한 그럴 듯한 허울을 영원히 지속시킬 수 없었다. 그 결과, 조작 행위가 탄로 났을 뿐만 아니라, 자신의 아이덴티티까지 잃고 말았다.

3. 신뢰를 줘라

설득 전문가는 진실을 말한다. 그들은 자신의 메시지가 좀더 적절히 들어맞도록 사건들을 변형시키는 것은 전적으로 허용하지만, 원하는 결과를 도출하기 위해 의도적으로 상대를 오도하거나 거짓말을 하지 않는다. 전문적인 설득에는 부정직이 자리할 틈이 없다. 사람은 누구나 생이 끝날 무렵 무언가로 알려지게 마련이라는 옛말은 이런 상황에 가장 적절하게 들어맞는다. 설득 전문가라면 둘 중 하나로 알려질 것이다. 곁에 두고 싶고 함께 일하고 싶은 사람, 아니면 뻔뻔한 사기꾼이나 약은 수작으로 목적을 달성하는 사람이나 거짓말쟁이로 말이다. 설득을 선택하기 전에 두 가지 중 어떤 사람으로 알려지고 싶은지 선택하라.

4. 목표와 시간을 중시하라

설득 전문가는 구체적인 목표와 각각의 이정표에 도달하는 시간을 정해놓는다. 설사 해당 목표를 달성하기 위해 정해놓은 시간 내에 감화시키지 못한 사람들이 있다 해도 그들은 그냥 전진한다. 시간은 무엇보다도 귀중하다. 적절한 시점에 당신의 사고방식을 따르지 않는 사람들에게 시간을 허비하지 마라.

세일즈맨들은 종종 내게 경기나 전쟁과 같은 여러 가지 상황상의 문제 때문에 자신의 목표 실적을 달성하지 못했다고 말한다. 나는 이런 말을 들으면 "말도 안 되는 소리"라고 일축한다. 언제든 누군가는 당신이 파는 물건을 살 것이다. 사람들은 항상 자신이 원하는 것을 사게 마련일 테니까. 이 말은 판매나 판매하도록 설득하는 행위가 때때로 어렵지 않다는 뜻이 아니라, 그것이 불가능하지 않다는 뜻이다.

사람들이 목표 실적을 달성하지 못하고 상대를 납득시키지 못하는 유일한 까닭은, 시간을 투자하는 일에 초점을 맞추지 않았거나 제품이나 서비스가 좋지 않기 때문이다. 당신의 제품이 좋지 않거나 자신도 신뢰가 가지 않는 제품이라면, 다른 사람들에게 그 제품을 사도록 설득하는 일을 당장 중단하라. 당신은 결코 일관성을 유지할 수 없을 것이다. 그 대신 고도로 연마된 설득 기술을 활용하여 꿈에 그리던 일자리를 구하라. 어려운 상황에서 판매를 할 경우, 나는 한 사람 한 사람에게 최대한의 노력을 기울일 수 있도록 훨씬 더 많은 시간을 투자하여 잠재고객을 신중하게 찾아낸다.

5. 개인적으로 접근하라

설득 전문가들은 자신이 영향을 미치고자 하는 사람을 잘 안다. 단순히 기회가 되는 타깃을 선택하지 않는다는 의미다. 조작자들은 기회가 되는 타깃을 선택한다. 상대를 얼마든지 속일 수 있기 때문이다. 하지만 당신은 그럴 수 없다.

당신에게 언제든 가장 귀중한 클라이언트가 되어줄 수 있는 사람은, 바로 당신에게서 이미 무언가를 구매하고 그것이 적절하다고 느낀 사람이다. 그들은 당신의 신조를 전파하는 데 도움이 되며, 자신의 친구나 이웃을 당신에게 소개하고 기꺼이 당신에게 보증을 제공할 것이기 때문이다.

아주 절친한 친구와, 사업 거래를 위한 목적으로 만나는 친구, 이렇게 두 부류의 친구를 갖는 것도 나쁘지 않다. 사람들을 이런 식으로 분류해선 안 된다고 생각하지 마라. 그것은 전혀 잘못된 일이 아니다. 나는 가볍게 알고 지내는 사람들이 많이 있다. 또한 나를 가볍게 알고 지내는 친구로 여기는 사람들도 많다. 나는 그들에 관해 많은 것을 알고 있고 이따금씩 함께 어울리기도 하지만, 내가 그들을 친구로 여기는 것은 단지 서로에게 무언가를 해줄 수 있기 때문이다. 그렇다고는 해도 그 친구들과 나는 필요에 따라 늘 서로를 설득해야 한다. 하지만 전혀 관련이 없는 사람들에 비해 서로를 훨씬 더 수월하게 설득할 수 있다. 그 밖에 내 주위에는 진정한 친구라고 할 만한 사람들도 있다. 그들은 수적으로는 훨씬 적지만, 훨씬 더 오랜 기간을 알고 지냈고 아무런 대가를 바라지 않고 무엇이든 해줄 수 있는 그런 사람들이다. 이런 친구들은 설득할 필요가 없다. 그들 역시 나를 위해서라면 무슨 일이든 해줄 것이기 때문이다. 이제 차이점을 알겠는가? 그렇다면 당신은 훨씬 더 유능한 설득 전문가가 될 것이다.

6. 윤리적으로 접근하라

설득하는 일을 직업으로 삼고 싶다면, 혹은 그저 효과적으로 설득하고 싶다면 관련된 모든 사람들이 최선의 결과를 얻을 수 있도록 긍정적이고 윤리적으로 사람들을 움직이는 데 초점을 맞춰야 한다. 윤리를 무시할 수 있는 합당한 이유는 전혀 없다.

2000년대 들어서 우리는 윤리에 초점을 맞추지 못한 사람이나 기업이 어떤 일을 겪었는지 목격한 바 있다. 그로 인한 피해는 개인에게만 국한되지 않는다. 그들과 접촉한 수천 명의 사람들이 피해를 입게 되는 것이다. 오늘날과 같이 누구나 쉽게 접촉할 수 있는 사회에서는 윤리와 관련해서 조금만 실수를 해도 수백, 아니 수천 명이 피해를 입을 수 있다.

설득을 정복하기 위한 즉각적인 수단

이 책은 특정한 상황에 대해 참고하거나 혹은 종종 기분전환용으로도 활용할 수 있는 견고한 토대이자, 지침서의 역할을 할 것이다. 가능하다면 생생한 트레이닝에 직접 참여해보라. 다양한 생활양식과 문화, 경험을 가진 사람들과의 교류를 통해서 많은 것들을 배울 수 있을 것이다. 또한 어떤 책에서도 찾아볼 수 없는 설득의 미묘한 차이까지 파악하게 될 것이다. 내 책을 구입해서 나와 함께 많은 시간을 보낸 당신에게 보답을 하는 의미에서 선물로 월간 뉴스레터를 보내주고 싶다. www.howtopersuade.com을 방문해서 회원 가입을 하면 설득에 관한 최신의 발견들과 아이디어, 생각들을 찾아볼 수 있을 것이다. 당신이 이 책을 구입했으니 나는 선물로 뉴스레터를 제공하겠다.

이 책의 말미에 추천 도서 목록을 실었는데, 추천 도서 목록에 실린 모든 책을 읽어보길 바란다. 내 책을 출간한 와일리(Wiley) 출판사는 오늘날 설득 관련 주제를 다루는 최대 규모의 최고 출판사이다. 이 출판사의 홈페이지(www.wiley.com)를 방문하여 참고할 만한 책들을 살펴보는 것도 큰 도움이 될 것이다.

또 웹 사이트 www.howtopersuade.com에서는 상세한 출처 및 참고 자료 리스트를 확인할 수 있다. 이러한 출처는 물론이고 인터뷰 녹음 자료 및 기타 배움의 기회가 될 자료를 계속 업데이트할 예정이니 종종 방문해주길 바란다. 당신이 허락한다면, 당신이 보다 적절하게, 그리고 보다 효과적으로 설득하기 위한 과정을 시작할 때 개인적인 멘토가 되어주고 싶다. 연습과 적용은 설득을 정복하는 열쇠라는 점을 명심하라.

날마다 설득의 효과를 높여서 성공을 거두기를, 그리고 당신의 성공 스토리를 들을 수 있기를 기대한다. 이 책을 읽고 나서 습득한 것들과 성취한 것들에 관해 간략하게 적어서 보내주길 바란다. 당신의 이야기를 내 홈페이지에 올려서 다른 사람들도 똑같이 배울 수 있다면 얼마나 기쁘겠는가.

당신이 관련된 모든 일이 어느 정도의 설득을 요한다는 점을 항상 명심하라. 이제 당신은 원하는 바를 얻는 데 필요한 모든 기술을 습득했다. 밖으로 나가 당신이 원하는 바를 얻도록 도와달라고 다른 사람을 설득하라. 다음번 대화에서 그 어느 때보다도 큰 보상을 얻게 될 테니 말이다!

■ 설득 관련 추천 도서

Joseph Campbell, *The Power of Myth*, 2nd ed.(New York: Anchor Books, 1991)

Robert Cialdini, *Influence-The Psychology of Persuasion*, 2nd ed.(New York: Perennial Currents, 1998)

Robert Greene, *The 48 Laws of Power*(New York: Penguin Putnam, 2000)

Robert Greene, *The Art of Seduction*(New York: Penguin Books, reprint edition, 2003)

Kevin Hogan, *The Psychology of Persuasion*(Gretna, LA: Pelican Publishing, 1996)

Robert Levine, *The Power of Persuasion*(Hoboken, NJ: Wiley, 2003)

Kathleen Kelly Reardon, *Persuasion in Practice*(Thousand Oaks, CA: Sage Publications, 1991)

■ 판매와 마케팅 관련 추천 도서

Jeffery Gitomer, *The Sales Bible*, 2nd ed.(Hoboken, NJ: Wiley, 2003)

John Klymshyn, *Move the Sale Forward*(Aberdeen, WA: Silver Lake Publishing, 2003)

Dave Lakhani, *Making Marketing Work*(Audio Book)(Boise, ID: BA Books, 2004)

Jay Conrad Levinson, *Guerrilla Marketing*, 3rd ed.(Boston: Houghton Mifflin, 1998)

Blaine Parker, *Million Dollar Mortgage Radio*(Philadelphia: Xlibris, 2004)

Annette Simmons, *The Story Factor*(New York: Perseus Books Group, 2002)

Jon Spoolstra, *Marketing Outrageously*(Bard Press, 2001)

Mark Stevens, *Your Marketing Sucks*(New York: Crown Business, 2003)

Elmer Wheeler, *Tested Sentences That Sell*(Upper Saddle River, NJ: Prentice Hall, 1983)

Roy H. Williams, *Secret Formulas of the Wizard of Ads*(Bard Press, 1999)

●●● **설득** 당신이 **원하는** 것을 **얻는** 기술

초판 1쇄 인쇄 2005년 12월 27일
초판 1쇄 발행 2006년   1월 2일

지은이 데이브 라카니
옮긴이 안 진 환
펴낸이 김 세 영
펴낸곳 도서출판 플래닛미디어

주 소 121-839 서울 마포구 서교동 381-38 3층
전 화 3143-3366
팩 스 3143-7996
등 록 2005년 9월 12일 제 313-2005-000197호
이메일 webmaster@planetmedia.co.kr

I S B N 89-957515-0-9 03320